本书为国家社会科学基金项目
"西南边疆民间文学中的民间信仰研究"（14BZW169）
结项成果

项目负责人：纳张元　何永福
项目组成员：纳文洁　周廷升　谭　璐　周文英　李　琳　杜新燕　侯小纳

出版资助：
"大理大学云南多民族文学研究创新团队"（SKLX2019212）项目经费资助出版

西南边疆
民间文学中的
民间信仰研究

纳张元 何永福 ◎ 著

中国社会科学出版社

图书在版编目（CIP）数据

西南边疆民间文学中的民间信仰研究/纳张元，何永福著 . —
北京：中国社会科学出版社，2021.6

ISBN 978 - 7 - 5203 - 8039 - 3

Ⅰ. ①西…　Ⅱ. ①纳… ②何…　Ⅲ. ①边疆地区—信仰—研究—
西南地区　Ⅳ. ①B933

中国版本图书馆 CIP 数据核字（2021）第 038314 号

出 版 人	赵剑英
责任编辑	郭晓鸿
特约编辑	张金涛
责任校对	冯英爽
责任印制	戴　宽

出　　版　中国社会科学出版社
社　　址　北京鼓楼西大街甲 158 号
邮　　编　100720
网　　址　http://www.csspw.cn
发 行 部　010 - 84083685
门 市 部　010 - 84029450
经　　销　新华书店及其他书店

印　　刷　北京明恒达印务有限公司
装　　订　廊坊市广阳区广增装订厂
版　　次　2021 年 6 月第 1 版
印　　次　2021 年 6 月第 1 次印刷

开　　本　710 × 1000　1/16
印　　张　15.75
插　　页　2
字　　数　234 千字
定　　价　78.00 元

目　录

绪　论 ……………………………………………………………… 1

第一章　西南边疆民间文学中民间信仰的表现 ………………… 15

　第一节　西南边疆民间文学中的原始崇拜 …………………… 15

　第二节　西南边疆民间文学中的民间俗信 …………………… 43

　第三节　西南边疆民间文学中的民族宗教信仰 ……………… 62

第二章　西南边疆民间文学中民间信仰的传承 ………………… 77

　第一节　西南边疆民间文学中民间信仰的历史传承 ………… 77

　第二节　西南边疆民间文学中民间信仰的当代传承 ………… 100

第三章　西南边疆民间文学中民间信仰的特征 ………………… 112

　第一节　西南边疆民间文学中民间信仰的多元性 …………… 112

　第二节　西南边疆民间文学中民间信仰的实用性 …………… 136

　第三节　西南边疆民间文学中民间信仰的弥散性 …………… 162

第四章　西南边疆民间文学中民间信仰的功能和价值 ………… 181

　第一节　民间信仰的历史记忆与文化传承功能 ……………… 181

　第二节　民间信仰的社会整合与心理调适功能 ……………… 190

第三节　民间信仰的民族文化教育价值 ················· 200

第四节　民间信仰的民族道德与审美价值 ················· 209

第五章　西南边疆民间文学中民间信仰的现代传播与时代意义 ········· 219

第一节　西南边疆民间文学中民间信仰的现代传播 ········· 219

第二节　西南边疆民间文学中民间信仰的时代意义 ········· 225

小　结 ·· 234

参考文献 ·· 237

绪　　论

一　民间信仰与民间文学的关系

民间信仰在中国具有悠久的历史，主要指俗神信仰，是某一地域民众精神性的寄托与情感表达。民间信仰是一种特殊的宗教形态，影响民众的思维方式、生产实践、社会关系和日常行为，同时与上层建筑和象征体系的构造形成微妙的冲突和互补关系。民间信仰的一个典型特征就是把传统信仰的神灵和其他种类的宗教神灵进行筛选、优化与组合，从而构成一个纷繁复杂的神灵信仰体系。民间信仰一般反映生活在特定地域的民众对维系其族群团结、互助的超自然力量的敬畏与信奉心理。这种由衷的信奉心理是一种重要的精神纽带，是民众中自发产生的一套神灵崇拜观念、行为习惯和相应的仪式制度，通常包括原始宗教的传承、人为宗教的渗透、民间普遍的俗信等方面。民间信仰作为一个单独的概念提出，是因为它相对应于宗教信仰而存在，而且与制度化的宗教彼此串联，这一文化体系包括信仰、仪式和象征等三个不可分割的部分。民间信仰"构成了人们的习惯行为和生活信条，而不是基于教祖的教导，也没有教理、教典和教义的规定，其组织不是以单一的宗教为宗旨的团体，而是以家庭、宗教、宗族、亲族和地域社会等即存的生活组织为母体才形成的。其信条根据生活梦想、传说、神话等上述共同体所具有的规范、观念而形成并得到维持。其组织深深植根于传统社会文化，是经过历史历练并延续至今的有关神明、鬼魂、祖先、圣贤及天象的信仰和崇拜"。①

"民间文学是劳动人民的口头创作，它在广大人民群众中流传，主要反映

---

① 尹虎彬：《传承论的民间信仰研究》，《西北民族研究》2014 年第 2 期，第 46—61 页。

人民大众的生活和思想感情，表现他们的审美观念和艺术情趣，具有自己的艺术特色。"① 《大英百科全书》中的"Folk Literature"词条指由人们口头传播的知识，相当于中文的民间文学。② 民间文学有四个基本特征：一是集体性，指集体创作、集体流传、集体拥有；二是口头性，指口头创作，口头流传；三是变异性，指民间文学的文本处于不断变化之中，具有连续的可塑性和再生性，使作品呈现出一种非定稿状态；四是传承性，是民间文学的动态化传播特征。③

中国是一个多民族国家，从地域上看，包括四川、贵州、云南、广西在内的西南边疆，是我国少数民族最集中的聚居区之一，一直繁衍生息着三十多个少数民族，在这片广袤土地上，形成了特色鲜明的中国西南边疆民族文化圈。④ 虽然自汉代以来，尤其明清以来这一地区有大量的汉族迁入，带来了丰富的汉族文化，对少数民族经济文化产生过重要而广泛的影响，但是自古以来生活和繁衍在这个地区的少数民族还是发展了独特的文化，民间信仰就是其中最重要的文化资源之一。

直到中华人民共和国成立前，我国西南边疆民间文学的传承形式主要有两种：一是口头传承，只有语言、没有文字的少数民族的民间文学通过口头的方式代代相传，如独龙族、怒族、阿昌族、德昂族、布朗族、普米族、基诺族等；二是书面传承，一些少数民族的民间文学除了口头传承以外，还用本民族的文字或借用其他民族的文字以书面形式传承，如藏族、彝族、傣族、纳西族、景颇族、傈僳族、拉祜族、白族等。口传文学是我国西南边疆少数民族文学中比较成熟和丰富的民间文学类型，是民间文学最早的传播形式。即使有了书面文学，口头传承还是占据主流。因此，西南边疆民间文学通常指的就是西南边疆少数民族口传文学。

西南边疆少数民族有着丰富的民间文学表达形式，其中比较成熟和发达的是神话传说、史诗和口传宗教经典。这些民间文学通常以本民族的历史经

---

① 钟敬文主编：《民间文学概论》（修订版），高等教育出版社 2010 年版，第 1 页。
② Stith Thompson，"Folk literature"，*Encyclopedia Britannica*，Encyclopedia Britannica，inc. URL: https://www.britannica.com/art/folk-literature.
③ 钟敬文主编：《民间文学概论》（修订版），高等教育出版社 2010 年版，第 23—46 页。
④ 李子贤：《多元文化与民族文学》，云南教育出版社 2001 年版。

历为主要线索，传授本民族或家支的重大事件、著名人物、迁徙路线及谱牒家谱等，表达对自然和人类自身的认识，记录本民族社会思想的形成发展历史。这类民间文学一般有特定的传承人，如阿昌族的史诗《遮帕麻与遮米麻》，只有"活袍"能演唱，彝族宗教经典只有毕摩才能演唱并且有特定的传承场域。

在西南边疆民间文学表达形式中，还有大众都讲述或演唱的民间故事、叙事长诗、歌谣、谚语和民间俗语，反映本民族的生产生活，一般具有教育、规范、调解等方面的社会功能。

在西南边疆地区，不仅迁入的汉族广泛流传着汉语文学艺术，一些少数民族，也有着大量的民族语言或文字翻译的汉族文艺作品。如大理白族、德宏傣族等居住区，就广泛流传着《水浒传》《西游记》《三国演义》《梁山伯与祝英台》等文艺作品和尧、舜、禹、鲁班、诸葛亮等历史人物的传说故事。这些汉族经典文学作品和历史的人物传说故事在少数民族地区流传，不仅促进了当地民族文学艺术的发展，而且影响了当地少数民族的社会思想。

基于西南边疆民间文学以少数民族口传文学为主流的特点，决定了西南边疆民间文学很少以单纯文学表达的方式存在和传播，它们往往与当地或本民族风俗活动有着密切的关系，西南边疆民间文学与当地或本民族风俗习惯、节日活动、宗教仪式等民俗活动结合在一起，在民俗活动中产生，在民俗活动中传播，并对当地或本民族的民族历史、风俗习惯、民间信仰等进行解释。

民间文学是特定族群集体意识的积淀，一个族群通过千百年积累下来的神话、史诗、传说等民间文学形式来表达自己的信仰与价值观念。民间文学作为族群集体意识的积淀，其中蕴含了丰富的民间信仰元素，民间信仰正是通过民间文学这一载体得以较为完整地留存下来，成为族群精神的标本，甚至成为民族的根谱。正是基于这样的认识，《西南边疆民间文学中的民间信仰研究》一书，试图通过研究流行在我国西南边疆各民族民间文学中的神、鬼、祖先等信仰，探究民间信仰是如何体现在民间文学之中，民间文学的传承与教化又如何让民间信仰贯穿在民众的伦常生活之中，并成为他们的行动指南与道德标杆，起到维系社群内部凝聚的积极作用。

民俗活动是民间信仰的表现形式，民间信仰是民俗活动形成的思想根源，民间文学和民俗活动、民间信仰具有密切的相互依存关系。为了使族人了解民族历史、熟悉民族生活，各民族都形成了自己民间传说的讲述环境。有些民间文学结合着民俗、仪式解释某种习俗、节日，成为风俗传说；祭祀歌、婚礼歌、丧葬歌等，也往往是在祭祀、婚丧等仪式习俗中产生并同时流传的。

在民俗活动中，民众对祭拜祖先、祭祀鬼神、丧葬仪礼、婚姻仪式、看风水等最看重，参与的热情和意愿也非常高，与之相关的民间文学创作和传播也最为广泛；而神话、史诗的传播，通常只在民族重大庆典或祭祀仪式上才会讲述或演唱，而且有专人传承，因此，许多民众对此往往道听途说、一知半解，民众的讲述或演唱也往往不完整。虽然他们不是民俗活动和神话传说的主持人和传承者，但以其参与的广泛性、传播的热情性、叙述的非完整性和附会性，成了民俗活动和神话传说传承发展的最重要的基础。

先前相关的研究中，很少把两者结合在一起来考察。民间文学研究主要关注民间文学的生成机制，很少研究民间文学中的民间信仰内涵；民间信仰主要关注民间信仰如何影响民众的日常生活，极少研究民间文学是民间信仰的重要的表达方式。因此，《西南边疆民间文学中的民间信仰》一书。把此二者有机地结合起来，探讨民间文学的内在发生机理以及民间信仰对民间文学的影响。除了围绕民间文学自身的讨论、厘清民间文学的生成机制外，还对已运转在村落生活中的民间仪式进行细致观察，以进一步探究村落社群生活的联结模式及地域性社团仪式组织是如何反向影响民间文学创作的，进而厘清西南边疆民间文学的生成机理及其所蕴含的民间信仰对所在地区民众生产实践、思维方式、社会关系的影响。对西南边疆民间文学中民间信仰的研究，不仅可以提供一个观察中国西南基层社会的角度，而且对于理解中国社会文化全貌都具有极为重要的借鉴意义。

民间文学的产生、传承与本地区或本民族的民俗活动和民间信仰有着密切的关系。民间文学的兴盛与式微，往往同当地民俗活动的兴衰直接相关。因此，当我们还没有对民间信仰进行科学的研究和指导，而盲目地称之为"迷信"，并进行禁止或取缔时，许多民间文学也就失去了创作和传播的土壤。民俗活动和民间信仰作为民众生活的一部分，作为民众思想表达的一种方式，尤其作为民间文学创作和传播的平台，都有保留的必要。通过这些保留的民俗活动和民间信仰，我们就可以寻找到有关民族和村落共同体的集体记忆，进而提高了民族凝聚力，增强了区域认同感，营造了社会和谐气氛，促进了新农村文化建设。

二　民间信仰与民间文学关系研究综述

先前关于民间信仰的研究主要关注民众自发产生的一套神灵崇拜观念、行为习惯和相应的仪式制度。国内外学者围绕中国民间信仰进行研究及理论著述，并涌现出一大批优秀成果。

早在 20 世纪初，西方传教士就已经展开了对中国民间信仰的相关研究。1911 年至 1938 年，法国耶稣会士禄是遒（Henri Doré）神父在对中国安徽、上海、江苏等地民间的迷信习俗进行调查基础上，出版了最早研究中国民间信仰的著作：《中国民间信仰研究》（共十八卷），该书对中国民俗生活中的年画、佛教、神仙以及符咒进行了细致的分析和研究，并配以大师珍贵的民俗插图。虽然禄是遒神父对中国民间信仰的形成机制及对民众日常生活的影响方面的分析并不十分恰切，但仍然为后来学者关于中国民间信仰研究打下了较为坚实的基础。

日本学者滨岛敦俊的《明清江南农村社会与民间信仰》运用了 12 世纪宋元期间能够反映南宋史实的资料文献，同时还广泛参阅了 20 世纪八九十年代社会及田野调查材料，对元朝中后期到清朝末年的中国江南农村社会的民间信仰现象进行了综合性的研究，也对江南农村诸神的产生与村社关系的互动作了重要阐释。

荷兰学者田海（Barend ter Haar）的《讲故事：中国历史上的巫术与替罪》探讨了中国古代的几种典型故事的流变，如老虎外婆、樟柳神等，并就其引发的恐慌及民众针对恐慌采取的应对之法，尤其是选择替罪羊的过程进行深入分析；同时，通过对几种具体故事的探讨，反映了口头话语、地方记忆的强大能量，且此种记忆对民众日常信仰产生了构建作用，而这些则是民间文学中所映射出来的信仰观念对重新构建地方社会秩序所起作用的表达。

美国学者韩森（Valerie Hansen）的《变迁之神——南宋时期的民间信仰》一书考察了中国特定历史时期的民间信仰问题，指出在神祇世界体系中，所在地区族群民众往往会根据自身的实际需要祭祀不同的神祇，他们通常会向不同宗教传统的天神地祇寻求庇佑和保护，这种选择实际上与看似表面的宗教并没有很直接的关联性，祈求庇佑的灵验是真正引起信仰变化的根源与动力。另一位美国学者太史文（Stephen F. Teiser）的《幽灵的节日——中国中世纪的信仰与生活》除了介绍"鬼节"的起源外，还阐述了"鬼节"的主要活动内容及其蕴含的文化学层面的意义；同时大量地列举了与鬼节有关的多种唐代时期的文献资料，并分析了盂兰盆文献中"目连"形象的演变及文学价值，论述了"鬼节"折射出的佛僧与祖先崇拜、佛教与家庭观念的形成关系等内容。美国学者查尔斯（Charles F. Emmons）的《鬼魂：中国民间神秘信仰》通过在香港开展广泛的实地田野调查，对中国传统文化中的鬼魂、中西民间鬼魂信仰比较、心灵感应、算命等内容进行了系统的研究，厘清了影响人群的信仰观念的主要因素。欧大年（Danniel Overymer）的《中国民间宗教教派研究》关注中国民间教派，以历时的角度探讨了从汉代到21世纪上半叶民间宗教教派的历史，以及这些教派与佛教各个宗派、道教、儒教、秘密结社、农民战争的关系等，也是研究民间信仰的较有分量的一部著作。此外，美国一众学者对中国民间宗教及信仰进行研究，形成《中国大众宗教》一书，研究在中国民间已大体消失的宗教崇拜，如白莲教、关帝、碧霞神君以及对妈祖的崇拜等，分析了民间信仰与宗教崇拜如何与台湾地区客家人的日常生活紧密相连；这对研究民间信仰的活态传承都有非常重要的借鉴意义。

受国外新的学科方法和科学理念的影响，加之时代环境的变化，20世纪二三十年代，国内学者开始对民间文学的文本结构进行研究或对民间信仰实地调查研究。国内在这方面的拓荒者是顾颉刚、周作人、许地山、钟敬文、黄石等老一辈民俗学者。早在1924年，顾颉刚发表了研究民间文学的学术论文《孟姜女故事的转变》，受到了广泛关注，获得了学术界同人的好评。1925年4月，顾颉刚等人到北京西郊妙峰山进行社会民俗调查，之后发表《妙峰山的香气》等文章。如果说《孟姜女故事的转变》是从纯文本的角度对民间故事进行分析研究，那么《妙峰山的香气》则是按照科学的田野调查方法对妙峰山进行参与观察式的研究。许地山在1941年出版了《扶箕迷信的研究》，通过从古代笔记小说中收集来的100多则故事，系统分析了扶箕的缘起、形式以及古人通过扶箕所要达致一种心灵慰藉的目的。钟敬文从 1928 年就关注中国的民间故事或传说，在搜集了大量文献及进行实地调查之后发表了《中国的天鹅处女故事》一文。

20 世纪五十年代至七十年代中期，民间信仰被视为"封建迷信"而很少有相关的研究，这一时期的中国民间文学或是民间信仰的研究没有产生重要的成果。八十年代以来，随着国家重新重视民间文学及民间信仰的精神价值，对地方社会信仰风俗的研究开始再次引起学者的关注。民间文学与民间信仰不仅仅囿于宗教学、民俗学等学科考察的框架之内，还被相关学科所关注与考察。岳永逸的《灵验·磕头·传说——民众信仰的阴面与阳面》集中探讨了乡村庙会如何承载、表述民众的信仰以及他们在烧香拜佛的过程中如何将自己的生活习惯或文化观念贯穿到切己的日常表达之中。郑振满、陈春声主编的《民间信仰与社会空间》一书，主要探讨在具体的村社生活中国家意识形态如何通过民众的信仰得到贯彻。刘黎明的《灰暗的想象——中国古代民间社会巫术信仰研究》探讨了巫术所关注的一般民众知识与思想与西方启蒙思想的碰撞与比较，并因此反思了西方科学思维及传统的伦理思维对村社民众的管控与束缚，研究视角具有新颖性。

国内也有将文学文本作为考察民间信仰的切入点的研究著述，大致可分为以下几种类型。

（1）从文学史料出发考察民间信仰的历史渊源、内容体系和形态特征等问题。

这方面的代表作有宗力、刘群主编的《中国民间诸神》，王景琳、徐陶主编的《中国民间信仰风俗辞典》，刘锡诚主编的《中国民间信仰传说丛书》，等等。

（2）中国传统经典文学与民间信仰关系的研究。

刘敏的《天道与人心——道教文学与中国小说传统》从文化传统的角度考察道教与小说的关系。肖向明的《"幻魅"的现代想象——鬼文化与中国现代作家研究》对民间信仰文化与鲁迅、周作人等人的文学书写的考证开拓了新的文化视野。宋洁的《论当代文学的民间资源——以贾平凹的小说创作为个案》也表现出了一定程度上的创新。

（3）民间文艺与民间信仰关系的研究。

如姜彬主编的《吴越民间信仰习俗——吴越地区民间信仰与民间文艺关系的考察和研究》，顾希佳的《祭坛古歌与中国文化》，研究区域从东南地区扩散到全国各地。另外，少数民族地区是研究民间文学的重要阵地。富育光、孟慧英等人对满族萨满的调查研究，巴莫阿依的《彝族祖灵信仰研究：彝文古籍探讨与彝族宗教仪式考察》，巴莫曲布嫫的《鹰灵与诗魂：彝族古代经籍诗学研究》，刘道超的《信仰与秩序——广西客家民间信仰研究》，任兆胜、胡立耘主编的论文集《口承文学与民间信仰》，陈艳萍的专著《云南民族民间歌谣与民族死亡观研究——永恒的歌唱》等均从民间文艺或民间文学研究入手研究民间信仰的特性，取得了一定成就。

综上所述，民间文学中承载的民间信仰非常丰富，前人研究成果佳作频出，但也存在一些不足。从研究内容上来看，国外学者的研究多集中在中国特定地区（江浙、福建等地）的民间信仰研究，很大程度上属于民俗学研究范畴。国内学者的研究则以某一信仰或文本的历时梳理及考证为主，很少综合多种研究方法进行立体式考察。从研究地域来看，传统中原地区的相关成果较多，而边疆少数民族地区相关的研究成果则相对较少，特别是在民间信仰对民众村社生活的影响、对培养社群公共文化道德的形成以及边疆民族社会发展的现代意义与分析民间信仰如何反向重构民间文学文本等方面，还缺乏深入细致的分析与研究。基于此，《西南边疆民间文学中的民间信仰研究》一书，把西南边疆民间文学与民间信仰二者有机地结合起来，探讨民间文学的内在发生机理以及民间信仰对民间文学的影响。

三 《西南边疆民间文学中的民间信仰研究》的研究内容

《西南边疆民间文学中的民间信仰研究》共五章，研究内容概述如下。

第一章 西南边疆民间文学中民间信仰的表现。

本章结合西南边疆少数民族的创世史诗、神话传说、民间故事等具体作品分析民间文学中的原始崇拜、民间俗信和民间宗教信仰。

第一节 介绍西南边疆民间文学中的原始崇拜，表现为自然崇拜、祖先崇拜、神仙崇拜等。自然崇拜起源于物我同一观和万物有灵观；自然崇拜之所以在人类社会中普遍流行，是因为人类需要与自然共生，人类依存于自然，人类从自然中学习到生存技能，在西南边疆民间文学中体现在自然是人类的兄弟、自然是人类的衣食父母、自然是人类的老师三个方面。自然崇拜有天体崇拜、土地崇拜、动物崇拜、植物崇拜四大类型。西南边疆民间文学中的祖先崇拜源于对人类来源的思考、族群区别的思考以及祖先的恩荫。西南边疆民间文学中的神灵崇拜包括自然神灵和人物神灵崇拜。

第二节　从民间俗信的概念入手，探讨了西南边疆民间文学中的巫术仪式、节令习俗和人生礼俗。巫术仪式指与风水、占卜、禁忌和宗教祭祀相关的仪式；节令习俗包括与年节、会街、宗教节日等相关的习俗；人生礼俗指与受孕、成年礼、结婚、丧葬等相关的习俗。

第三节　讨论的是西南边疆民间文学中的民族宗教信仰，包括本土宗教和外来宗教。本土宗教主要有土主崇拜、药王崇拜、彝族的毕摩教、藏族的苯教、纳西族的东巴教、普米族的韩规教；外来宗教中佛教和道教在西南边疆地区流传时，受到本土信仰的影响，具有民族特点。

第二章　西南边疆民间文学中民间信仰的传承。

本章介绍民间信仰的历史传承和当代传承。民间文学是民间信仰的重要传播载体之一，民间信仰在民间文学中形成多层次渗透以及塑造相应族群审美价值观念，使民间文学内容更丰富、内涵更深刻。

第一节　西南边疆民间文学中民间信仰的历史传承。历史传承方式包括神话、史诗以及宗教仪式。西南边疆流传最广泛的神话是天地开辟神话和洪水神话。天地开辟神话中比较具有代表性的是在白族和壮族流传的相关神话。西南边疆少数民族的洪水神话的内容不尽相同，但所蕴含的母题基本相同，主要有洪水原因、洪水制造者、避水工具、洪水孑遗、婚姻形式、生怪胎，反映出西南边疆少数民族相似的民族心理、道德观念和思维方式。西南边疆少数民族的史诗大都以某个英雄为中心，有广阔的历史背景和地理环境，艰苦卓绝的斗争或勇敢的行为，会出现神、天使、魔鬼等神奇性的神灵，会进行持久的旅程，诗人保有客观性，题材多为大众所知的传统故事。结合傣族史诗《召树屯》具体分析西南边疆民间文学中史诗的共同特点。宗教仪式也是民间信仰的重要传承方式。信仰观念一旦形成，渗透在当地民众的传统习俗之中，也会在民间文学中保存下来代代相传。

第二节 西南边疆民间文学中民间信仰的当代传承。主要表现在民间信仰以非物质文化遗产进行传承以及民间社团的自发传承。在当代，民间信仰结合非物质文化遗产特定的民俗场域进行传承，也可以靠民间社团传承。

第三章 西南边疆民间文学中民间信仰的特征。

民间信仰作为一种精神性的皈依情感，是民众日常生活中不可分的一部分，具有多元性、实用性、弥散性等特征。正是由于民间信仰的这些特点，构成了日常生活中民众自发的皈依心理，并形成向心力与道德建构作用。本章以大理白族"接金姑"和"绕三灵"民间传说、仪式及信仰为案例，系统分析西南边疆民间文学中民间信仰的多元性、实用性、弥散性三个特征。

第一节 西南边疆民间文学中民间信仰的多元性。民间信仰的多元性表现在信仰内容具有丰富性，信仰对象众多，信仰层面具有多元性。民间文学与民间信仰交融共生；民间文学是民间信仰的解释系统和表现手段；民间信仰是部分民间文学存在与传承的核心内驱力。民间文学与民间信仰传承语境形成多元互补，包括生活语境与节日语境的互补，个体家庭与村落以及族群共同体的互补。民间文学中的民间信仰表现形式具有多样性、不断变化发展，存在方式具有主体性与附带性的区分。民间信仰多元性的形成，是因为多民族文化的交融与分流，各民族发展层次具有差异性。西南边疆民间文学中民间信仰多元性有其内在规律；从整体面貌上看，横向具有多元性，纵向具有多层性；从民族性和地域性来分析，既有民族个性，又体现区域共同特点；从民间文学的表达方式和民间信仰的实质来观察，表述上具有文学性，但情感上具有神圣性。

第二节 西南边疆民间文学中民间信仰的实用性。表达和展现不同信仰群体之间的信仰互渗与信仰区隔，通过分析大理白族"接金姑"仪式及信仰，可以看出不同群体的民间信仰既可以相互渗透又有一定的区隔。大理白族"绕三灵"传说、仪式及信仰中体现了民族共同体内部不同村落集团的信仰资源再分配，实现神际关系建构与信仰和谐，达到信仰群体内部村落之间的信仰认同。民间信仰具有实用性，是因为现实功利性作为民间信仰存在之内驱力，实现民间信仰与民间文学之间的互生。

第三节 西南边疆民间文学中民间信仰的弥散性。表现在信仰观念的模糊化陈述，真实的信仰内核被虚构的文学情节所包裹，带有隐蔽性和形象性，但是稳定的信仰观念与灵活的文学表述相适应；信仰方式的随意性表达，体现了信仰的神圣性与表达的世俗性相得益彰，传说为仪式原有信仰提供支撑，也给新的信仰力量提供生存助力；但是，信仰者为我所用的功利心态促使信仰对象缺乏稳固性，出现见神就拜的信仰杂糅混融，而传说实现了对信仰稳固性缺失问题的弥合。地域共同体是信众组建朝圣团体常见的先决条件，相应的民俗节日是信众集会的便利时空条件，组织成员内部日常联络不紧密，缺乏公认的精神领袖和规范的仪式程序。民间信仰弥散性形成的原因，是信仰存在方式具有自发性，民间文学表述具有变异性，民间信仰仪式具有非正规性，民间信仰解释权具有分散性。

第四章 西南边疆民间文学中民间信仰的功能和价值。

民间信仰之所以能够在民众的日常生活中形成向心力，是因为它具有历史记忆、文化传承、族群认同、社会整合、心理调适等功能。本章结合西南边疆民间文学，分析民间信仰的历史记忆与文化传承功能，社会整合与心理调适功能，民族文化教育价值，以及民族道德与审美价值。

第一节 民间信仰的历史记忆与文化传承功能。每一个民族曲折坎坷的历史发展被创作成民间文学作品保存下来，成为该民族共有的文化记忆。民间文学作品作为文化符号可以世代相传。

第二节 民间信仰的社会整合与心理调适功能。在实践中，民间信仰整合村落社会和族群社会，体现民族认同，反映了一个民族共有的精神信仰，促进了民族团结以及增强了民族文化自信。民间信仰具有心理调适功能，能缓解社会焦虑，实现心理平衡。分析民间信仰的这些功能可以更好地帮助我们认识自我与他者的关系以及自我身份认同问题，同时也可以为国家边疆少数民族地区的安全稳定工作提供借鉴。

第三节 民间信仰的民族文化教育价值。民间信仰具有民族文化教育价值，是因为民间信仰是民族文化的核心，可以体现民族的核心价值观，是民间文学的核心思想来源；民间文学可以促进民族文化的传播，是民间信仰的重要传播方式，体现民间信仰的文化娱乐性。民间信仰的教育价值体现在民族历史文化的传承，民间文学体现民族历史文化形式，也是民族知识文化传播的手段，体现民族文化生态教育观。

第四节　民间信仰的民族道德与审美价值。民间信仰是民族社会伦理观念的表达，是民族道德规范的表述；民间文学是民族审美形式的体现，民间文学中的民间信仰是民族审美意识的体现。民间信仰的价值体现在其文化承载力上，民间文学与民间信仰构成民族文化的核心。

第五章　西南边疆民间文学中民间信仰的现代传播与时代意义。

本章分析西南边疆民间文学中民间信仰的现代传播意识自觉化、传播途径多元化、传播主体老年化、传播内容拣择性，还探讨了民间文学中民间信仰的时代意义，包括对民族历史文化继承和批判的意义，对民族文化建设与和谐社会构建的意义，全球化语境下民族精神坚守的意义。

第一节　西南边疆民间文学中民间信仰的现代传播。民间信仰的现代传播，具有传统的自发、小众、低调的传承状况，主要还是靠民族自觉，但是传播途径具有多元化的特点，既有非遗传承人、信仰倡导者、地方行政官员、地方文化名流、地方文化工作者等民族文化主体的自觉传播，又有研究人员、外地游客等文化客体的主动传播。然而，传播主体明显地呈现出老年化的倾向；通常情况下，民间信仰活动场所多半是年过半百的老者，其中又以女性居多。这种传播主体的老年化趋势当与人们对民间信仰的价值定位有关，年轻人对外面的世界充满好奇，往往会忽略了自身的精神财富，只有经过了一定的人生阅历之后才会懂得回归到文化的母体之中。此外，民间信仰的传播内容具有拣择性，信仰个体会依据当时所处的人生处境和所求所愿来有倾向性地讲述信仰内容和功效；而对于群体来说，对民间信仰功效和内容的宣扬也会受到社会整体价值取向的影响。导致传播者对民间信仰加以拣择的根本原因还是来源于民间信仰者的现实功利性。

第二节　西南边疆民间文学中民间信仰的时代意义。从西南边疆民间文学中民间信仰的时代意义来看，民间信仰对民族历史文化具有继承和批判的意义。民间信仰可以深入一个民族的骨子里和灵魂深处，蕴藏着民族固有的代代承袭的文化基因，在历史文化进程中对违背自然和人文规律的观念和行为加以批判，能有效抵制民族历史文化中不利因素带来的负面影响。在当今社会，民间信仰也对民族文化建设与和谐社会构建具有重要意义。在新的时代背景之下，西南边疆民间文学中的民间信仰仍具有积极价值，西南边疆民间文学中的民间信仰是西南边疆重要的传统精神文化资源，在守护边疆文化领土、精神领土的事业中，不仅有力捍卫了民族、村落及边境线的和谐安宁，最重要的是为跨境居住的民族提供了可以对话、和平相处的精神根基。西南边疆民间文学中的民间信仰对全球化语境下民族精神坚守的意义，在于它能维系多元文化和坚守民族品格。民间信仰并不是一成不变的，它经历史长河而披沙拣金，通过其自身内在的生发机制而择优传播，这种传播有两个方面的意义：一是对我族内部伦理的建构意义，二是对他族重构自身文化的借鉴意义。这对当下多民族族群的交流与发展、互信与融合将产生积极的正面效应。

四 《西南边疆民间文学中的民间信仰研究》的研究特点

（1）拓宽了研究领域，丰富了研究内容。

先前的相关研究，主要关注某一特定民间文学文本或单一民间信仰方面，较少有把两者进行有机整合的情况，更是鲜有涉及少数民族民间文学中民间信仰的现代传承及构建稳定和谐社会所起的作用。《西南边疆民间文学中的民间信仰研究》一书，首先对西南边疆民间文学中的民间信仰作出了新的系统描述和概括，指出西南边疆民间文学所蕴含的民间信仰，从时间维度上看包括从原始崇拜到民间信俗的生成、再到民族宗教信仰变异发展的三大阶段；提出自然崇拜起源于物我统一观和万物有灵观，自然崇拜生成的原因是人类与自然的兄弟关系、生存环境、模仿学习对象的界定。其次对西南边疆民间文学信仰形式与内容的全面系统性描述，研究民间文学中民间信仰传承方式、特征、记忆、传承、整合、调适的表现及成因、功能的体现，文化、道德、审美、生态、教育五个方面的概括分析，探讨现代传播与时代意义，提出西南边疆民间文学中民间信仰研究的理论框架。

（2）研究视角和方法独特，具有借鉴价值。

《西南边疆民间文学中的民间信仰研究》一书，从西南边疆少数民族地区具有巨大社会整合功能且卷帙浩繁的民间文学中蕴含的民间信仰出发，考察民间信仰在边疆民间文学中的传承与现代意义。在研究视角上，本书将民间文学与民间信仰有机结合，凸显了二者的交融性。该视角新颖独特，对民间文学或民间信仰的研究都有借鉴价值。在研究方法上，将文本分析、内涵阐释与田野调查结合，凸显了民间文学及民间信仰的传承性。从民间文学作为民间信仰的载体来探讨民间信仰，研究视野重点放在民间文学中的原始崇拜、民间文学中的民间俗信、民间文学中的民族宗教信仰，对民间文学与民间信仰进行有机整合进行理性思考和分析。民间文学与民间信仰两者有机结合从全面系统描述的理性认识框架中展开，由此构成西南边疆民间文学中民间信仰传承、特征、功能、价值。在民间文学的"内部研究与外部研究""文学研究与文化研究""文本研究与田野作业"三个方面全面展开，考察了民间信仰在西南边疆民间文学中传承和现代意义的理论认识框架。另外，《西南边疆民间文学中的民间信仰研究》选取具体的研究个案，结合民俗学、文学、历史学、人类学的研究方法，对个案进行综合的系统分析。

（3）研究成果的价值突出，实用性强。

首先，《西南边疆民间文学中的民间信仰研究》构建了民间文学与民间信仰研究的框架，具有重要的学术参考价值，对大理白族本主崇拜的田野调查及分析具有原创性贡献。其次，《西南边疆民间文学中的民间信仰研究》综合西南地区云南、贵州、四川、广西等地的民间文学资料，将民间文学中民间信仰的优秀元素提炼和归纳出来，对培养所在地区民众道德自律、营造社会和谐气氛、促进村社乡民文化建设、提高民族凝聚力等方面都具有重要的实用性价值。其三，《西南边疆民间文学中的民间信仰研究》把握了西南边疆少数民族文学的本质规律，最终落实于当代中国西南边疆文化建设的核心问题。在民间信仰的历史认识与当代传承意义上，为新时代中国乡村振兴国家战略的实施提供了重要的参考。此外，《西南边疆民间文学中的民间信仰研究》还提出了西南边疆民间文学中的民间信仰对当今我国民族文化建设与和谐社会构建所起到的积极作用。在全球化语境下，民间文学是民间信仰成为多样性文化生态的维系和民族精神、民族品格的守护者。民间信仰对民俗道德自律、社会和谐气氛、促进乡村文化建设和增强民族凝聚力等方面都具有重要的现实功能。

第一章　西南边疆民间文学中民间信仰的表现

第一节　西南边疆民间文学中的原始崇拜

一　西南边疆民间文学中的自然崇拜

（一）自然崇拜的起源

1. 物我同一观

动物有动物的意识，如维持生命和保护自我的生存意识，以及种族的繁衍意识，但这些只是本能意识。人也有生存和繁衍的本能意识，但人和动物的区别在于，人开始拥有了思维，开始思考并认识这个神奇的世界。如在观察万物中，具有我和某动物或某植物的区别意识，我和某人的区别意识。在这种区别中，形成了自我意识，也形成了我与万物的关系意识。在对我与万物的关系认识中，原始时期人类的思维水平还较低，还不能区分主体和客体，认为人和外界自然之间存在一种同类关系。因此，他们和某种动物或与某种植物是一类，这就是早期图腾意识中的物我同一观。

2. 万物有灵观

英国文化人类学家泰勒提出"万物有灵"观点，万事万物和人一样有生命，也有灵魂。① 在原始先民眼里，自然万物和人之间存在一种同类关系，外界自然也有灵魂、意志和情感，人和自然万物可以进行神秘的交往，这就是

---

① ［英］爱德华·泰勒：《原始文化：神话、哲学、宗教、语言、艺术和习俗发展之研究》，连树声译，广西师范大学出版社 2005 年版。

万物有灵观。原始先民无法解释自然界的风雨雷电，也无法理解人生中的生老病死。面对着他们无法理解、无法抵抗的各种自然现象，心中就会对自然界的万物都充满了崇敬，因此产生了自然崇拜。来源于人类早期的万物有灵观的自然崇拜，是最原始的宗教形式。自然神的产生，是自然崇拜产生的标志。

在远古时代，人类的活动主要是从动物时代传留下来的本能的生存活动，即以狩猎、采集为生，人类还没有能力思考人本身，这时与人类生产关系最密切的就是森林、草木和各种动植物，因此，这一时期的神灵观主要是基于万物有灵观的自然物和自然现象的神化。虽然这时期万物有灵的观念、精灵观念已经产生，但人类自然崇拜还是早期阶段，被人们祈祷、膜拜、祭祀的神灵尚未产生。到了新石器时代，人类发明了原始农业、畜牧业，开始有了相对稳定的居住和生活区域，人与人之间的关系得到进一步加强，人们有了更多的思想交流机会，这种生活方式的变化，必然会引起人类思想观念和群体意识的变化，宗教观念和社会意识才会产生。在这种情况下，萌芽于旧石器时期的万物有灵的观念、精灵观念得到迅速的发展。早期作为人类生存环境的自然物和自然现象，开始演化成支配人类的超能的力量，并受到人们祈祷、祭祀，如天空、土地、日月、风雷、河流等对农业生产有直接影响，因此，它们也较早受到人们的崇拜，于是便产生了真正的自然崇拜。

（二）自然崇拜的原因

自然崇拜之所以在人类社会中普遍流行，是因为人类需要与自然共生、人类依存于自然、人类从自然中学习到生存技能。这在西南边疆民间文学中体现在自然是人类的兄弟、自然是人类的衣食父母、自然是人类的老师三个方面。

1. 自然是人类的兄弟

在西南边疆少数民族的神话传说、史诗、故事、民歌等作品中，表达出与自然和谐相处的祈望，无论是神创造万物还是万物自生，都体现了人和万物是一起生成的，人与自然是兄弟同胞关系。

基诺族的创世神话《阿嫫腰北》说，阿嫫腰北诞生后，她造出天与地，接着造出了太阳、月亮、星星、高山、峡谷、江河、平原，后来又造出了树木、鲜花、小草及动物和人类。① 这里，人类是由阿嫫腰北造出来的，而且，与天地万物一起造出来，人类与自然是同胞关系。

侗族的史诗《天地开辟》构建了一个"混沌（雾）剧变—天地生成（分开）—植物（树、菌）生长—动物（虾、七节）繁衍—松恩、松桑（人类）诞生"的人类与万物共同起源的系统学说：万年以前，天地不分，大雾笼罩，世上无人。云开雾散，把天地分，天在高上，地在低层。天有日月星辰，地有万物生灵。遍野是树莞，树莞生白菌，白菌生蘑菇，蘑菇化成河水，河水里生虾，虾子生额荣，额荣生七节（龟婆），七节生松恩。②

流传于思茅地区的傣族《因帕雅创世纪》神话说，世界最初只有水和空气。水和空气上升，凝结成了大神因帕雅。因帕雅创造了十六层天空和大地，她的汗水形成海洋。后来，海洋中出现了陆地，因帕雅又在陆地上造了花草树木和人类。③ 这里也可以看出以人类和花草树木为代表的自然都同生于因帕雅，是同胞关系。例如，阿昌族的创世神话《遮帕麻与遮米麻》：

> 远古的时候只有"混沌"，混沌中闪出一道白光。于是有了黑暗；有了明暗，也就有了阴阳。阴阳相合诞生了天公遮帕麻和地母遮米麻。遮帕麻用金沙造了一个太阳，用银沙造了一个月亮。他的左乳房变成太阴山，右乳房变成太阳山。他又在两山中间种了一棵梭罗树，让太阳和月亮绕着梭罗树转。这样，太阳出来是白天，月亮出来是夜晚。遮米麻用喉头当梭子，拔下脸毛织大地。遮米麻的脸上流下了鲜血，鲜血成了大海。天造好了，地织好了，天公遮帕麻、地母遮米麻在大地中央无量山顶相会成婚，遮米麻生下一颗葫芦，从葫芦里跳出九个小娃娃，这就是最初的人类。④

拉祜族的创世史诗《牡帕密帕》是一部由《勐呆密呆》《雅卜与乃卜》《勐属密属》三部长诗组成的民族史，在拉祜族地区流传极为广泛。《勐呆密

---

① 陶立璠、李耀宗：《中国少数民族神话传说选》，四川民族出版社1985年版，第114页。
② 杨权记译，张勇整理：《天地开辟》，载黔东南苗族侗族自治州文学艺术研究室编印《民间文学资料集》（第一集）（内部资料），1981年，第68页。
③ 征鹏、杨胜能：《西双版纳风情奇趣录》，云南民族出版社1993年版，第136页。
④ 赵安贤唱，杨叶生译，兰克、杨智辉整理：《遮帕麻与遮米麻》，云南人民出版社1983年版。

呆》说，古时没有天地，也无日月，世间黑茫茫一片。厄莎叫扎罗去造天，叫娜罗去造地，万物具备后，只是没有人。厄莎种出葫芦，从葫芦里生出扎笛、娜笛俩兄妹。后来兄妹结婚，繁衍了人类。① 例如，怒族神话《人的由来》②：

> 在很古老的时候，天神创造了天地、日月和星星，但唯独没有人类。地神常常为此事感到忧伤。地神的忧伤感动了天神，天神流下了两滴同情的泪水，泪水变成了雨水，落在了怒江东岸一个叫架怒的地方。雨水一落地，一滴变成了一位英俊的男子，另一滴变成了一位美丽的女子。男子叫闷有西，女子闷有娣，他俩就是怒族的祖先。

在人与自然万物的同胞关系上，解释最明确的是佤族的《司岗里》。西盟佤族认为，"司岗"是山洞的意思，"里"是出来的意思。许多翻译者都把"司岗里"翻译为"人从山洞里来"，当作一个人类起源神话，但是，高健考察后认为：

> 在《佤族历史故事"司岗里"的传说》中，演述人岩扫经常会排比列举大量的动物，比如："当时还没有我们人（人类），只有扫哈（长嘴的大鸟）。以后顺序造了水牛、黄牛、马和骡，后来有了黑猴、猴、猪、鸡、树、山和固（类似猫的动物），后又有狗、马鹿、麂子、熊、麋、老虎、猫头鹰、花面狗、鱼、老鼠、劳哈（一种小老鼠）、康弄（一种大老鼠）、司布瓦（一种大老鼠）、得（一种大老鼠）、康布弄（一种大老鼠）、蚂蚁和飞蚂蚁，以后在地上又造了树。"佤族人非常强调人与自然万物的沟通，演述人在演述司岗里的时候，经常会反复向我强调那时候的动物、植物等都是会说话的。这一方面是为了司岗里情节能够顺利开展，另一方面则是强调人与万物的可交流性。动物作为不同物种与人类差别本来很大，但是佤族人的司岗里中将这些"他者"归入到我

---

① 中国社会科学院文学研究所：《中国少数民族文学》（下），湖南人民出版社 1983 年版，第 364 页。

② 吕大吉、何耀华编：《中国各民族原始宗教资料集成》，中国社会科学出版社 2000 年版，第 896 页。

们中来，并且被赋予了特殊的意义，在佤族的本土历史中占据重要的意义。①

在怒族、傈僳族民间故事中，有许多动物故事，这些故事，除讲述狩猎知识外，往往还强调人与各种动物常常互相帮助，人与动物和谐共生的观念。

以上这些神话传说，都意在表明人和天地万物都是平等的，是同胞关系，因此，相互不会伤害对方。

但是，在自然万物生存中，动物会伤害人，植物会伤害人，当然，人也必须猎取动物、捞捕鱼虾、捡拾禽鸟蛋等，也就是说，人和动植物间，避免不了相互伤害，怎么办呢？人类必须做出合理的解释。

在傣族创世神话《生死果》② 中，傣族人就强调了各个物种的平等和系统的平衡关系：

> 帕雅英神在创造万物时，因为太匆忙，只想到有了天地还应该有人，没考虑到创造了人类后，还应该让他们有生有死，所以最古时候的人只会生不会死。这样，人越来越多，森林里的果子、树叶都给人吃光了。动物们都很害怕，担心人吃光了果子树叶就会来吃它们。于是，动物们汇集在一起，大伙去找帕雅英神，对帕雅英神说："创造万物的帕雅英神呀，你创造的人只会生不会死，人越来越多，把我们动物的地盘都占完了。帕雅英神呀，你不是说，你创造的万物都应该各有各的住处、各有各的吃处吗？"帕雅英神认为动物们说得对，人不能只会生不会死，更不能去霸占动物的地盘，便对动物们说："你们不用担心，我造的神果园里有两种神果，一种叫生果，吃了会生，一种叫死果，吃了会死：到了人吃着死果的时候，人就会死了。"动物们放心了，告别帕雅英神，返回到自己的住处。可是，过了很长时间，人并没有吃着死果，仍然不会死。动物们又着急起来，汇集在一起商量对付人的办法。这时，聪明的蛇对它的动物伙伴说："有办法了，我知道哪个是生果，哪个是死果了。"说着，便爬到神果园里偷摘了几个死果，放在人过路的地方。寻找食物的

---

① 高健：《表述神话——佤族司岗里研究》，博士学位论文，云南大学，2015年，第30—31页。
② 岩峰、王松、刀保尧：《傣族文学史》，云南民族出版社1995年版，第85页。

人走过来了，看见路边的死果就捡起来吃，人吃了死果，便会生又会死了。人死后，魂便离开人的肌体，变成鬼神。

2. 自然是人类的生存环境

首先，自然是人类的食物来源。在云南少数民族的许多歌谣中，特别是一些古歌谣中就唱述了初民们在食物上对自然的基本依赖。例如，拉祜族在《住山吃山》中唱道："天天上山，天天下河。住在山上，吃在山上；住在山下，吃在山下；住在河边，吃在河边；住在什么地方，就吃在什么地方。"① 傣族的《摘果歌》中唱道："我们住在山脚，我们睡在山洞。两边都是大森林，大森林里野果多。有甜的，有酸的，有红的，有绿的，有大的，有小的，叫一声人们快上树；只见大人和小孩，只见老人和妇女，你争我赶拥上来。"② 彝族的《采果谣》唱道："地下果，树脚找，正月二月最好挖。地上果，阳坡找，五月六月成熟了。藤上果，山箐找，六月七月成熟了。树上果，林荫找，九月十月吃得了。找果子，要进山，山林就是果的家。"③

其次，自然还是人类生活资料的来源。这一点在傣族歌谣中表达得最清楚。傣族《攀枝花歌》讲述了傣族人用攀枝花盖房、制衣的好处："我们的祖先，爱花又爱树。林中树木千万棵，寨里鲜花千万朵。树木棵棵有名字，记下树名好盖房；鲜花朵朵数不清，记下攀枝有衣裳。"④ 说到傣族，人类自然想到竹子，傣家人的生产生活都离不开竹子，傣族《破篾歌》中唱道："竹子高，竹子细，竹子绿，竹子青，排排竹子连成林。风来顺手梳长发，雨后竹林叶更青，有寨就有竹林绿，有竹就有傣家人。有竹就有傣家人，傣家对竹有深情，搭竹板，编竹凳，扎篱笆，围院庭……，竹子虽小用处大，祖先种竹后人荫，今天砍竹盖新房，得祭祖先的神灵。"⑤

3. 自然是人类的老师

西南边疆民间文学中讲到人类从自然现象获得启示或模仿自然生物而获

① 《中国民间文学集成》全国编辑委员会：《中国歌谣集成·云南卷》（上册），中国社会科学出版社 2003 年版，第 874 页。

② 马学良：《中国少数民族文学史》，中央民族学院出版社 1992 年版，第 52—53 页。

③ 《中国民间文学集成》全国编辑委员会：《中国歌谣集成·云南卷》（下册），中国社会科学出版社 2003 年版，第 1606 页。

④ 云南省民族事务委员会：《傣族文化大观》，云南民族出版社 2013 年版，第 211 页。

⑤ 同上书，第 203 页。

得生存技能，可以说自然是人类的老师。

傣族和景颇族的民间文学中表达了先民们通过观察自然现象和模仿动物的行为而学会了建房的技能。竹楼是云南的主要民居形式之一，傣族、景颇族、德昂族、布朗族、基诺族等西南少数民族都喜欢居住竹楼，并由此产生了许多竹楼的故事。傣族的竹楼叫"哄哼"，意为"凤凰的翅膀"，因为傣族英雄帕雅桑木底曾受到凤凰翅膀的启发而建造出适合人类住的竹楼。在傣族传说中，帕雅桑木底是一个文化英雄，他最早制定了各种人类社会组织制度，他带领人们离开山洞，建立村寨，发明了农业种植，形成了婚姻制度。在傣族地区，与竹楼有关的一切传说、仪式，都离不开帕雅桑木底。在傣族史诗《巴塔麻嘎捧尚罗》①里，歌颂了他一系列的英雄业绩，其中最重要的是他发明建造了房屋。传说帕雅桑木底带领人们离开了山洞，但后来天天下雨，人们无法在树林中生活。帕雅桑木底先从芋叶上受到启发，按芋叶造了房子，但"雨停许久啦，可是叶棚里啊，水珠还在滴"，他又从下雨时狗"撑着前腿，屁股地上落"，"狗背被淋透，雨水顺着狗毛淌，狗胸前下的土，却一滴雨也未沾"中受到启发，按狗的姿式造房，但"斜吹扑进草棚"。一天，他看到"落在凤身上的雨水，有的从两翅上淌落，有的从尾和颈上流下"，由此再受启发，发明了今天傣家的竹楼。从此，傣家人学会了建造竹楼。为纪念帕雅桑木底，傣家人将"哄哼"改名叫"哼帕雅桑木底"。

景颇族《竹楼是怎样盖起来的》中说景颇人的先祖是阿真尼里拉和勒然兹满，那时人们还没有房子，只能日晒雨淋，于是他们决定盖房子。他们看见竹鼠吃竹根，从此学会了砍竹子；看见蛇横架在树枝上，从此学会了架梁子；他们看见芭蕉树杆，从此学会了立柱子；看见斑鸠做窝学会了放楼楞；看见江面学会了铺竹板；看见藤子绕树学会了捆大梁。经过千辛万苦，他们终于盖成了第一幢竹楼。"为了牢记阿真尼里拉和勒然兹满的功绩，感谢他俩教会景颇人盖房子，使景颇族子孙后代都能安居乐业过日子，景颇人民世世代代都要照着他俩留下的样子，盖竹楼来居住，而且要唱《建新房歌》，歌颂

---

① 岩温扁翻译：《巴塔麻嘎捧尚罗》，云南人民出版社 1989 年版，第 380—399 页。

两位盖竹楼的祖先。这风俗一直流传到现在。"① 在《目脑斋瓦》② 中也说到了景颇的先民们向自然界学习各种建房的技能。学会了穿衣裤，但还不会盖房，他们开始学盖房子。不会挖地基，来到草丛里，看见野猪在拱土，学会了挖地基。不会砍木料，看见竹鼠断树根，学会了砍木料。不会立楼柱，看到牛的四只脚，学会了立楼柱。不会做榫头，看见"东西米果"（一种像木榫头一样的野果），学会了做榫头。不会做楔子，看到河里的鱼，学会了做楔子。不会甩榫头，看到牛甩尾巴，学会了甩榫头。不会削柱子，他们互相看到对方光滑的身子，学会了削柱子。不会砍叉口，看到对方的肩膀，学会了砍叉口。不会架屋梁，来到山林里看到搭在树上的蛇，学会了架屋梁。不会铺茅草，看见牛的毛，学会了铺茅草。不会收屋顶，看见燕子尾巴，学会了收屋顶。从此，大地上的人们学会了盖房子，有了房子住。

哈尼族和纳西族的民间文学中提到人类学习各种动物的行为而获得基本的生存技能。在哈尼族的《哈尼阿培聪坡坡》③ 中说："撵跑豹子，他们就搬进岩洞；吓走大蟒，他们就住进洞房。找着吃食，他们吃撑肠肚；找不着东西，他们饿倒地上。看见猴子摘果，他们学着摘来吃；看见竹鼠刨笋，他们跟着刨来尝；看见穿山甲鳞甲满身，他们也穿起树叶衣裳；听见鹦哥鸣叫，他们也学着把话讲。"纳西族的生活歌《伦理道德歌》④ 中说："不会游泳，向青蛙学；不会放牧，向蚂蚁学；不会爬树，向猿猴学；不会做工，向蜜蜂学。"

佤族史诗《司岗里》⑤ 中讲到动物帮助人类获得火种和教会取火方法："在火熄灭时，猫头鹰去求火没有求来。萤火虫求火求来了。萤火虫虽然求来火种，却没有求来取火的方法。后来蚱蜢去求，才学会了雷神的取火方法，教人们摩擦取火。"

---

① 徐华龙、吴菊芬编：《中国民间风俗传说》，云南人民出版社 1985 年版，第 210—212 页。

② 云南省民族学会景颇族研究委员会编：《景颇族研究》（第一辑），云南民族出版社 2008 年版，第 20—21 页。

③ 云南省少数民族古籍整理出版规划办公室编：《云南少数民族古典史诗全集》（下卷），云南教育出版社 2009 年版，第 649 页。

④ 《中国民间文学集成》全国编辑委员会编：《中国歌谣集成·云南卷》（下册），中国社会科学出版社 2003 年版，第 1173 页。

⑤ 黄海涛主编：《佤族》，新疆美术摄影出版社 2010 年版，第 139—143 页。

关于傣文的起源，主要有四种传说，其中有两个传说是关于人类受到自然现象的启示而创造文字，一个是"虫蛀叶文字"，另一个是"豆芽形字"。"虫蛀叶文字"说的是"猎人盘坝狩猎，为了记住猎物数量，每猎获一只动物，他就用树浆将一颗相思豆粘在弩上。但这样粘，既容易掉，猎物多了弩上又不够黏。一次他偶然发现一条小虫爬在草叶上蛀食给叶片留下无数弯弯曲曲的斑痕，他从中受到启发，从此就有了傣族的文字"。"豆芽形字"说的是"猎人盘坝每次出猎都要经过一水塘边，每次总要看见小虫子爬在塘中的荷叶上，虫子蠕动并在叶片上留下许许多多豆芽似的斑点，盘坝模仿那些豆芽似的符号记事，由此而产生了傣族文字"。①

（三）自然崇拜的表现

少数民族普遍存在自然崇拜，"大约可以包括天体崇拜、土地崇拜、动物崇拜、植物崇拜四大类"。②

1. 天体崇拜

天体崇拜在原始时代是一种很普遍的现象，指对天以及天上日、月、星辰等物体和云、雾、雷、电、风、雨等现象的崇拜，其中较为流行的是太阳崇拜、月亮崇拜和雷神崇拜。

在没有房屋，衣不蔽体的远古时代，人类对太阳有极大的依赖性，尤其农业发明之后，人类对太阳的依赖性更强，由此形成了太阳崇拜，远古的人们创造了数量繁多的太阳神话。

云南丽江永宁的纳西族、普米族人认为，在房子上有太阳、月亮和星星图像，太阳、月亮和星星就会保佑房子的主人。同样，在纳西族、普米族的生育文化中，也有拜太阳仪式。小孩出生后第三天，家人要在院子里燃一根松明，产妇或产妇的母亲，要抱着婴儿待在院子里拜太阳。据说，有了太阳，万物才能生长，小孩出生后拜了太阳，才会发育健全，才会长得快。

大理阁洞螃村的白族本主是太阳神。徐嘉瑞《大理古代文化史稿》对该村太阳本主有如下说明："云沧乡洞螃村本主庙本主，能驱除云雾，村人云沧

---

① 段炳昌等编著：《中国西部民族文化通志》（文学卷），云南人民出版社2014年版，第159页。
② 刘亚虎：《荒野上的祭坛：中国少数民族传神文化》，北京出版社2000年版，第9页。

浪峰多云雾，禾稼往往不能成熟，赖此村本主—旧神——驱除云雾，方能丰收。"①

在1978年发现的沧源崖画中有这样一幅图景：崖画中绘有一个头饰长羽的人，左边有一太阳，太阳中站立一手持弩箭，张开双手的人。根据一则佤族神话说："远古时有兄妹二人相爱，被人看见后感到羞愧，两人就往崖子上跑。那时天地是连在一起的。哥哥跑到太阳上，张开双手，想甩身子遮住阳光，让人们看不见她；妹妹跑到月亮上，用裙子把月亮遮了一半。"②

太阳崇拜也是彝族先民的一种传统。太阳崇拜在彝族民间故事中随处可见，彝族创造的十月太阳历，就反映了彝族先民对太阳的崇拜。云南永善的彝文典籍《古侯》（公史篇）说："木都布则，左手造太阳，造六个太阳来安上。右手造月亮，造七个月亮来安上。白天出六个太阳，夜晚出七个月亮。"结果牲畜、草木都被烧死，人也无法生活。"支格阿龙，左手张银弓，右手抽金箭，站立在东方，射六个太阳和七个月亮。"剩下一个太阳和一个月亮，但它们不敢出来了，于是人们要传神太阳和月亮，它们才会出来。"拿白公鸡来祭，鸡冠刻上九个缺口，刚过午夜时，叫就一定出，亮明未亮明，叫就一定出，刚过中午时，送就一定走，日出亮煌煌，月出明朗朗。"③

文山苗族也有类似的神话。《公鸡请日月》讲的是："苗家的四个老祖先——告宝、告雄、告且、告当，用金银铸造了十二对日月，叫冷王去挂在天上，要它们轮流出来照亮人间。太阳和月亮上天后，却不听从老人的话了，一出来就是一个拉一个，烤得草木干枯，江水断流。四个老人便派了年轻的神箭手桑扎去把多余的太阳和月亮射下来。桑扎忍耐着酷热的烘烤，一连射出十一箭，把十一对日月射落了。剩下的一对日月姑娘被吓得赶忙躲起来，不敢露面了。从此，天地间又变成了黑茫茫一片，什么东西也看不见了。四个老人把人和能飞会走的动物们都请来，商量派哪个上天去把日月请出来。后来，公鸡去请太阳和月亮，并约定，从那时起，太阳从早晨照到傍晚，月

---

① 徐嘉瑞：《大理古代文化史稿》，云南人民出版社2005年版。

② 巴仁编著：《艺奇光》，少年儿童出版社1992年版，第22页。宋恩常：《中国少数民族宗教》，云南人民出版社1985年版，第74页。

③ 何耀华：《彝族的自然崇拜及其特点》，《思想战线》1982年第6期，第69—79页。

亮从傍晚照到天亮。"①

布依族、苗族、壮族等许多民族都有射日的神话传说，关于射日的传说故事，一是因为干旱对原始人类的安全造成严重的危害；二是因为许多少数民族属于农耕民族，农业对太阳和雨水具有极大的依赖性。

但是，许多民族也流行着找太阳、救太阳的故事，如楚雄彝族民间流传的《三女找太阳》的传说故事，反映了人们对太阳的敬仰：从前天上有七个太阳，那时，庄稼一年七收，牛羊一年七胎，人们的生活甜如蜜。后来，有一只夜猫精，它喜欢黑暗，怨恨太阳，就化作一个鹰嘴铁人，用自己的羽毛当弓箭，射落了六个太阳，从此，第七个太阳也不敢出来了。天上没有太阳，草木都枯死了，牛羊也不长了。于是，人们决定选派能人去寻找太阳。最后有三位姑娘除掉夜猫精，找回了太阳，而她们也化作哀牢山中的三座高山，后人称为三尖山。每年立秋，人们都要在三尖山举办歌舞来纪念她们。②

侗族《救太阳》的神话，也表现了人们对太阳重要性的认识。其中讲到天地形成后，太阳照得大地亮堂堂，庄稼长满田，草木遍山岭，人们都饱暖。恶魔商朱被阳光一射，就会看不见、走不动，所以最恨太阳。他有一次偷偷地用长棍把太阳打到了地上，弄得天地一片黑暗，趁机大吃人类。人们努力地寻找太阳，并把太阳重新挂上天。怕太阳烧断绳子，再掉下来，就留在天上，每当太阳落地就把它拉上去，这样形成了昼夜。从此植物生长茂密，人们过上了幸福的生活。③

在西南边疆少数民族中，相比太阳崇拜，月亮崇拜要少见得多。月亮崇拜主要与两大主题有关：一是生殖，二是不死。

在神话中，月亮是女性，这是毋庸置疑的，几乎是各民族的共识。因此，月亮崇拜主要与女性生殖有关。在一些民族观念中，星星是月亮的子女，因此，月亮崇拜有利于生殖，星星崇拜则是一种求子仪式。居住在云南德宏州陇川县和梁河县的阿昌族妇女中流行一种祈子仪式。凡阿昌族已婚不孕妇女，

---

① 黔东南苗族侗族自治州艺术研究室编：《苗族民间故事集》（第一集）（内部资料），1982年，第1—5页。

② 李德君、陶学良：《彝族民间故事选》，上海文艺出版社1981年版，第37—40页。

③ 刘城淮：《中国上古神话通论》，云南人民出版社1992年版，第305页。

都会选择一个有星星的夜晚，夜深人静的时候，在院子里放一碗清水，然后向老天祈祷，请求让自己像满天星星一样，生一大群孩子。据说只要喝下这碗清水，妇女就会在年内怀孕。川西嘉绒藏族、云南纳西族认为，牦牛的精液喷洒到天空，于是形成了满天的繁星。楚雄彝族妇女崇拜三星（即参星），称为葫芦星。巍山彝族崇拜南斗星，土家族崇拜七星，苗族崇拜九子星，等等，都与妇女生殖和求子习俗有关。

关于月亮，云南少数民族神话中往往将它与"不死药"联系起来，认为人找到了"不死药"，但因为某个原因，被月亮偷走了，于是，人会死，月亮却永远不死。拉祜族《天狗咬月亮》讲道，原来有一种不死药，后来，小孩出于好奇，拿出来玩。被路过的太阳和月亮抢走了。小孩带着狗追，但太阳和月亮已经吃了不死药，狗咬着太阳和月亮，但它们又能复生了，这就是日食和月食。而人，虽然吃天天被太阳和月亮照着的百草来治病，但最终还是要死亡。哈尼族《起死回生药》讲道，从前有兄弟三人，他们一起杀死了一条恶龙，并从恶龙那里得到了不死药。在回家的路上，他们用不死药救活了许多小动物。回到家后，因为不小心，不死药被月亮偷走了。兄弟三人决心一天拿回不死药。他们在被他们救活的老鼠、喜鹊和猫的帮助下，造了一架长长的登天梯，于是，老三带着狗爬上天梯上天。在去的时候，他吩咐家人，每天用开水洗梯子脚三次。但家人记错了，就用冷水洗。结果就在老三爬到天梯中间时，梯子忽然断了，狗一下跳到了天上，老三却掉下来摔死了。狗留在天上，肚子饿了就吃月亮。但月亮有不死药，被狗咬了，很快又能复活。人因为没有了不死药，死了就不能复生。佤族《天上怎样有的月蚀》讲道，有个人随着一条受伤而又能自医的蛇，发现了不死药，他用不死药救活了乌鸦和马鹿，并救活了一位姑娘，这位姑娘后来成了他的妻子。可是后来月亮偷走了不死药，他家里的狗爬上天梯，到月亮那儿去讨回不死药。狗到天上，跟月亮要不死药，但月亮耍赖不还，狗就咬月亮。由于月亮有不死药，所以永远咬不死。这就是月食的由来。①

雷神崇拜源于原始先民对自然雷电的恐惧，因为气候变化无常，有时雷电还会击毁树木、击伤人畜。因此，人们认为雷电是天神在发怒，由此产生

---

① 艾荻、诗思编：《佤族民间故事》，云南人民出版社 1990 年版，第 23—33 页。

雷神崇拜。在自然崇拜基础上，道教中形成了雷部。北宋以来，道教雷部传入西南边疆地区，并与当地少数民族自然崇拜结合，增加了《九天应元雷声普化天尊玉枢宝经》中雷神惩恶的内容，雷神形象也从单纯的自然神逐渐转变成具有复杂社会职能的神。云南许多地方都有雷神庙，普遍流行祭雷神活动，其相关解释几乎都与雷神的惩恶功能有关。

2. 土地崇拜

西南边疆少数民族都生活在高山密林地区，山林是他们的衣食来源，靠山吃山，地上的山、水、木、石、火等自然物体，都是构成他们多元的自然崇拜的内容之一，其中较流行的是石头崇拜、水崇拜、火崇拜。

早在旧、新石器时期，石头就是人类最重要的工具，并在此后，一直影响着人们的生产生活，因此，石头成了人们普遍崇拜的对象。西南地区的石崇拜，可以分为三种类型：一是把石头当作自然神崇拜；二是把石头当作保护神崇拜；三是作为生育神崇拜。

西南边疆少数民族把石头作为自然神崇拜。四川凉山彝族自治州安宁河谷的大石墓是一种特有的葬式，反映了春秋至东汉时期这一带少数民族对巨石的崇拜。云南大理白族的《观音老母负石阻兵》传说、《美人石》的传说、石头本主传说等，反映的也是大石崇拜的遗迹。受苯教万物有灵观的影响，藏族认为，一切自然都有灵性，因此，即使一块石头，也成了藏族崇拜的对象，他们常常将六字真言刻写在石头上，称为尼玛石。在藏族地区，你可以随处看到尼玛石堆的尼玛堆（朵帮）和尼玛墙（绵当）。此外，常璩《华阳国志·蜀志》载，古蜀国最先称王的蚕丛，"死，作石棺石椁，国人从之"，就透露了古蜀国崇拜大石的观念。因此，有人将古蜀国文化称为大石文化，并认为古蜀人来自岷山，古代蜀人石崇拜是大山崇拜的一种表现形式。[①]

西南边疆少数民族把石头作为保护神崇拜。过去羌族、藏族、彝族等民族都崇拜锅庄，最早的时候锅庄就是三个石头。四川的羌族信仰白石崇拜，有的村寨还专门为白石修建神庙。有关羌族信仰白石崇拜，主要有两个传说故事。一个说法是："远古时候游牧的羌民，在大西北的河湟一带逐水草而居。他们中有的支系渐渐迁徙到四川的岷江上游，为了以后回去不致迷路，

---

① 邹礼洪：《古蜀先民大石崇拜现象的再认识》，《西华大学学报》2004 年第 2 期，第 13—15 页。

他们便在所经过的每个山头或岔路口的最高处，放一块白石作为路标。这样，白石头就成了羌民的指路石标记。"① 体现了古代羌民原始游牧的生活状态。另一个说法是："今茂汶境内羌人传说，在远古的时候，他们的祖先与强大的'戈基人'作战。因得到神的启示，用坚硬的白云石为武器，才得以战胜敌人。羌人为报答神恩，奉白云石为最高的天神。此种习俗一直相传至今。蜀中汉人因见汶山羌人奉白石为神，故称为'白石子'。"② 羌族著名的神话史诗《羌戈大战》就是讲述这个故事的。

西南边疆少数民族把石头作为生育神崇拜。在自然界，许多山石外形非常类似于男女生殖器，由此，这些山石往往成为人们生殖或生育崇拜的对象。广西河池下南圩对面马山峰峦之间有一座昂首挺立的天然石像，形似一个背小孩的中年妇女，石体中部有一个洞，像人的肚脐或阴部。当地的毛南族称其为"圣母"，要想求子，就要祭"圣母"。

云南宁蒗普米族、纳西摩梭人也有一种与石崇拜相关的求子风俗。相传阿布流沟山是人类女始祖"阿移木"的住地，阿布流沟山麓有一石洞，普米族称为"移木洞"。每年三月、五月、七月朝圣时，普米族新婚妇女或不育妇女要在洞中进行求子仪式：她们先在洞外被称为"久木鲁"的石祖下放三个小石头做成锅庄，在锅庄中间烧一堆火，祈求石祖赐育。之后，新婚妇女或不育妇女在女伴陪同下进石洞，在洞中的水塘里洗去身上的污垢。然后回到石祖"久木鲁"下，吸吮石祖上滴出的象征"产子露"的泉水，一共喝三次。喝过"产子露"，新婚妇女或不育妇女要在"久木鲁"旁的小石笋上坐一坐，象征与男性生殖器接触。当夜，夫妻要行房事。相传经过这些仪式，新婚妇女或不育妇女便会获得生育能力。

宁蒗纳西族摩梭人把当地的干母山当作主管生育的女神。干母山的山腰有一山洼，人们将山洼当作女性生殖器，将山洼里的泉水当作"产子露"。当地一些新婚妇女或不育妇女经常去朝拜祭祀。据一些学者研究，宁蒗普米族、纳西族摩梭人的这种石崇拜，受到藏族雪山崇拜的影响，而藏族雪山与生育崇拜的思想，又受到印度文化影响。古印度人认为，雪山是大神湿婆的白色

---

① 林新乃：《中华风俗大观》，上海文艺出版社 1991 年版，第 757 页。
② 刘琳：《华阳国志校注》，巴蜀书社 1984 年版，第 299 页。

精液干燥后堆积而成。据印度史诗《罗摩衍那》记载，大神湿婆和女神优摩成婚，众神知道优摩无力承受湿婆的精液，便请求他向大地抖动，于是湿婆便向大地倾泻他的精液，大地上的山川和森林都流满了大神的精液，便产生了一座雪山。印度人和我国藏族的雪山崇拜即来源于此。藏族、纳西族、凉山彝族关于雪能生人的传说，也正基于此。

西南边疆少数民族的石崇拜，往往与山林崇拜、土地崇拜结合在一起，具有自然崇拜的内涵。

此外，西南边疆少数民族靠山吃山，靠水吃水，水与生产生活息息相关，普遍存在水崇拜。例如，侗族的《天旱十年水不穷》，表达了他们对水的赞美及崇拜："水井下边九个孔，它与五湖四海通；各处龙王来吐水，天旱十年水不穷。水井用那岩板砌，青石条条铺路中；两边开的排水沟，常年流水下江东。冷天喝口井中水，流到肚内暖融融，热天口渴到井边，喝上一捧凉心胸。瞎子喝了这井水，眼睛明亮见天空；哑巴喝了这井水，能说会唱嗓音洪。无病的人喝这水，不怕病魔来行凶；病人喝了这井水，不用吃药能做工。"①

其一，西南边疆少数民族将水称为吉祥水、勤劳水、智慧水。山里的水，清澈，水能清洗一切。流行于西南少数民族中的泼水节，又叫浴佛节。这一天，人们要到寺院里给佛像清洗灰尘，这一天，人们也相互泼水，相互洗去身上的污垢，因此，泼水节上人们要相互泼水，互道吉祥。挑水是过去妇女的日常家务之一，湖北恩施土家族、湖南湘西苗族，也常常将正月初一挑回家的第一担水称作金水、银水，谁能抢得第一挑水，说明她很勤劳，很能干。而水的清澈，明明白白，也常常用来比喻人，因此，在壮族地区，谁能抢得正月初一第一挑水，她也就会被人看作最聪明的人。

其二，对水鬼和龙王的崇拜是水崇拜的具体体现。西南少数民族认为，大水的水里，都有水的神灵，这些神灵，又可以分为两大类：好的水神和恶的水鬼。在我国古代，龙被视为是主水之物，能够兴云致雨。《左传·昭公二十九年》载："龙，水物也。"《礼记·典礼》载："青龙主水，能降雨而定丰收。"《淮南子·坠形训》："土龙致雨。"有些地方水神信仰也和供奉龙王神相复合。龙王崇拜在民间也非常普遍，在白族的传统文化中，也将龙视为原

---

① 杨国仁、吴定国编：《侗族礼俗歌》，贵州人民出版社 1985 年版，第 71—72 页。

始水神的象征。布朗族认为，龙王管理河流，而且龙王不只一个。有的龙王管理水中的土地，有些龙王管理水中的生物，有些龙王管理雨水，有些龙王甚至还掌管人的生老病死。每年，老曼峨的布朗族都会适时祭拜龙王，以祈求风调雨顺和谷物丰收。布朗族还认为，森林中或野外的沟箐和水塘里都有水鬼，苦拉是最大的水鬼。不能随意在沟箐和水塘里洗澡，不能随意在沟箐和水塘里大小便，否则会被水鬼怪罪，为其所害。傈僳族也认为森林中或野外的沟箐和水塘里有水鬼，叫作"爱杜斯尼"，人们祭祀"水鬼"时，要用鸡、猪各一只，牵到野外去祭，并呼叫水鬼的名字，让它来享用。对水鬼，人们表现出畏惧与排斥；而对龙王，人们则充满敬畏与崇拜，至今仍有祭拜龙王的仪式。

另外，火是人类得以生存和延续的重要条件之一，也是人类文明的标志之一，因此，火神崇拜是世界各民族共有的原始信仰。长期居住我国西南、南方地区的少数民族亦有崇火、畏火、驭火的习俗，普遍存在火神崇拜。火不仅能帮助人们开辟新的土地，也能烧毁整个村庄。有些少数民族为了防止寨内失火，要在家中祭祀火神。如布朗族每年在野外烧地前，也要向火神滴水祭祀，祈祷火神保佑。在日常生活中，对火塘的禁忌也较多，如禁止踩火、骑火、跨火，不准用脚蹬火塘里的三脚架，不许把鞋袜、衣裤放置在火塘上，不许说火的坏话或直接辱骂火，形成一系列的禁忌和火神崇拜民俗。在西南边疆少数民族中，藏族、普米族、纳西族、傈僳族特别敬奉锅庄；彝族、白族、哈尼族、基诺族、壮族等都有火把节的习俗。由此可见，不论是刀耕火种时期用火来烧地，还是每家每户对火塘的保护，都可以看出火对人们生活的重要影响及人们对火的敬畏与崇拜。

羌族神话《蒙格西送火》中说："火神蒙格西爱上了羌人女酋长勿巴吉，他俩生下了儿子热比娃，他遵父嘱到天庭取火，火神给他两块白石，教他击石取火，人们才有了火，羌人因此奉白石为神，每家的火塘也就成为火神的留居之处。"[1] 佤族史诗《司岗里》说："在火熄灭时，猫头鹰去求火没有求来。萤火虫求火求来了。萤火虫虽然求来火种，却没有求来取火的方法。后来蚱蜢去求，才学会了雷神的取火方法，教人们摩擦取火。"阿昌族《遮帕麻

---

① 茂汶县文化馆编：《羌族民间故事》（第三集）（内部资料），1982 年印。

与遮米麻》神话中说："人类女始祖遮米麻以二石块相碰，找到第一个火神。"彝族史诗《阿普笃慕》中说："有一个人王，有两只眼睛，世界上没有火，他造出火来；他吃不动果子，用果石打，打出火来了。"纳西族东巴经《多格绍·本绍》中说："很古的时候，神原来住在黑的地方，鬼住在白的地方。于是，英雄许瓦赠古就去鬼地盗火，用计盗回了火，使神地重放光明，变黑为白。"

哈尼族神话《阿扎》中说："火种是一个魔怪头上一盏眉心灯，是一颗红色的亮珠，英雄阿扎经历了千辛万苦，从魔怪眉心夺下火珠，吞进肚子，但是来不及拔下魔怪的'生命线'的头顶金鸡毛。火在他心里燃烧，他一刀扎进胸膛，'火珠'出来了，给人类带来温暖和光明，人民从此把火称为'阿扎'，以纪念这位为人类牺牲的盗火英雄。"[①] 生活在云南勐腊县勐腊镇的布角人是傣族的一个支系，"布角"意即"祖先"或"创世人"，他们保留了一个古老的火起源神话《火的神话》："在古时候，人像鸟一样会飞，想到哪里就到哪里，但是却没有火。在严寒时，人只得躲进山洞，吃的全是生食。在大森林中居住着一种鸟叫'飞罗'，它有火，但不会飞翔，整天停在洞中，望着别的能飞的动物发呆。有一天，一位猎人从它身旁飞过，看到飞罗闷闷不乐，就问它发呆的原因。飞罗诉说了无翅膀的苦恼，猎人就提出用翅膀换它的火。飞罗听后，非常高兴，很乐意地和猎人交换了。飞罗插上翅膀，鸣叫着飞向天空；而猎人得到了火，却不会飞翔了。但由于有了火，每天能吃熟食，严冬时能得到温暖，黑夜中能驱走猛兽。火使人们受到极大的益处。"[②]

3. 动物崇拜

早期的人类对凶猛的野生动物有一种恐惧心理，由此生发出灵性，进而产生敬畏之心，视其为神灵而加以崇拜，其中虎崇拜最具有代表性。此外，一些家畜长期为人类出力，人长期与其相处，自然产生感恩之情，亦视其有灵性而崇拜，其中牛崇拜最具有代表性。另外，人类对天空中的飞鸟也时常具有幻想，久而久之认为一些鸟具有灵性而加以崇拜。西南边疆民间文学中虎崇拜、牛崇拜和鸟崇拜都比较常见。

---

① 刘辉豪、阿罗编：《哈尼族民间故事选》，上海文艺出版社1989年版。
② 潜明滋：《中国神源》，重庆出版社1999年版。

虎是彝族族群的标志，虎崇拜在彝族社会中非常普遍。川、滇彝族说其始祖为"罗罗摩"（母虎），他们曾自称"罗罗"（虎）。彝族古老史诗《梅葛》中记载着虎死后创造万物的神话："虎头莫要分，虎头作天头。虎尾莫要分，虎尾作地尾。虎鼻莫要分，虎鼻作天鼻。虎耳莫要分，虎耳作天耳。虎眼莫要分，左眼作太阳，右眼作月亮。虎须莫要分，虎须作阳光。虎牙莫要分，虎牙作星星。虎油莫要分，虎油作云彩。虎气莫要分，虎气成雾气。"①

傈僳族也崇拜老虎，《虎氏族传说》中说，老虎化为一个美男子，与上山砍柴的女子结为夫妇，生下了"拉扒"，"拉扒"即虎氏族。纳西族相传，虎为人类始祖。东巴经《当恩·拉统贝》中，"拉统贝"就解释为"虎的历史"。纳西族东巴经中用一虎头形状的图画表示"太古时候"，用上面是天，下面坐一虎头老人的图画表示天神子阿普。表明纳西族以虎为祖先，以虎为天神。

傣族称虎为"思"，并且"思"是傣族国王的共同称号。傣族史籍《森威年代记》中麓川王叫"思翰法"，在瑞丽傣族语中，"思"意思为"威武的虎王"。傣族认为，历代麓川主都是"混诺罕"，即白虎转世。而元江一带的傣族，自称其祖宗是老虎，对老虎极为尊崇。金平县的傣族王姓人家，在傣族内部一般以"陶奢"自称，意为"老虎家"。陶奢人家称公虎为奢布，即虎祖公；母虎称奢雅，即虎祖奶。如果见到有死虎，要用白布为虎遮眼睛，头戴孝帕，对虎尸跪拜。这完全是以对待祖宗的方式对待虎，把虎当作傣族的图腾祖先。

牛是最辛勤的动物，为了人类的农业生产和生活，每天都要下地犁田，它是与人类关系最密切的动物之一。每年四月初八，侗族都要祭牛，这天牛可以休息不下田工作。因为对牛的崇拜，侗族有许多关于牛的故事，如《牛是怎样没有上门牙的》《牛为何一下水就拉屎拉尿》《一日三餐的来历》，也有歌颂牛的谚语，如"牛在不知牛好处，牛死方知种田难"等。哈尼族史诗《奥色密色》中，天王派九个人造地、三个人造天，他们杀了龙

---

① 中国哲学史学会云南省分会编：《云南少数民族哲学社会思想资料选辑》（第一辑）（内部资料），1981年，第75页。

牛造天地。① 布朗族神话《顾米亚造天地》中巨神顾米亚和他的十二个孩子用犀牛造天地万物。②

古百越人崇拜鸟，广西的骆越即以鸟为图腾，因此，作为百越后裔的侗族也广泛流传着关于鸟的传说。在侗族的创世歌《嘎茫莽道时嘉》（《侗族远祖歌》）中说，洪水滔天之时，姜良姜妹用来藏身的葫芦打不开，他们请来啄木鸟啄开葫芦，姜良姜妹才能藏身其中，兄妹结合繁衍了人类。有了人之后，人类却又没有食物，于是在《青蛙和燕子去南海取稻种》中，燕子飞到远方为人类衔来稻种。有了饭吃之后，又开始愁住。《侗家木楼的来历》中写道，燕子去南天衔来杉树种子并浇灌成林，侗家人才能有杉树盖木楼。为了感谢燕子，人们让燕子在木楼上垒泥造窝。③ 又如，道教传入大理之后，大理白族普遍崇拜凤凰、白鹤，大理地区有许多凤仪、凤阳、凤羽、来凤、鹤庆、鹤仪等地名，而且产生了《鸟吊山》《鹤拓》等风物传说。

4. 植物崇拜

我国的树木崇拜很早就与土地崇拜产生了联系，《论语·八佾》记夏、商、周三代社树说："夏后氏以松，殷人以柏，周人以栗。"树木往往是作为土地神，即社神的偶像而受到崇拜的。祭拜竜林是西南诸多少数民族共有的信仰仪式。

布朗族村寨周围一般有神林，平时严禁人们进入，严禁砍伐。即使在别处刀耕火种，每逢砍树种地前，都要由召曼请祭师择吉日和卜选方向，指派生辰属相合适的两个人，先砍两棵树，对着树叫魂，然后用带去的蜡条、饭菜祭献树魂。一切仪式结束后，全村才能正式砍种。哈尼族也崇拜树神，在不同的哈尼族地区流传有不同的《遮天大树》有关的传说。每年农历正月第一个属龙日，哈尼族要"祭神树"，摆长街宴。在祭神树时，要唱流传广泛而经久不衰的《祭树歌》："祭树是人口增添的祭树，祭树是庄稼丰收的祭树，祭树是牛羊满山的祭树，我们今天来祭树，祭来大山的福气，祭来大水样的吉祥。自从有了哈尼的寨子，寨头的神树就望着寨子，自从阿妈生下我们，

---

① 中国哲学史学会云南省分会编：《云南少数民族哲学社会思想资料选辑》（第五辑）（内部资料），1981 年，第 4—6 页。

② 高明强编：《创世的神话和传说》，生活·读书·新知三联书店 1988 年版，第 87 页。

③ 杨保愿：《嘎茫莽道时嘉（侗族远祖歌）》，中国民间文艺出版社 1986 年版，第 72 页。

寨头的神树就保护着寨人；哈尼寨头的神树，是一天离不开的神树，哈尼寨头的神树，是一下离不得的神树。"①

由树崇拜发展而来的是少数民族朴素的山水保护和动物保护的生态意识。侗族依山傍水而居，《十八杉》是侗寨著名的生育礼俗传说。在侗族地区，每当生了女孩，长辈都要为孩子种几十棵杉树，让女孩与树木一同成长。到女孩十八岁成年了才可以用这些树，因此就有了"十八杉"的叫法。当地还流传着一首歌谣："十八杉，十八杉，姑娘生下就栽它。姑娘长到十八岁，跟随姑娘到婆家。"②

在民间，所有五谷杂粮统称为五谷，谷种起源神话也是粮种起源神话。中国西南边疆少数民族谷种起源神话可以分为两类：一是谷种的最早起源，二是谷种的失而复得。两类神话有明显区别，但在强调谷种对于人类的重要意义方面则是相同的。因此我们将两类神话统称为谷种起源神话，也属于植物崇拜。

纳西族《创世纪》说："崇忍利恩娶了天神子阿普的女儿衬红褒白美，并给了他们两个袋子。出门时，衬红褒白美悄悄偷了天神的蔓茎种子藏在指甲里。天神生气了，诅咒说，偷去的蔓茎只能生吃，一煮就化成水。路上，衬红褒白美想看看父亲给了什么，打开第一个袋子，里面飞出许多飞禽走兽，都跑树林里了，剩下的他们带回家，成了家畜。打开第二个袋子，里面飞出许多种子，都掉在野外成杂草了，剩下的他们带回家，成了五谷。"佤族《司岗里》中说："最初时，人和各种动物一起到处奔跑，饿了就吃兽肉。后来人向木依吉神要谷种，有了谷种，人们才开始种地吃粮。"

独龙族《彭根朋上天娶媳妇》中说："洪水过后，人类又繁衍起来，但没有五谷，也没有牲畜，只有野菜、野果。一个叫彭根朋的小伙子上天娶天神木崩格的女儿木美姬。在回人间时，木崩格送他们稗子、甜荞、苞谷、燕麦等种子和许多飞禽走兽，但木美姬发现父亲没送稻谷种，便偷抓了一些稻谷种藏在指甲缝里带回了人间。"③ 壮族神话《谷种和狗尾巴》说："原来人间

---

① 西双版纳傣族自治州民族事务委员会编：《哈尼族古歌》，云南民族出版社1992年版，第337—338页。

② 陈幸良、邓敏文：《中国侗族生态文化研究》，中国林业出版社2014年版，第240页。

③ 谷德明编：《中国少数民族神话选》，西北民族学院研究所印（内部资料），1983年，第610—612页。

没有稻谷，只有天界有稻谷，于是人们向天界求稻谷种子，但是天神没有允许。人们没有办法，只好向天界派遣九尾狗，去偷稻种。九尾狗到天界以后，在晒谷场打滚，用九条尾巴粘上稻谷，但被守护神发现。九尾狗逃往人间的路上被天界的守护神要砍掉了八条尾巴，当守护神要砍掉第九条尾巴时，狗已经逃到了地界，剩下的最后一条尾巴上粘上的稻谷给人间带来了宝贵的稻种。"①

关于谷种的失而复得，在傣族还有一个流传广泛的《谷魂奶奶》神话："在遥远的古代，谷魂（谷魂的化身）和村民们一起去寺庙，在寺庙里，大家都跪地上给佛祖磕头，只有谷魂奶奶不磕头。佛祖非常气愤，把谷魂给赶走了。从此以后傣族人种的水稻就没有了谷魂，没有谷魂，水稻年年歉收。最后，佛祖只好赶紧把谷魂请回来。"② 从此傣族人开始敬畏谷魂，祭祀谷魂。傣族人在过与祖先和神灵共享新米饭的吃新节时一定要叫"谷魂"。

阿昌族传说谷子有灵魂，因此每年撒秧、栽秧、收割都要叫谷魂。每年撒秧时要叫谷魂，叫来后，在秧田上插三棵木桩，把秧田围起来。开秧门时要叫谷魂，叫来后，先用左手栽三株秧，然后才栽秧。关秧门时，要用多余的秧苗和田里的水擦洗人和牛的脚，防止将谷魂带出田里。每年收割完田里的谷子后，要用一个煮鸡蛋和三炷香在谷堆上叫谷魂："不要在田坝里，请回家里守谷仓。明年撒秧时，再回田坝里。"③

来源于植物果实崇拜的吉祥物，以葫芦最具生命力。在阿昌族的创世史诗《遮帕麻和遮米麻》中，遮帕麻和遮米麻造好天地后生下一颗葫芦籽，葫芦籽种下九年后，才成长并只结出一个葫芦，遮帕麻用木棒敲开了葫芦，从里面跳出了最初的人。在拉祜族的《牡帕密帕》中，天神厄莎在造好天地万物后，种下一粒葫芦籽，葫芦成长后也是结了一个葫芦，葫芦被老鼠啃开后，里面出来了扎笛和娜笛两兄妹。此后，他们俩在天神厄莎的意旨下成婚繁衍人类。此外，彝族的《葫芦里出来的人》、布朗族的《创世歌》、德昂族的《葫芦传人种》、怒族的《创世歌》等，这些神话传说都是关于葫芦生人的故

① 段炳昌等编著：《中国西部民族文化通志》（文学卷），云南人民出版社2014年版，第145页。
② 中国哲学史学会云南省分会编：《云南少数民族哲学社会思想资料选辑》（第四辑）（内部资料），1981年，第262页。
③ 刘亚虎：《荒野上的祭坛：中国少数民族传神文化》，北京出版社2000年版。

事。除了葫芦直接生人外，在一些故事中，大多是洪水或其他天灾发生后，被神选中的人种躲进葫芦里，出来后再繁衍人类，而佤族的洪水神话则直接说葫芦生出了第二代人神。

二 西南边疆民间文学中的祖先崇拜

（一）人类来源的思考

今天所有与古羌藏人有亲缘关系的民族，都有自己的猴祖传说，情节上各有特色。王小盾《汉藏语猴祖神话的谱系》一文认为，"汉藏语猴祖神话是从'猴图腾'型起步的。这一类型包藏了猴祖神话的原始动机：对有关自身来源的直接原因的解释。除羌、彝、怒、珞巴、纳西、傈僳等六个民族以外，猴图腾还见于白、藏、壮、瑶、景颇、普米、布依、哈尼等汉藏语民族，以及属于南亚语系孟高棉语族的克木人，事实上是分布最广的类型。"①

在怒江的怒族和白族那马人中广泛流传着这样一则关于猴是人类祖先的神话："从前，山神养着许多猴子，但猴子越来越多，山神养不了。于是，他想了个办法，将江中的石头烧得通红，放在火塘边，然后叫猴子回来吃饭。猴子们一坐下，屁股烫得红红的，忍着痛跑山里了，只有最小的一个，因为不懂事，没有去争着吃，后来就成了人类的祖先。"

在纳西东巴文中，"祖先"一词除了画作"虎"形外，也有画作"猴"形的。东巴经中说：远古时候，一个名叫"曹德鲁若"的仙女遇到了一只长臂雄猴，雄猴与之交配，生下了东巴。纳西族另一则猴祖神话说：洪水过后，崇忍利恩与天女衬红褒白美成了婚，但后来衬红褒白美与一头雄猴媾合，生下了半人半猴的一男一女，他们繁衍出了纳西族。

彝族的创世史诗《居次勒俄》《人类起源说》《万物的起源》等都是说人是猴子变成的。拉祜族民间故事《人和雪的传说》中说，人是由猴子变来的；而《猴子婆》则说，人是一个母猴和两兄弟繁衍的后代。

以上是猴子变成人或生育了人，另外一些神话则突出人因为有了熟食，才与猴子分开，成了真正的人。云南有很多少数民族在其创世神话中都提到

---

① 王小盾：《汉藏语猴祖神话的谱系》，《中国社会科学》1997年第6期，第147—168页。

了猴子使用火的情节。如怒族神话《创世纪》说，原来人、猴子和其他动物都是一家。一天，雷爷劈大枯树时引发火灾，天火过后，人们看见在火灰里有被烧死了的松鼠、老鼠，捡来吃，觉得比生肉更好吃，而猴子和其他动物见到火光，都害怕得跳进了老林子里，再也不能和人类生活在一起了。① 哈尼族史诗《雅尼雅嘎赞嘎》中表达了猴子使用火吃熟食而变成人的缘由。远古时候，大海里有一种水猴，大地到处荒芜，天神扔下葫芦，让其住在里边，使它们躲过了水灾洪灾。过了几千年，天神撒下万物种子，水猴走出葫芦住进岩洞，从野火里捡东西吃，学会了吃熟食，过了几千年，人类形成了，水猴是人的祖先，人类由水猴变来。②

（二）族群区别的思考

动植物生人或变人的神话，具有古老的原始宗教意识，反映了原始时代的万物有灵观。在万物有灵观的影响下，原始人类不仅崇拜动植物，形成自然物崇拜，而且将动植物当作自己的祖先，形成图腾意识。

随着社会的发展和文明的进步，图腾崇拜也失去了它的作用，但作为民间文学和民俗信仰的一部分，图腾崇拜和图腾神话传说仍然有着重要的民俗学意义。

彝族曾有过许多图腾崇拜，其中比较重要的是龙、鹰和虎。支格阿龙是彝族先民的大英雄，也是彝族的祖先神。彝族神话传说《支格阿龙》中说，支格阿龙的母亲蒲莫列依是龙的子孙。一天，四对神鹰从远处飞来，滴下三滴血，血滴在了蒲莫列依的身上，不久，蒲莫列依就生下了英雄支格阿龙。故事中，支格阿龙既是鹰的儿子又是龙的外甥，反映了彝族对鹰和龙的图腾的崇拜。关于彝族对虎的崇拜，在其创世史诗《梅葛》中说到天神们用虎尸的各个部分化成了自然万物；在神话故事《虎氏族》中则说，洪水过后，从葫芦里走出一对兄妹，他们成婚有了七个姑娘。七姑娘与一只老虎成了亲，生儿育女，成了虎氏族。

---

① 《中华民族故事大系》编委会：《中华民族故事大系》（第十四卷），上海文艺出版社1995年版，第515—522页。

② 云南省少数民族古籍整理出版规划办公室编：《云南少数民族古典史诗全集》（下卷），云南教育出版社2009年版，第717—718页。

傈僳族也是曾拥有众多图腾崇拜的民族。在傈僳语中，"氏族"称"扒"，氏族的图腾还遗留在他们现在的姓氏中，例如：虎、熊、羊（杨）、鸟、鱼、鼠（褚）、朱、蜂、荞（乔）、谷、竹（祝）、菜（蔡）、麻、犁（李）、霜（双）、麂、猴（侯）、海等。关于熊图腾，有《熊氏族的故事》，说的是有一天，一个傈僳族姑娘上山砍柴，遇到一只公熊，姑娘被吓昏了。等她醒来，旁边坐着一个英俊的小伙子，姑娘与他结为夫妻，他们生下一个儿子。原来小伙子是公熊变的，他们的儿子成了熊氏族的祖先。关于虎的图腾故事，有《虎氏族的来历》，说的是有一天，一个傈僳族姑娘上山砍柴，遇到一个英俊的小伙子，小伙子帮她砍柴，后来两人成了一家，生儿育女。原来小伙子是老虎变的，他们的儿子成了虎氏族的祖先。关于荞氏族的图腾故事，有《荞氏族的由来》，说的是一个傈僳族姑娘吃了荞食，不婚而孕，生下的儿女成了荞氏族的祖先。

怒族的图腾崇拜也很多，如蜂、猴、蛇、鼠、麂子、马鹿、鸟、树木等。他们关于图腾的故事有《腊普和亚姐》《山神娶妻》《蛇和人结姻缘》《女始祖》等，其中《女始祖》说到了许多图腾的由来。相传，在远古的时候，天上飞来一群蜜蜂，歇在了怒江边的腊甲底村，蜜蜂与虎交配，生下了怒族的女始祖茂英充。茂英充长大后，又与虎、蛇、蜂、麂子、鹿等动物交配繁衍，于是有了蜂氏族、虎氏族、蛇氏族、麂子氏族、鹿氏族等。

（三）祖先的恩荫

进入父系氏族后，人们不再以为自己是某种动植物之后，或人与某种动物交配的结果，而是直接探讨人的来源，形成了人祖崇拜。

受神话传说影响，早期的人祖崇拜仍有神话传说的色彩，人们在探讨自己的来源时往往将自己的祖先附会于某个妇神或男神。如在彝族《勒俄特依》中，支格阿龙是彝族的祖先神。石屏花腰彝属于彝族尼苏支系，他们就尊奉支格阿龙为祖先神，称为"阿竜"。他们认为支格阿龙竜树林是先祖阿竜的四肢所变，在竜树林中举行祭竜活动，就是为了纪念英雄祖先阿竜。每年的春天，花腰彝都要择日进行祭竜仪式，并有自己特定的名称——"咪嘎好"；最高形式是十二年一大祭，称为"德培好"，其活动规模比"咪嘎好"更大。"祭竜"时，要选一颗鹅卵石，象征支格阿龙的心脏。这里的阿竜，既作为竜林神，成为村寨保护神，又是花腰彝的祖先支格阿龙，阿竜神话在花腰彝心目中并非一般性的故事，而是承载着其族群信仰的神圣性存在。

直至中华人民共和国成立前，西南边疆少数民族中仍有部分民族或支系处在父系氏族公社或家支制度时期，他们的祖先崇拜方式，一般以具有相同血缘的一个父系公社或一个家支为单位，从第一个男性祖先到最近一个男性祖先的谱系为依据，分别进行祖先祭祀，并由此形成谱系叙述和祖先传说。例如，布朗族的祖先崇拜主要表现在对祖先遗物的保存和供奉以及清明节的祭祖仪式上。

西南边疆少数民族的祖先崇拜，大多以村寨保护神或本主、土主的形式被按时祭拜。而受汉族文化影响较大的地区，已经逐渐被祖先牌位和清明祭祀、中元祭祀等节令仪式所取代。

三　西南边疆民间文学中的神灵崇拜

除了自然崇拜和祖先崇拜之外，西南边疆少数民族中还普遍盛行神灵崇拜，由此形成一个庞大的鬼神信仰体系，并对民族宗教的形成和民间文学创作产生了广泛的影响。西南边疆少数民族的民间信仰神祇主要有自然神灵和人物神灵两种类型。自然神灵的来源是将自然物进行人格化之后，赋予他们一些超自然的能力，形成宇宙大神，如天神、地神、创世大神等。人物神灵是运用神话思维，赋予历史人物、地方人物一种超自然的能力，将其升格为宇宙大神，比较典型的是早期一些母系祖先和父系祖先，被神灵化之后，升格为创世大神或人类始祖神。以上两类是自然物或人类祖先的神灵化，而精灵化是指将一些心理观念、自然现象、理想追求等神灵化，由此而创造出的各类神灵。

（一）自然神灵

天地大神是至高无上的神灵，是众神之神。天体诸神崇拜的进一步发展，便是天神崇拜，万物自然神灵的进一步发展就是地神崇拜。在进入父系制之后，人们有了男女生育意识，由此形成天公地母之说，其中天崇拜是天体诸神，也是万物诸神的至高神。

西南边疆少数民族普遍盛行祭天习俗，也有相关的传说。例如，独龙族有《大蚂蚁分天地》，说的是原来天和地是连在一起的，有个叫嘎姆朋的人，经常到天上。一天，蚂蚁挡在他上天的路上，跟他要绑腿。嘎姆朋看不起蚂蚁，就没有给。嘎姆朋上天后，蚂蚁扒倒了上天的土台，嘎姆朋再也回不到地上。多年后，嘎姆朋变成天鬼，要人们给他祭祀，否则就要祸害人。于是，人们在"卡雀哇"这天要剽牛祭天鬼，以免嘎姆朋发怒，降灾祸给人间。①

元代李京的《云南志略》说纳西族先民"不事神佛，惟正月十五日登山祭天，极严洁，男女动辄百数，各执其手，团旋歌舞以为乐"。② 民国《中甸县志稿》卷下称："摩些族所在村落，必于附近高阜筑一天坛，定于每岁旧历正月初四、五、九日集众醵金，迎请东跛，杀牲祭天一次。嗣秋收前，又择日祭天一次。"纳西族有关于天神的传说："洪水过后，崇忍利恩和衬红褒白美生下的孩子不会说话，不会种庄稼，不会养牲畜，天神还发脾气，下暴雨，发洪水，后来祭了天神，天神给他们九种谷物种子和九种牲畜，孩子也会说话了。"

中华人民共和国成立前夕，怒江兰坪的普米族和白族支系那马人的村子几乎都有一个祭祀天神的场所，由于祭天都用牛为牺牲，所以祭天场所就叫"杀牛祭天处"。有一个村子单独进行的，也有几个村子联合举办的。一般三年一次，遭瘟疫流行或久旱无雨则不限。大理白族也崇尚祭天，在下关西斜阳峰下和大理古城西都有祭天台遗址。据《嘉靖大理府志》载："大理土民腊则宰猪登山顶以敬天神。"在绘于南诏末期的《南诏图传》中，绘有张乐进求等祭铁柱的画面，该画文字卷云："初，三赕白大首领、将军张乐尽求、兴宗王等九人，共祭天于铁柱侧。"另据景泰《云南图经志书》卷一载："安宁州献饭祈年：土人于每月朔望日，合同村之人，古祭天仪式也。各具素饭，从以时果，相率登山顶陈献跪拜。祝曰：时和岁丰，国泰民安。"③

龙王崇拜在中国民间信仰中也非常普遍。传说龙王住在所有江河湖海，即四海各有专司的海龙王，各江有江龙王，各湖有湖龙王，天下无数井、泉也都各有龙王。印度佛教文学对中国广大群众的崇龙信仰以及龙的神话故事

---

① 姚宝瑄主编：《中国各民族神话》，书海出版社2014年版，第113页。
② 方国瑜主编：《云南史料丛刊》第3卷，云南大学出版社1998年版，第130页。
③ 陈文修、李春龙、刘景毛校注：《景泰云南图经志书校注》，云南民族出版社2002年版，第52页。

的产生和发展是有一定的促进作用的，佛教文学中诸多龙的形象和龙的故事文本都对中国的民间信仰和文学产生了深远的影响。

在西南边疆少数民族民间信仰中，很多民族都有关于龙的各种神话传说和故事。而且，这些神话传说和故事在布局和数量上呈现出以大理洱海和景洪地区为主，向周边其他民族辐射开来的状态。与白族、傣族相邻的其他少数民族或者与这些民族混居的民族，他们接受、吸收和改造了白族、傣族关于龙的神话传说和故事，并在自己的民族中形成了独具特色的民族文化，因此西南边疆少数民族中关于龙的神话传说和故事不仅分布广泛，而且数量也相当可观，是一个拥有独特龙文化的地区。景洪傣族地区，主要是从事稻作农耕生活，因而容易产生对水、龙的崇拜和信仰。傣族先民在播种之前要到江河边祭龙，祈求驱逐旱情，获得雨水，以保证农耕顺利进行，并获得丰收，洪水泛滥时，也要祭龙祈求保护稻田和村庄不被淹没。

杨正权在《龙崇拜与西南边疆少数民族宗教文化》一文中说道："在西南边疆少数民族的历史上，龙还作为社神、生命神、山神、财神、寨神等神灵而存在，这些都是龙的水神神性的泛化，都是水作为生命之源这一母题引申出来。"[1]

我国西南边疆少数民族有火神崇拜，一直延续到近代，并且流传着许多生动的火神传说故事，主要有三个来源；一是从神那里盗火，它反映了人类与自然的冲突；二是神赐火，透露出人与自然的和谐关系；三是动物给人类带来火，反映了原始人图腾崇拜的功利目的。与水一样，火在现实生活中具有好坏两重性：一方面，火能给人们带来光明和温暖；另一方面，火又会给人类造成灾害。由于这种两重性，在民间文学中，就形成了善恶两类火神的神话。

乌蒙山地区的彝族认为火神有三个：一个叫格白斯，是灶神；一个叫苦鲁斯，是火塘神；还有一个叫多斯，是凶火神（亦称火鬼）。[2] 在阿昌族神话中，凶火神生性骄横，专门与天公地母作对，孕育狂风闪电，又制造多余的

---

① 杨正权：《龙崇拜与西南少数民族宗教文化》，《思想战线》1999 年第 1 期，第 83—88 页。
② 梁旭：《彝山寻踪》，云南人民出版社 2014 年版，第 9 页。

太阳，这些太阳不升不降，永远挂在天上，造成大旱，晒死所有生灵。① 傣族古诗《大火烧天》② 对凶火神酿造的灾难描述得更为可怕："森林起大风，风紧呼呼叫。小树西边倒，大树在摇晃。山中冒青烟，烟处起大火。狂风把火卷，卷进大森林。气势如洪水，火焰烧通天。森林一片红，烧死蛇，烧死虎，石头炸，大树倒。大人惊，小孩哭，像野猴受惊，像小鸡逃散。烧烂皮肤烧碎骨，死者像焦炭。大火烧不停，烧了一百天。大地变黑土，可怜人类啊，几乎要灭绝。"

彝语支所属各民族都有过火把节的习俗。火把节是这些民族最重要的传统节日之一，最能体现火神崇拜。他们也有凶火神的观念和关于火的禁忌，强化了人们对火神的恐惧。道教的灶神传入后，人们用灶神崇拜取代火神崇拜。

（二）人物神灵

人物型神灵主要是创世大神、始祖神，以及具有超凡能力或智慧的英雄人物。创世大神、始祖神具有非凡的超自然能力，人们认为，天地万物都是神灵创造的。如水族创世女神牙巫，基诺族的阿嫫腰北，布依族的力嘎、翁嘎、翁杰，等等，都是创世大神。明清以来，随着一部分苗、瑶、壮族从湖南、广西迁入西南，也将盘古神话带入西南，因此，在中国西南边疆少数民族中也广泛流传着盘古天地开辟神话。

人物神灵主要分为两类，一类是创世大神，他们先天地而生，是天地的创造者，是万物及人类的创造者。同时，他们也是人类文明的发明者，人类得以生存，人类能够战胜自然，都与他们的帮助和发明有关。阿昌族的遮帕麻与遮米麻、傣族的因帕雅等，就是这一类人物神灵的代表。傣族有《因帕雅创世纪》③：

> 世界最初没有天地，只有水和空气，到处是一片混沌。水和空气上升，凝结成创造天地的大神因帕雅。他创造了十六层天空和大地，开始时大地不稳定，他就从身上搓下一些汗泥捏成六根柱子和一头大象。他

---

① 杨福泉、郑晓云：《火塘文化录》，云南人民出版社1991年版，第74页。

② 中国哲学史学会云南省分会编：《云南少数民族哲学、社会思想资料选辑》（第三辑）（内部资料），1981年，第99—101页。

③ 征鹏、杨胜能：《西双版纳风情奇趣录》，云南民族出版社1997年版，第131页。

将这六根柱子置于大象之背，把地面置于柱子之上，地面就稳定了，为了使天和地保持一定的距离，因帕雅又用汗泥搓成狮子、黄牛、大象等动物，把它们放在天的四方，让它们用头顶着巨石撑住天空，形成了天地。因帕雅还创造了万物与人类。因帕雅由于太劳累，洒在地面上的汗水，变成了花草树木。流下的汗水泛滥成灾，淹没了大地和天空，因帕雅把水舀了几瓢倒在天上，水位立刻降低，出现了陆地和海洋。

另一类人物神灵则是氏族英雄或人类祖先，在氏族和部落发展中，他们以超人的能力，存亡继绝，帮助人们战胜了一次次的困难，化解了一次次的危机。这些神灵，有些留下了名字，有些则是被附寄在另一些传奇人物身上，用另一种方式形成民族记忆。南诏时期的段宗膀，因打败了狮子国，延续了摇摇欲坠的南诏政权，被后人尊奉为大理地区中央本主，成中本主中的本主。而《观音负石阻兵》中的观音，则是某个无名英雄的化身，或是所有民族英雄的概括型表达。这一类人物神灵中，在西南少数民族中，影响最广泛的则是彝族的支格阿龙。支格阿龙的传说，从四川凉山，到滇南哀牢山，再到贵州乌蒙山，都有广泛流传。与支格阿龙神灵崇拜相关，形成了各式各样的民间信仰和民间风俗。

第二节　西南边疆民间文学中的民间俗信

"俗信"作为民俗学的概念，最早由民间文艺学学者乌丙安提出。1984年出访日本回国的乌丙安提出，"我们对民间信仰的研究，用一般政治的观点来看，民间信仰的东西几乎都是反面的东西，但是从民俗学的角度看很值得研究。比如并不采取迷信的手段存在而长期存在于人们生活当中的某些信仰，叫作'俗信'，是要长期存在的，也是可以存在和允许存在的，这就是民俗学的观点"。① 之后他在 1985 年出版的《中国民俗学》一书中正式形成这一概

---

① 路远：《民俗研究要面向现代化——访乌丙安教授》，《民俗研究》1985 年第 1 期，第 78—81 页。

念，并对"俗信"和"迷信"的密切关系及相对的区别作了分析："简单地说，俗信原来在古代民间传承中曾经是原始信仰或迷信的事象，但是随着社会的进步，科学的发达，人们的文化程度的提高，一些迷信事象在流传中，逐渐失去了原来的神异色彩，失去了神秘力量，人们在长期生产与生活的经验中找出了一些合理性，于是把这些事象从迷信的桎梏中解放出来，形成了一种传统的习惯。这些传统习惯，无论在行为上、口头上或心理上都保留下来，直接间接用于生活目的，这就是俗信。而迷信是从诸多原始活动中残留下来的意识和手段，它不仅是对事物因果的歪曲荒诞的认识，而且是反科学的、歪曲并破坏社会生活的行为。"① 之后，黄鸿的《迷信中的科学因素探讨》，陶思炎、何燕生的《迷信与俗信》，陶思炎的《迷信、俗信与移风易俗——一个应用民俗学的持久课题》，夏征农的《辞海》（彩图珍藏本），等等，也对民间风俗与民间信仰、迷信与俗信的关系进行了论述，大体跟乌丙安一样都将民间俗信与迷信对立起来，认为俗信是正常的或良性的民间信仰，而迷信是指非理性的、反科学的、对个人与社会有直接危害的极端信仰。

民间信仰是人们基于原始宗教中对一些自然和人生中不可理解、不可驾驭的恐惧心理，相信可以通过娱神的方式或巫术的方式进行驾驭和支配，由此产生坚信不疑和追求的执着心理和行为，这种执着性，就是迷信。与一般风俗相比，它的特点是相信而且执着，因此，它属于宗教，但与制度化宗教相比，它又是个人的、非制度的行为。对同一种民间信仰，某一些人执着相信并达于非理性程度，就是迷信，而另一些人执着相信，但能够以日常心理对待，就是一种俗信；某一阶段人们执着相信，并达于非理性程度，就是迷信，而一阶段人们执着相信，但能够以日常心理对待，就是一种俗信。因此，一种信仰，是迷信还是俗信，不在于信仰内容、信仰仪式和信仰对象本身，而在于同一区域或同一时期信仰者的不同态度和相信程度。

一　西南边疆民间文学中的巫术仪式

人类学家弗雷泽（James George Frazer）曾对原始社会中巫术作出这样的定义："巫术，是一种被歪曲了的自然规律体系，也是一套谬误的指导行动的

---

① 乌丙安：《中国民俗学》，辽宁大学出版社1985年版，第240—270页。

准则；它是一种伪科学，也是一种没有成效的技艺。"① 巫术是原始人在生产力极端低下和万物有灵的思维支配下，试图改变自然的幻想和行动。首先，它的产生基于"万物有灵"；其次，它的行为具有幻想性。从这两个层面看，巫术具有"伪科学"的特点，但它是不是"一种没有成效的技艺"呢？从民间巫术行为看，未必尽然。巫术是前科学，它对自然规律的认识也有一定的科学性，它的指导行为也有一定的合理性。而从心理学的角度看，巫术更具有心理学的科学价值。基于以上两方面的巫术仍会有一定的成效。

（一）风水

风水的原始意义在于对待风与气的态度和方法，即避开有害的风、气和水，选择有利于人和动植物生长繁衍的自然地理环境。中国的风水观念开始于战国时期，主要表现在选择居地和墓地上，并由此发展演变成为具有凶吉、预测的功能。西南边疆少数民族的风水，主要与村寨的选址有关，而村寨风水一般与定居民族有关，随畜迁徙和刀耕火种善移居的民族，一般不强调风水意识。在选址上，西南边疆少数民族聚居村寨一般有寨包山和山包寨两种。寨包山，建在向阳的山坡或小山顶上，村寨地势高，通风，采光好；山包寨，建在四面环山，青山绿水的小坝子或小山坳里，藏风聚气，小桥流水。村寨的选址，一般与周围风物或民族迁徙有关，形成许多风物传说和历史传说。

白族、纳西族、阿昌族、傣族等民族常常在选中的地方种一棵大青树或竹子，如果第二年种下的树或竹子长势好，说明此地土质松软，地下水分充足，较适宜建村立寨。许多民族村寨旁边，都有一片树林，彝族、傈僳族、景颇族、德昂族、布朗族、基诺族、拉祜族、壮族、苗族称密枝林、竜林、社林等，都是风水林，平时禁忌砍伐，一般不允许牲畜进入，是进行祭祀等宗教仪式的场所。中华人民共和国成立前，佤族迁徙性很强，每次选址，巫师选中一个地方，然后背向选中的地方，向后抛一个鸡蛋，如果鸡蛋摔碎了，就要另外选址，如果没有摔碎，就可以建寨。这其中有一定的偶然性，但也有一定的道理。土质肥厚，地下水分充足的地方，土质松软、杂草丰茂，鸡

---

① ［英］詹姆斯·弗雷泽：《金枝》，徐育新、汪培基、张泽石译，中国民间文艺出版社 1987 年版，第 19—20 页。

蛋不易摔碎，也最适宜建寨。鹤庆东山的彝族支系白依人，从金沙江东的永胜他鲁搬迁过来。其传说是一个罗姓的小孩被蜜蜂吃了，她的父母非常伤心，就一路追赶蜜蜂，过了金沙江，翻越了重重大山，到了一个地方，蜜蜂歇下来了，罗姓夫妇一看，这地方风水好，就居住下来，随着罗姓人口的繁衍，慢慢变成一个大村，叫"务路伍么"。之后，又有字、子、绞、共四姓迁过来，成了五姓的彝族支系。每一棵风水树，每一片风水林，每一个村寨旁边的风物，都体现了老祖宗的智慧，都是一个精彩的风物故事。

（二）占卜

占卜是通过卜卦的形式推断、预测未来及寻找解决办法的一种巫术行为。直至今日，西南边疆少数民族都不同程度、不同形式地保留着占卜。以彝族为例，"彝人畏鬼"，举凡修建、会亲、婚配、丧葬、还愿、打仗、捕猎、破土等四十多种彝人生活以及各项社交活动类型，都要预卜吉凶。彝族毕摩占卜有专门的经书，如《玄通大书》，书中根据年、月、日、时，配合天干、地支、阴阳五行，占卜吉凶祸福。①

中华人民共和国成立前布朗族重鬼神，凡选头人、选地、过继养子等，都要占卦。卜卦内容不同，形式也多样，如米卦、蜡条卦、贝壳卦、鸡骨卦、鸡蛋卦、经书卦等，各种占卜也多由巫师或懂得卜卦知识的人操作。②

火卜是西南边疆少数民族中较为普遍的一种占卜术。彝、白、纳西、傈僳、哈尼等民族的火把节，实际上最初是一种大规模的占火形式。《云南通志》记载白族"六月二十五日，束松明为火炬，照田苗，以火色占农"。傣族古歌中的《赞高升》是用于火卜的巫词："大高升，长高升，抬上架，点着火，吐白气，簌簌响，冲上天，穿破云，划破雾，漫游在青天，落在哪一方，谁能告诉我……"③ 他们以为此种方式可以驱除妖邪，迎来吉祥。凉山彝族用火炸荞子，以炸开为丰收预兆。在普米族中，人们认为火塘里的火焰旺盛、火星飞进，象征着吉祥，预兆贵客来临，或财源茂盛。火苗忽明忽暗，意味

---

① 张纯德：《彝学研究文集》，云南民族出版社1994年版，第150页。
② 李德洙：《中国少数民族文化史》，辽宁人民出版社1994年版，第1386页。
③ 岩温龙编著：《云南少数民族语言文化卷·西双版纳傣族文学》，云南大学出版社2014年版，第27页。

着有倒霉事。如遇瘟疫要用火把驱鬼消灾。景颇族用火占卜时，将一段两端有节的竹子放在火上烧，如炸开来的竹丝向两端翘起，则是凶兆，炸开的竹子仅有一丝冲天，便是吉兆。

树卜，也是少数民族中常见的一种占卜术。贵州省台江县新寨的松铦山上有一棵杉树，传说是清雍正十年（1732）苗族起义军被清军追逼到此，形势危急，义军首领折了一枝杉枝倒插土中，祈曰："吾种若存则杉活，种灭则杉死。"250多年来，此树树叶繁茂，当地的苗族常常以此说明苗族没有亡族灭种的原因。[①] 贺龙在长征期间曾路过鹤庆，当地传说，在贺龙被打倒时，鹤庆菩提寺的菩提树就枯萎了，直到贺龙被平反，这棵树又枯木逢春，焕发生机。云南许多村寨的风水树，也具有树卜的含义和功能。

（三）禁忌

民间禁忌种类繁多，几乎涉及人类生产生活的方方面面，如农业禁忌、饮食禁忌、婚姻禁忌、礼仪禁忌、生育禁忌等，而不同民族、不同信仰、不同区域和不同的生活习惯，又会产生各自不同的禁忌习俗。

布朗族日常生活中禁忌主要有：不得跨越火塘，不能用脚蹬火塘中的三脚架，认为是对火神不敬；不能把别人家用过的三脚架放在自家的火塘上，否则会有鬼干扰家人；不得靠近神龛，因为那是供奉祖先之地；父母亡故纪念日不从事生产劳动，否则认为对父母不敬；砍倒后根部朝向天空的树不能做建材，认为这是一种大不敬。生产禁忌和岁时禁忌主要有：不能打死森林里的野黄牛，因为布朗族认为野黄牛死后会变成野黄牛鬼。播种时要选一个好日子，属牛、蛇或猴的日子不能下地翻种，因为牛帮农民耕地，所以属牛那天应该让牛休息；蛇是布朗族最忌讳的动物之一，所以认为属蛇的日子翻种影响庄稼收成；猴子总来糟蹋庄稼，使庄稼减产，所以属猴日也不能耕作。女人可以触摸男人的农具，但不能用脚跨过男人用过的农具与工具等。人生礼仪禁忌主要有：同一氏族内不得通婚；有身孕的女人不能参加任何祭祀活动；妇女在经期和怀孕时不能进佛寺；孕妇之夫不能参与葬仪中的抬棺材，否则会导致妇女流产。如果小孩未满月，家中的男子不能参加祭祀龙树林的

---

① 吴通发：《倒栽杉》，《贵州文物志稿》（第一集）（内部资料），第107页。

活动；儿童死去不准进入公共坟地；如果子女不在场，没有人为即将离世的老人接气，老人便不能葬在公共坟地。①

在西南边疆少数民族的风俗习惯中，均不同程度地禁止近亲之间的性行为。哈尼族同胞兄弟姐妹之间的乱伦行为被认为是最耻辱、最严重的罪恶，将被处于"五牛分尸"的极刑。很多民族还限制同姓之间的性关系乃至婚配。佤族就视同姓婚配或同姓人发生性关系为乱伦，会触怒神鬼降临各种灾难，对人们进行严惩。德宏傣族同姓结婚将受到社会舆论的谴责，甚至受到族规的惩罚。苗族习惯法规定同姓男女不许婚配，如发生这种事情，双方都要受到同姓人家以至全寨的责备。

洪水神话中都有兄妹乱伦婚的情节，但洪水神话的主题是禁止兄妹乱伦。在纳西族的神话故事中，就讲到其祖先崇仁利恩六弟兄和六姐妹共十二人进行乱伦婚配，结果引发了洪水。而许多洪水神话中被迫进行乱伦婚的兄妹，一是要验占，获得神的许可；二是即使获得神的许可，生下的都是不祥之物，要么是肉球，要么是哑巴，等等；三是兄妹婚后生成的新的人类，都有氏族差别，从此不再有兄妹婚。

很多民族还普遍流行月经禁忌。苗族流传有"大月伤娘，小月伤郎"的谚语，意思是说分娩期性交对女人的身体有伤害；月经期间性交对男人的身体有伤害。佤族禁忌夫妇在月经期间发生性关系，否则会得罪神灵给寨子带来灾祸。傣族夫妇在妇女月经期间不能性交，男人非但不能和月经期妇女有性关系，甚至被月经期妇女触摸过的东西也被看作能招致人死亡的巨大危险物。

蛇是西南边疆少数民族崇拜的对象，而且因崇拜也形成一系列对蛇禁忌的俗信。蛇也是伤人的动物，但侗族禁止捕杀蛇，出于对蛇的敬畏，侗族人把蛇设为崇拜对象，如果谁家祖坟上发现蛇洞，则被认为是家庭衰败的迹象；若遇见蛇交配则认为是招灾惹祸的兆头，遇见的人要当即脱帽或解开头巾，跑开或连忙道歉，认为这样做日后才能平安。

从某种角度来说，触犯禁忌与现实惩罚之间并没有因果关系，但会令人们感到不安，是一种心理惩罚。当人们深信禁忌与惩罚之间有必然联系时，

---

① 安静：《布朗族民间信仰的功能研究——以西双版纳老曼峨村为例》，博士学位论文，中央民族大学，2012年。

日常的行为处事便会受其限制，这也是禁忌对人的约束功能。

（四）宗教祭仪

原始宗教基于"万物有灵"的认识观，所以，人们敬畏自然、敬重神灵，并由此形成了带有普遍约束性的宗教习俗。西南边疆少数民族地区到处都有神山、神湖、神泉、神河、神树和神石的存在，人们认识到自然界的万物是有灵的，自然的力量是神圣而庄严的，人必须崇敬自然神灵，并以此当作神圣不可违逆的法则，关于人的灵魂也是如此。

《左传·昭公七年》中记载："人生始化曰魄，即生魄，阳曰魂；用物精多，则魂魄强。"孔颖达对此的疏解是："魂魄，神灵之名，本从形气而有；形气既殊，魂魄各异。附形之灵为魄，附气之神为魂也。"道家认为，人有三魂，人死后，天魂归天，地魂归地，人魂是"祖德"流传接代之肉身，因此，人死后，人魂则徘徊于墓地之间。西南边疆的很多少数民族普遍认为，人有灵魂，而且，灵魂可以随时离开肉体，如果离开肉体的灵魂不能重新依附肉体，肉体就会死亡；如果有恶人、鬼将你的灵魂捉去了；或者是魂自己迷了路，回不来，人就会生病。叫魂、招魂之类的仪式和歌词就是这样产生的。

由于西南边疆少数民族的历史发展不同、生活环境不同、心理结构不同，各民族对肉体与灵魂的关系就有不同的理解，因此会根据自己的想法来处理肉体和灵魂的关系。白族认为，一个人出远门回来、从坟地回来、在外受到惊吓、神思恍惚等，则可能丢失了灵魂，就要为他（她）叫魂，叫魂仪式用三炷香，一个鸡蛋，由家中老人或巫师念招魂曲，丢失的灵魂就会回来附在鸡蛋上，吃了鸡蛋，灵魂就会重新附在肉体上。彝族也有为出走多年或客死异乡的长辈招魂的习俗。由巫师主持，往往站在高山上，望着死者出走的方向，呼唤死者的名字，一面用麻线佯占死者的灵魂回来。壮族有为情人招魂的巫术。小伙子爱上某个女孩，就会请女巫，巫师头蒙被单，请女孩的灵魂附体，不久女巫进入昏迷状态，说明魂已附体，于是女巫便代表男子的情人与男子对歌，倾吐衷情。[①] 举行过巫术仪式后，男子再去找女孩谈恋爱，就保证能成功。除了为人招魂外，基诺族也为谷神招魂，苗族则为牛招魂。

---

① 齐涛、郑土有：《中国民俗通志　信仰志》，山东教育出版社 2005 年版，第 336 页。

驱鬼是民间常见的巫术之一，普米族在门或墙上印有许多石灰手印纹，据说这是一种打鬼的姿势，鬼会见而生畏。彝族则多在门上画一只虎作为避邪物。但比较庄重的驱鬼仪式，则要由专门的巫师进行。凉山彝族毕摩为病人治病时，让病人坐在门口，头顶一个竹簸箕，毕摩大叫"把害人的鬼抓住，快抓住他"，同时命助手持铁锹，向病人头上撒火塘灰，利用火灰把鬼赶走。彝族另一种巫师苏尼在驱鬼时，在火塘边摆许多树枝贡品，他绕火塘而行，一边敲羊皮鼓，一边请各位山神降临，随后突然把一个陶罐口打开，说："把鬼捉住了快放在陶罐里"，说完立即把口封住，并喊："害人的鬼，我要烧死你！"说完，苏尼把陶罐中鬼倒进火塘。①

蛊指有毒的虫子，施蛊是一种以毒虫作祟害人的巫术，主要流行于我国南方各地和一些少数民族中。袁枚《子不语》载："云南人家家畜蛊。蛊能粪金银以获利。每晚即放蛊出，火光如电，东西散流。聚众噪之，可令堕地。或蛇或虾蟆，类亦不一。人家争藏小儿，虑为所食。养蛊者，别为密室，命妇人喂之；一见男子便败，盖纯阴所聚也。食男子者粪金，食女子者粪银。此云南总兵华封为予言之。"②

在西南边疆少数民族中，除害人的蛊术外，还流行求爱巫术，人们也常常将它视为一种蛊术。彝族支系尼苏人年轻男子如梦见某女对自己送秋波、求爱，甚至跟自己做爱时，就会施行一种交感巫术，其方法常有三种：一是把被子翻过来盖，并说"这个梦返回给她做"；二是把席子或垫子翻过来垫，也同样是说"这个梦返回给她做"；三是把头调到床尾来睡，还是说"这个梦返回给她做"。他们认为这样做后，自己的梦便会返给女方去做，日后她就会对自己有好感。

在汉文献里的"瑶姬仙草"就是一种"媚草"，《山海经》中说，瑶姬仙草"其叶胥成，其华黄，其实如兔丘。服之媚于人"。在西南少数民族中，普遍流行"想药""耍药"的传说，一个男子喜欢一个女子，或一个女子喜欢一个男子，只要给对方吃"想药"或"耍药"，对方就会乖乖地听你的话。民间流传，傈僳族、阿昌族、傣族、苗族女子多会下想药。有的女性怕所爱

---

① 潘显一、冉昌光编：《宗教与文明》，四川人民出版社1999年版，第476页。
② 袁枚：《子不语》，岳麓书社1985年版，第310页。

的男人变心，就将"耍药"念过咒语后放入食物中，使男人不知不觉地吃下。男人吃了"耍药"后，如变心反悔，其药便在肚里发作，轻者神志不清，重者痛得连爬带滚。知道被人"放歹"后，只有找到放药者得到解药，症状方能解除。拉祜族下"想药"的求爱巫术始见于创世史诗《牡帕密帕》①：

> 从葫芦里出来的人是两兄妹。男的叫扎笛，女的叫娜笛。他俩又美丽，又能干。扎笛用葫芦做成芦笙，吹出动听的曲调；娜笛用竹片做成响篾，弹出优美的歌声。他们住在厄莎的门口，又唱又跳。后来，扎笛、娜笛长大了，可是不知道成婚。厄莎对他们说："太阳、月亮手牵手，山箐和梁子配成对；天和地，男和女，也要配成双，永不分离。"可是，扎笛、娜笛不愿意。他（她）们说："我们一起在葫芦里长，只能做兄妹，不能做夫妻。"扎笛跑到阿基山，娜笛跑到阿约山。但是，厄莎是天地主人，神法很大，把两座山并在一起，放"想药"使扎笛、娜笛做了夫妻，生出九对人来。这九对人，后来又做了夫妻，又生出很多人。从此，世间有人了，现在的人们，都是扎笛、娜笛的后代。

无论是招魂、驱鬼、施蛊，还是其他巫术，除了具有一大仪式外，在仪式行为中，还有多种经咒或仪式歌谣。宗教祭仪与歌谣的融合，不仅是人与鬼神之间信息传递与对话，也是民间文学主要的形成方式之一。

二 西南边疆民间文学中的节令习俗

（一）年节

各民族都有自己的节日，西南边疆少数民族节日众多，传说各异，而且，在节日里，不仅有丰富多彩的民俗活动，还有各式各样的民俗礼仪。因此，民族节日不仅是各少数民族文学创作和文学表达的舞台，也是各种民俗文化的展演。

阔什节是傈僳族最隆重的传统节日，"阔什"是傈僳语的译音，"岁首"

---

① 中国哲学史学会云南省分会编：《云南少数民族哲学、社会思想资料选辑》（第四辑）（内部资料），1981年，第16页。

之意，相当于汉族的春节。阔什又是"欢聚"的意思，阔什节的传说，包含了傈僳族艰辛的生存历史。传说从前有三兄弟，为逃避官府兵役，决定各奔东西。老大带着父母逃过怒江，在怒江西边安家；老二逃入森林，后来到了缅甸，子孙还到了印度；老三到了南方，子孙在今天的德宏、瑞丽。三弟兄约定，不管到什么地方，永远要在开春时祭祀祖先，讲述祖先的历史。因此，每年开春，傈僳族都要祭祀天神，祭祀祖先，讲述历史，都要用新春制的粑粑敬狗、敬牛，都要举族聚会。

独龙族的传统节日只有一个，人们称"卡雀哇"或"德里哇"，意为年节，时间在农历腊月中，具体时间由各家或家族自己定，时间长短视食物准备情况而定，节日期间，人们要举行祭山神仪式，唱歌跳舞。

怒族主要节日有：春节，怒语称"吉佳姆"；仙女节，又称鲜花节，是居住在贡山一带的怒族的传统节日，节期为每年农历三月十五日至十七日。

哈尼族最大的节日是"扎勒特"，因在农历十月间进行，故又称"译腊和实"，即十月年。此外，滇南哀牢山一带哈尼族每年夏历五月要过"苦扎扎"，历时 3—5 天。元江县那婼一带哈尼族要过"好收色"。"好收色"是"染黄饭"的意思，当地哈尼族以此节祭献仓摩米天神的使者布谷鸟和"笔苦"鸟，因此节日在二月，当地汉族称之为"黄饭节"或"二月年"。西双版纳一带的"耶苦扎"也是一个哈尼族传统节日，从每年农历六月的第一个属牛日（哈尼人的吉日）开始，节期 3—5 天，过节期间，人们都停止上山生产劳动，就在家里吃喝玩乐，或外出走亲串友。

厚南节是布朗族盛大的年节，每逢农历三月清明节后 7 日，即阳历 4 月 13—15 日举行。节日里，主要活动是相互泼水，其仪式完全按照布朗族古朴的传统方式——迎接太阳的习俗举行，所以，人们称之为迎接太阳的节日。

（二）会街

滇南信奉小乘佛教的少数民族都有会街习俗。会街原属宗教集会，同时还有商品贸易、访亲会友、谈情说爱的内容，因此又称赶集，傣族称为赶摆。

阿昌族被称为追赶太阳的民族，分布范围广，与其他民族交流广泛，因此，阿昌族民间信仰复杂，节令习俗丰富。其中最流行的是每年农历正月初四举行的窝罗节，窝罗节是为了纪念阿昌族创世之神"遮帕麻"和"遮咪麻"战胜危害人类的妖魔"腊訇",节日期间,要跳古老的"蹬窝罗"舞蹈和唱"窝罗调","活袍"要唱诵创世之歌《遮帕麻与遮咪麻》,讲述天地的形成、来源和阿昌族的历史来源。阿露节(又叫会街节)于每年的农历八九月间举行,是迎接佛祖返回人间的日子。节日期间要耍青龙和白象,以示佛祖返回人间时,佛光普照,青龙白象呈祥。为了统一阿昌族的传统节日,1983年4月9日,德宏州第八届人民代表大会第一次会议将梁河阿昌族的"窝罗节"和户撒阿昌族的"阿露节"统一为"阿露窝罗节",成为阿昌族的法定节日,每年3月20日举行,节期两天。

"目瑙纵歌"是景颇族一年一度最大的传统节日。景颇族语称大型歌舞盛会为"目瑙"(亦写作"目脑""木瑙"),称景颇族各支系为"纵歌","目脑纵歌"意即"大伙跳舞"。在景颇族的传说中是天上太阳召集地上万物参加的一种大型歌舞盛会,并由犀牛传播至人间,后成为景颇族最盛大的节日。"目瑙纵歌"一般在农历正月十五之后举行,为期2—3天。

广西壮族、瑶族的"三月三"的歌圩。有关歌圩来源,主要有四种传说:"一说某年大旱,群众唱歌乐神,果然天下大雨,人们得了丰收,所以便每年都要唱歌酬神。一说某人有一个漂亮女儿,很多人来求婚,父亲无法答应,便叫大家唱歌,谁唱得好嫁给谁,这样发展下来,就成歌圩。一说有一对恋人婚姻不遂,互相殉情,青年人都来唱歌凭吊,习以相传,便成歌圩。另一种说法是壮族古代有个歌仙叫刘三姐,她发明山歌,大家都来学,人多聚齐成圩,便有了歌圩。"①

火把节是彝族地区最普遍而又最隆重的传统节日,一般多在每年夏历的六月二十四日或二十五日,贵州彝族地区也有于六月初六举行。彝族撒尼人的火把节的传说中,英雄朵阿惹态同在人间逞凶、破坏庄稼的大力士神展开殊死较量,终于打败大力士,为人们出了口气。天神为此动怒,放下虫灾祸害人间。于是人们点起熊熊火把,烧杀天王撒出的害虫。自此以后,在朵阿惹态斗败大力士神的这一天,人们要举行打火把活动,是为火把节,起源于人们对火的崇拜,最早是人们围着篝火的欢庆活动,之后附会了英雄传说。而在白族火把节传说中,则又加入了历史传说和风物传说,形成更为丰富的

---

① 兰鸿恩:《广西民间文学散论》,广西人民出版社1981年版,第139页。

民间信仰体系。

（三）宗教祭祀

泼水节盛行于云南傣族、景颇、德昂等滇南少数民族中，是云南影响最广泛的民族节日之一。关于泼水节的起源，不同民族有不同的传说，甚至一个民族也有许多传说异闻。从流行泼水节的主要是信奉小乘佛教的民族看，泼水节主要与小乘佛教有关。傣族信仰小乘佛教，其节日大都与佛教有关，而其中最引人注目的是关门节、开门节和泼水节。大大小小的佛事活动都在"奘房"举行，以下是傣族几个重要的节日。

（1）烧白柴，多在傣历四月十四日举。这天，信徒把白柴献到寺院，堆成"井"字形。佛寺主持开始诵经，信徒跪拜后，点燃白柴，给佛主和弟子取暖驱寒。

（2）泼水节（浴佛节），在傣历六月新年（阳历四月，清明节后第7天）。在傣族泼水节的传说中，比较流行的是《七女杀魔》的故事。泼水节期间，信徒要每天清晨到各个佛寺中敬佛，斋僧，行浴佛礼，给佛像洒清水"洗尘"。

（3）进洼，傣语称"毫洼"，又称"关门节"，意为进入传授佛法的时期，在傣历九月十五日至十二月十五日（农历六月十五日至九月十五日），为期三个月。在进洼节的第一天，傣族信徒穿戴整齐，前往佛寺赕佛，听僧侣念经，忏悔自己的过错。信徒在这三个月的初八、十五、二十三和每个月的最后一天去"奘房"受戒，净身素服，入寺听经礼佛。

（4）摆干朵，"干朵"是祝福的意思，傣历十二月十五日是"进洼"静居斋期结束的日子。这天，男女老少手捧采花、米花、米饼等，拥入佛寺听经拜佛，向住持、和尚以及受戒的信徒祝福。

白族地区最流行的民间宗教祭祀节日是各村的本主会和祭祀水神。在白族聚居的地区，人们一生几乎离不开本主。本主，即"本境之主""本境土主"等意思，是白族村寨保护神的简称。白族地区的本主，最重要的是"中央本主"段宗牓，寺庙在喜洲庆洞圣源寺，会期在家历四月二十三日至二十五日。他主管海西片区的一切风雨，祭祀中央本主是大理地区栽秧前重要的祈雨仪式，后来演变成了"绕三灵"。另一个重要本主是"洱河龙王"。大理

"洱河龙王"庙较多，影响比较大的有两座。一是大理古城东下鸡邑的洱水神祠，庙内有一眼井，又称龙王庙。洱水神祠建于南诏时期，是当时祀洱水神的重要祠祀之所。二是喜洲河矣城的"洱河灵帝"，祀斩蟒英雄段赤诚。每个村的本主不同，形成了不同的会期，不同的祭祀仪式和不同的本主传说。因此，白族的本主祭祀，不仅形成丰富的祭祀仪式，也留下了丰富的本主传说。

无论年节、集会、宗教祭祀，还是其他流行于西南边疆少数民族的节令习俗，不仅有丰富的起源故事传说，而且在节令习俗活动中，男欢女爱，新朋旧友，或是对祖先的缅怀，对神灵的敬仰，等等，都是这时人们倾诉表达的主要内容，因此，西南边疆少数民族的节令习俗，也是民间文学重要的创作与交流场所。

三　西南边疆民间文学中的人生礼俗

(一) 受孕

许多西南边疆少数民族在新生命诞生时，都要举行各种仪式，迎接新生命的到来和为新生儿祈求安康和幸福。这是珍爱生命的人性本然，也是最为基础的一种生命意识。

除妇女怀孕期间和生育后一段时间内有种种禁忌外，受孕习俗主要有求子习俗和诞生习俗。求子习俗常常表现为生殖崇拜，西南边疆少数民族的生殖崇拜的主要形式是"石崇拜"，男根石、女体石、洞穴、石祖等，都能体现以"崇石"为核心的生殖崇拜。如壮族、侗族的"三月三"歌圩，仫佬族的"走坡"，苗族的"爬坡节""采花山""摇马郎"，布依族的"浪哨""赶表"，彝族的"跳月"，白族的"绕三灵"，纳西族的"三月会"等歌舞、游戏、成年礼乃至山歌内容，都是体现其生殖崇拜的社会化表现形式。男女青年在春意盎然的郊外舞蹈、歌舞、狂欢、交媾，体现了"生产""生殖"与歌舞艺术的密切联系。此外，一些原始歌舞的表演艺术，很多都具有对繁衍子孙、延续种群的庄严寓意，在今天看来有些猥亵的舞蹈表演，其实在先民时代则具有庄重而认真的意蕴，是对青年人的性意识的教育和传递。

哈尼族婴儿降生时，家人要在产房口前静听婴儿头一声啼哭，然后爷爷或父亲要走到大门口对天空、大地、群山敬礼，并唱《接子歌》："今天终于生下来，我日思夜盼的孩子！可怜你呀，孩子，一路千辛万苦！欢迎你啊，孩子，欢迎你来到美好的人间！你是阿奶阿爷的心肝，你是阿爸阿妈的宝贝，你是阿哥阿姐的花朵，你是我们山寨的希望……"① 以此表达对新生命的关爱和祈福。

摩梭人在婴儿出生前，为使产妇平安、婴儿顺利出生，要举行求"树保"仪式，由东巴念《树保祷词》："这棵树粗壮结实，果实累累，大雪压不弯，大风吹不倒。请你作小孩的保护人，孩子出生以后，健康结实，长命百岁！"② 佤族婴儿出生时，要请"魔巴"念《婴儿出生祝辞》："孩儿已经落地，生命已经降临。他是祖宗的后代，他是阿佤的子孙。请鬼神保佑他吧，不要伤害他的生命。让他快长快大，继承祖辈事业。"③

景洪傣族认为生子是由神灵恩赐的，若女子婚后两三年还未怀孕，就要杀鸡、献鸡蛋向大树求子。在新生儿满月时有喝满月酒的习俗，以此来表示对新生命的迎接和呵护，并祝福新生儿健康成长。在宴席上要给婴儿拴上红线，给满月的小孩拴线，又称"拴魂"，用以避邪和祈福，波章要吟诵祝词《满月拴线词》："今天是好日子，今天是圣吉日，是诞辰的好时日。在这个时辰里，小宝贝呵离开母体，安详地来到人间已满三十天……让这圣洁的彩线，拴住所有的魂，拴住吉祥和幸福，让宝贝快长快大。百岁千岁，无病无灾，健康长寿，永远幸福。"④

其他各少数民族都有类似在新生儿出生时唱的祈福歌，他们或表达对新生命到来的喜悦，或为弱小的新生命祈求幸福安康，使生命得以延续。这是各少数民族珍爱生命和尊重生命的一种生命意识。

（二）成年

成年礼几乎曾盛行于每个民族，早期的成年礼都具有宗教仪式和神秘的意义，但近代以来，中国少数民族的成年礼基本上都已经世俗化。从形式上

---

① 史军超：《哈尼族文学史》，云南民族出版社1998年版，第575页。

② 《中国民间文学集成》编辑委员会：《中国歌谣集成·云南卷》，中国社会科学出版社2003年版，第1104页。

③ 郭思九、尚仲豪：《佤族文学简史》，云南民族出版社1999年版，第228—229页。

④ 《中国民间文学集成》编辑委员会：《中国歌谣集成·云南卷》（上册），中国社会科学出版社2003年版，第302页。

看，西南边疆少数民族成年礼大体可分为三大类型。

一是保留较多原始宗教意义的，如傣族、布朗族等的凿齿、漆齿。凿齿要拔掉两颗门牙，换上两颗金牙的叫金齿；漆齿，实为染齿，唐代樊绰著《蛮书》卷四载："黑齿蛮、金齿蛮、银齿蛮……黑齿以漆漆其齿。"傣族、布朗族男子的成年礼则是文身和绣脚。这些习俗与原始的自然崇拜和祖先崇拜有关。

二是具有民族历史及生存教育意义的，如基诺族男孩长到十五六岁，便由其家长操办十分隆重的成人礼。这天要杀一头牛，先祭祖先，然后把举行成年礼的男子请来，让村里的长老讲述传统道德、风俗礼仪、生产方法与技巧等，包括婚姻恋爱和家庭生活的有关规矩。仪式结束后，将牛肉按村里的户头分成若干份，分给大家。村里的人们则要来庆贺，父母还要给他准备一套生产工具。

三是具有性教育和社会参与权力意义的，如摩梭人、纳西族、普米族、彝族等都通过更换服饰象征成年，女的换裙，男的换裤，换过之后，方可谈情说爱。根据普米族、摩梭人民间传说，古时天神向地球上所有生物赐寿，人只能活 13 年，而狗却能活 60 年。后来，人与狗换寿，为了感谢狗，人们在 13 岁时要举行成年礼，因此，成年礼是一个人的再生，是人一生中重大的事件。成年礼在农历大年初一凌晨举行。行礼时，男孩站在正房左边"男柱"下，男孩由舅舅为其穿戴簇新男装，扎上腰带，佩上腰刀。如果是女孩，则站在右边"女柱"下，女孩一只脚踩着猪膘肉，一只脚踩着粮袋。由阿妈为其穿上漂亮的裙子，扎上红腰带，盘缠发辫，佩上彩色项链、耳环、手镯等饰物。四川凉山彝族少女的换裙礼称为"沙拉洛"，意即换童裙。换童裙一般由母亲或长辈妇女主持，并只请女亲戚、女友和老年妇女参加。仪式有三个方面的内容：改变发式、改变裙式和穿戴耳饰。换童裙前，少女的打扮是穿红白两色的童裙，一根独辫垂于脑后，耳坠只有一颗珠子。成年礼上，要穿上中段为黑蓝色的三接拖地长裙，原先的独辫要改梳成双辫，并要戴上绣花头帕，挂上串珠耳坠。无论男女，举行完成年礼后，他们不仅可以谈恋爱，而且要承担起成人的责任和义务。

（三）结婚

各民族的婚俗奇异多彩，民间文学几乎伴随整个过程。各民族的婚俗从

"串姑娘"开始,就是男女求爱,各种集会、节庆都是男女求爱的场所。彝族、傈僳族等民族的"公房""花房",傣族、布朗族、壮族等民族的村寨外面的竹林,等等,也是"串姑娘"的地方。

四川凉山彝族在婚丧习俗中,经常有对歌、诵经等比赛。《克智》彝语意为"言语比赛";《尔比尔吉》简称为"尔比",相当于汉语的"格言"与"谚语";《玛子》彝语意为"纯谱系",是彝族社会在婚丧喜事、逢节聚会之际,由姻亲主客双方在一起展开进行的一种文化比赛形式,内容主要是吟诵六祖分支谱系,其语言诙谐风趣,比喻生动形象,想象丰富,内容博大多彩,举凡天文、地理、历史、哲学、风俗、社会生活的各个方面无所不涉足,这些比赛能增强婚丧习俗场合的欢乐气氛。

凉山彝族除了正式的结婚以外,还有一种有趣的婚俗叫"假婚",是指女子到了结婚年龄,因种种原因而没有嫁人,要给她再次举行"换裙"仪式,这个仪式叫"假婚"。这一天,当太阳将出未出或将落未落之时,母亲把女儿带到屋外,先让她吃下一个荞面炸的丸子,然后让女儿换上一条很短的紫红色毛裙,一面口中念念有词地说:"这个姑娘长大了,可以成亲了,现在就举行婚礼。"并指着附近的大树或大石头说:"你今天就和它做一家人了。"①

布朗族实行婚后从妻居,也就是"不落夫家"。"不落夫家"婚俗的形成有比较深刻的文化内涵。首先,"不落夫家"源于原始母系氏族时期男女性关系的遗留;其次,"不落夫家"与进入阶级制度后买卖婚有关;最后,"不落夫家"还与一些民族地区许多家庭人口少、劳动力少有关。因此,从"不落夫家"婚俗中,我们可以看出婚姻习俗的演变,它体现了母权制在父权制社会的残余,在社会生产力相对较低的自然社会里,它还是一种民族信仰的表现。

布朗族的"不落夫家"一般要有三年,三年后,男子方可带着妻子、孩子回到自家居住。到时妻子会带上自己的嫁妆,如有一套生活工具、一些雌性动物和从家里分出的部分土地等,搬至夫家,意味着二人的婚姻生活正式开始。有些布朗族人的婚典要重复举行2—3次。第一次在定亲之后,姑娘被接到男方家行拴线礼仪式。此后新郎、新娘各回各家,尽管新郎每夜必须回

---

① 严汝娴:《中国少数民族婚姻家庭》,中国妇女出版社1986年版,第243页。

岳父家住，但白天仍然回到自己家中劳动生活。直到举行了第二次婚礼，新娘才正式嫁到夫家去当儿媳妇。第三次的婚典往往在婴儿出生之后，这次一定要杀猪宰牛喝喜酒，招待全村寨的亲朋好友。

在有些少数民族婚俗中，还流行婚姻考验和换工习俗。纳西族《创世纪》中说，崇忍利恩到天上，向子阿谱求婚，要天神将衬红褒白美嫁给他，但子阿谱给他出了三道题，一是砍倒九十九座山上的树，并烧作荒地；二是将九十九座荒地种上芝麻，又要他捡回所有种下的芝麻种子；三是捡回来的种籽少了三粒，要他找回来。在衬红褒白美的帮助下，崇忍利恩完成了三个难题，最终娶到了天神的女儿。而一些民族中，男子喜欢上一个女子，要先到女子家帮忙干三年的农活，然后才能提亲。

在离婚方面，各民族也各有习俗。西双版纳布朗族在离婚仪式上，将一根蜡条剪成两段，双方各拿一截，表示两人的魂也从此分开，男女均可再婚。傈僳族夫妇要离婚，要请几个见证人，然后杀一头猪。见证人在一块木头上刻上见证人的数量，然后染上猪血，让夫妇拿着染有猪血的木刻对天发誓，就算离婚。木刻由见证人保管，如果一方后悔，见证人就拿出木刻作证，说明两人已经离婚。哈尼族夫妇离婚，也要请一个见证人，在见证人见证的情况下，男子拿一块木板，在上面刻三道槽，然后剖成两半，男女各执一半，就算离婚。如有反悔，另一方就拿着他（她）的木刻找见证人，证明两人已经没有夫妇关系。

傈僳族婚前男女交往较自由，但婚姻多由父母做主。双方父母为子女择偶，是严格遵守民族内婚、血统外婚和等级婚配的原则，就是不许同外民族人结婚，不许同本家族血统的人结婚，讲究门当户对。因此，许多青年男女只能采取逃婚的方式追求自己的幸福，由此《逃婚调》在傈僳族中普遍流行。

（四）丧葬

对死亡，不同民族有不同的理解，西南边疆少数民族中广泛流传着有关人类死亡原因的神话，对人类死亡原因做了种种解释。有的将死亡说成是一种自然规律，万物有生必有死，人也一样。有的则认为，人不会死，所谓死亡，就是人的灵魂脱离肉体，回到祖先居住的地方，所有的祖先跟世人一样，也是在一起生活。

与死亡神话传说相关，西南少数民族还有各种各样的葬式，如火葬、水葬、天葬、腹葬、悬棺葬。少数民族丧葬，一般都薄葬。土葬一般是受汉族影响，厚葬也一般是汉族儒学思想影响的结果。历史上，南诏王室实行火葬，但火葬时，留下两耳，储藏在瓶中，再将瓶子藏在人们找不到的山洞中。一些壮族地区，现在还流行捡骨二次葬，即在人过世之后，先对其肉体进行安葬，一两年后，要正式选择墓地，进行二次葬。二次葬时，不仅葬肉体，还要对其灵魂进行安葬，即将死者的灵魂招到铜片上，再将铜片放入祖筒中，然后将祖筒放于悬崖峭壁的岩石穴中，所以，壮族二次葬又称为洞穴葬或祖筒葬。历史上，纳西族实行火葬。人死后，也要洗尸，装殓，哭丧，一般亲人哀祭三天后，将尸体抬到本家族火葬坑火化，纳西族每个家庭都有火葬坑。火化时，亲人只能站在东西南三方，北方留给死人的灵魂往北回到祖先居住的地方，火化完尸体，丧葬就算完成。

西南边疆少数民族在为死者举行葬礼时，都有为死者吟诵指路经、送魂经、引路经、丧葬经等的习俗。其内容主要有歌颂死者的生平，倾诉哀思，安抚亡灵，为死者引路，使其返回祖先的发源地，叶落归根，与祖先团聚，等等。怒族的《送葬词》① 中说：

> 万物有兴有衰，人类有生有死。你高兴地去吧，你愉快地走吧！
> 到阿祖住的地方去，到阿爷住的地方，有雄壮的高山，有奔流的江河，有苍翠的森林，有鲜艳的山花，有唱歌的飞禽，有跳舞的走兽。
> 在阿祖的地方，在阿爷的住处，像过节一样欢乐，像花园一样美丽
> ……我们后世再相见，我们来生再相会。

《查诗拉书》是流传在哀牢山彝族村寨中较为完整的丧葬祭词。这些经文里除了表达对死者的哀悼、怀念、敬语等内容外，有许多篇章里还蕴含着彼岸世界的场所意识。②

---

① 攸延春：《怒族文学简史》，云南民族出版社 2003 年版，第 57 页。
② 云南少数民族古籍整理出版规划办公室：《查诗拉书（汉文、彝文对照）》，《云南省少数民族古籍译丛》第 12 辑，云南民族出版社 1987 年版，第 110 页。

过了耶里山，来阴间城。阴城团圆圆，不像阳间城。

……

房屋宽敞敞，墙壁亮堂堂。世间的东西，画在房屋中。

画着日月像，还有云星像。画着祖先像，还有父亲像。

画着亲戚像，还有夫妻像。画着儿女像，还有孙子像……

傣族的一首丧葬《引路歌》[①] 中说：

树老了，要干枯；人老了，要死亡。

别挂念子孙，你安心回老家去吧，

顺顺当当地回到祖先居住的地方。

在镇沅拉祜族的《安慰调》中这样安抚亡灵：

家中的事，你不要想；家中的事，你不要操；

大事小事，阿厄会做，……

家中的老小，你不要想，你不要挂，阿厄会照管，阿厄会疼，阿厄会爱。

不会给他们冷着，不会给他们饿着，不会给他们痛病。

你眼睛闭闭地去。[②]

这是亲人对死者最后的生命关怀，并祝愿逝者安息，同时后几句还表达了对生者生命的关爱。

"玉龙第三国"是纳西族传说中彼此相爱的恋人因不能在一起而相约去殉情的地方。在东巴经《鲁般鲁饶》中，久命和羽盘现实中不能在一起，在"玉龙第三国"中可以实现所有美好愿望。"久命和羽盘，肩并肩来心连心，走呀走到自由的国度，来呀来到幸福的乐园。好眼望上晶莹的银龙，快脚踏上软绵的碧毯，巧手采上艳丽的鲜花，步入白云缭绕的乐园。这里有穿不完

---

① 岩峰、王松、刀保尧：《傣族文学史》，云南民族出版社 1995 年版，第 175—176 页。

② 《中国民间文学集成》编辑委员会：《中国歌谣集成·云南卷》（上册），中国社会科学出版社 2003 年版，第 861 页。

的绫罗绸缎，这里有吃不完的鲜果珍品，这里有喝不完的美酒甜奶，这里有用不完的金沙银团……"①

第三节　西南边疆民间文学中的民族宗教信仰

西南边疆少数民族宗教非常复杂，从其形成发展历史和仪式制度规范程度看，可以分为两大类：一是本土宗教，即基于本民族自然崇拜思想，并受外来宗教影响而形成的民族性宗教。二是外来宗教，指佛教等高度制度化的宗教在西南边疆少数民族中的流传形态。

一　西南边疆民间文学中的本土宗教

西南边疆少数民族的民族宗教是指少数民族原始宗教信仰以及因受到佛教、道教影响而形成的民族宗教信仰形态，如一些普遍流行的宗教信仰内容，包括土主崇拜、药王崇拜、彝族的毕摩教、藏族的苯教、纳西族的东巴教、普米族的韩规教等。

（一）土主崇拜

土主是西南边疆少数民族的村社保护神。四川大学张泽洪研究认为，"历史上不仅西南地区的云南有土主庙，四川、贵州、广西，甚至在湖北、陕西、甘肃，都有土主庙的记载。如清乾隆《四川通志》卷二十八上《祠庙志》载，成都府、保宁府、顺庆府、叙州府、直隶雷波卫、夔州府、宁远府、雅州府、直隶资州、直隶茂州等，都兴建有土主庙。西南边疆少数民族的土主信仰绵延千年传承至今，在云南彝族、白族民间仍然盛行"。②

土主信仰在西南边疆少数民族地区的流播，最早可追溯至南诏时期。明代倪辂《南诏野史》之《南诏古迹》载："土主庙，蒙氏十一年建。"其《大蒙国》又载："蒙氏平地方，封岳渎，以神明天子为国步主，封十七贤为十七

---

① 和志武译：《东巴经典选译》，云南人民出版社1994年版。
② 张泽洪：《中国西南少数民族的土主信仰》，《中南民族大学学报》2006年第5期，第60—65页。

山神。"这里所封山神即为土主。

首先，西南边疆少数民族的土主信仰源自中原文化中的社祭。先秦时期以社为五土之神，稷为五谷之神。巍宝山土主庙最早建于南诏时期。胡蔚本《南诏野史》卷上《大蒙国》说盛罗皮于"开元二年，遣张建成入朝于唐，立土主庙"。说明南诏建土主庙是受到唐朝的影响。史籍所载，南诏接受中原儒、释、道三教文化，在境内封五岳四渎，也在唐玄宗开元年间。

土主作为地方保护神的神格，在民间有广泛的信众和影响力。历史上佛教、道教在西南地区的传播，就竭力与土主崇拜结合以扩大影响，这是土主崇拜传播的历史因素。早在南诏时期的土主崇拜，就已受到佛教密宗的影响，南诏时期最早兴建的大灵庙，供奉的土主称大灵土主天神。元代张道宗《纪古滇说集》载："蒙氏威成王闻知，及亲幸于镇，册道清为显密融通大义师。始塑大灵土主天神圣像。曰摩诃迦罗。"威成王诚乐为蒙氏第三世，供奉的大灵土主是佛教的大黑天神，即以佛教密宗的神祇为土主。

在南诏发迹的巍山地区，南诏蒙氏十三代国王，皆被尊为土主而立庙祭祀。据记载，巡山土主庙始建于南诏盛罗皮时期，其建立与道教有着密切联系。巍山彝族各地的土主庙，与土主同坛供祀的有西王母、财神、城隍神、土地神等道教神仙。南诏蒙氏细努罗躬耕于巍山时，曾得太上老君点化，此传说在地方史志中多有记载。明代云南府的五灵庙，将道教的真君与土主合祀，这是道教曾力图影响土主的结果。历史上土主崇拜受佛教、道教影响，反映出佛道二教与民间信仰互相融摄的实况。

巍山彝族地区的土主崇拜存在已久，至今仍然兴盛不衰，崇拜对象可分为唐代南诏之前的传说人物、南诏王室、南诏之后的军事首领。据笔者调查，这一地区土主庙中供奉的土主有二十位左右。其中，南诏之前的传说人物只有三位，分别为人类始祖"密枯"、英雄"阿巴罗巴"、"阿玉王"。"密枯"是巍山、南涧、漾濞各个彝族村寨都普遍崇拜的一位土主，与其相关的传说故事版本较多，其中有"密枯"是一位洪水滔天时在苍山顶上幸存者之说，这与很多彝族地区"阿普笃慕"的故事相似。英雄"阿巴罗巴"的传说故事与很多其他彝族地区的"支格阿龙"的故事相似。英雄"阿巴罗巴"的特点是力大无比、身材高大，尤其是脚板特别大，一步会跨过好几座大山，一些自然地面下陷形成的大坑被认为是"阿巴罗巴"的脚印。"阿巴罗巴"的故事在这一地区广泛流传，但"阿巴罗巴"土主庙目前仅在巍山县紫金山一带发现。"阿玉王"相传为古代一位伟大的圣君，与其相关的故事和土主崇拜只在永平县的部分彝族地区发现，不具有普遍性。以唐代南诏国时代人物为原型的土主多达十多位，这些人物都有史料记载，相关的大部分土主庙到目前保存完好。其中最知名的是位于巍宝山的"巡山土主庙"，唐开元二年（714）由"蒙舍诏"第三代诏主盛罗皮始建，供奉其祖父即第一代诏主细努罗，祭祀自古延续至今。建于南诏之后的土主庙仅有"有食村土主庙"，祭拜明代蒙化彝族杰出将领字瑛。清代后期彝族起义领袖李文学英勇就义后，有些村寨建起了"李文学庙"，可以算是这一地区彝族后期公认的一位土主。

在白族中，土主一般又称为本主，"本主"是"本境土主"的简称。白族所谓的本主就是土主，在云南白族本主碑文和诰文，如大理挖色本主庙《应国安邦神庙记》中的"为斯方之土主也"。大理喜洲波罗谤本主庙《波罗谤两坛本主历史碑记》中的："敬奉两坛土主，同居一院。"大理下关上村本主利济将军李宓的诰文中的："感应土主"等，还大量保留着本主为土主的说法。

西南各地被尊为土主而祭祀的神灵，多是历史上有功于民的文臣武吏，因此具有祖先崇拜的特质。这种祖先崇拜源自中原的祭祀理论。《国语·鲁语上》载春秋时鲁国大夫展禽说："夫圣王之制祀也，法施于民则祀之，以死勤事则祀之，以劳定国则祀之，能御大灾则祀之，能捍大患则祀之。非是族也，不在祀典。"彝族、白族不仅将本族祖先奉为土主，甚至将其他民族而有功于本民族者都奉为土主。为了说明土主被当作保护神的原因，由此形成了丰富的土主故事传说。

（二）药王崇拜

药王是中华先民崇拜的医药之神，在中原汉族地区广为传诵。而在西南边疆少数民族地区，各族群也有药王神话传说。这些药王，大体可以分为三类，一是来自汉族名医，如扁鹊、孙思邈；二是来自佛道，如药师佛、药圣娘娘、痘二；三是来自各民族神话传说人物。西南边疆少数民族社会流传的药王神话传说，尽管其情节类型和叙事模式各具特点，但都产生于先民与大自然斗争的社会生活实践之中。

西南边疆少数民族药王崇拜主要划分为两种类型，即以祖先崇拜为核心的药王传说和以英雄崇拜为核心的药王传说。云南省玉溪市澄江县阳宗镇小屯村"关索戏"，演出前要"祭药王"，药王的牌位正中写着"敕封有感风火药王"，在进行"领牲"仪式时，演员抱鸡念领牲词："关索药王关索经，传与世人众生听。"如果鸡啄食供品，就表明药王已经"领牲"，同意开始演剧。演出结束后，要举行"送药王"的仪式。①

西南边疆少数民族民俗活动中的药王崇拜，有着各种民俗节日的祭药王活动，各族群不同民俗节日的"药王节"将药王崇拜、药王祭祀和药王庆典融会一体，这反映药王信仰经历长期传承已融入社会生活之中。纳西、普米、傈僳、壮、白等民族，都有端午出游采药、大开药市的习俗。

（三）彝族的毕摩教

邓立木《撒梅人的西波教》② 中的"西波"，指的是彝族的毕摩。毕摩教是彝族所特有的一种文化现象，在彝语里"毕"是指念诵经文，"摩"是指使者与沟通者，"毕摩"在彝语里是指通过念诵经文与神沟通的特殊使者。云南民族大学普同金《彝族信仰的毕教》一文认为："'毕摩教'简称'毕教'，毕教是在彝族奴隶社会中产生的一种宗教体系，是由彝族前阶级社会的原始宗教发展而来的文明社会的神学宗教。"③ 彝族有自然崇拜、祖灵崇拜、家神崇拜，又有天界、地界、地下界和万物有灵观。正是这样的认识和观念，在长期的生产生活中逐渐形成了神秘的毕摩教。毕摩神通广大，学识渊博，有为人类生活作毕、司祭、行医、占卜等活动的职能，又有担负撰写、整理、规范、传授彝族文化的职能，其行为贯穿于彝族生产生活的每个角落。

毕摩教主要以经书和祭仪仪式为载体，用独特的方式为人占卜，替人治病，解除患者的痛苦，这种仪式被称为"作毕"。毕摩的作毕仪式种类繁多，

---

① 廖玲：《西南少数民族药王信仰的内涵和文化意义》，《宗教学研究》2016 年第 4 期，第 159—164 页。

② 邓立木：《撒梅人的西波教》，《云南民族学院学报》1985 年第 3 期，第 48—53 页。

③ 普同金：《彝族信仰的毕教》，《云南民族学院学报》（哲学社会科学版）1996 年第 3 期。

小型的作毕仪式只需要几小时，中大型的要几天几夜。一般的毕摩都有上百卷经书，如果是大毕摩，它的经卷可以达到数百上千卷。彝族毕摩认为，经书是极其神圣的，它不但可以与神鬼沟通，与灵界对话，它还有治病救人，呼风唤雨的神力。

彝族毕摩都有法器，是彝族毕摩的一种法物，是彝族毕摩权力的一种象征。"在凉山地区，毕摩常用的法器法具主要有法扇、法笠、法铃、签筒和经书，随身携带的用具有法网，护法法器有鹰爪、猪牙项圈、虎牙等，临时制作法具有响竹、水鼓等。"① 在彝族的《毕摩史经》中介绍，法器来源于石姆玛哈（神住的地方），是神赋予毕摩用于各种祭祀活动的法物，有一种神圣不可侵犯的旨意。

据彝文文献《勒俄特依》记载，"洪水泛滥时，天神派了三个毕摩带着彝文经书来拯救民众，三个毕摩各骑一头黄牛，把经书挂于牛角上，渡汪洋大水时，把经书浸湿了。毕摩下到凡世后，便把经书放在青树枝上晒，飞来的老鹰抓破了一些书页，粘在青树枝上又撕坏了一些书页，故而彝文经书不全了。现在毕摩念经作法时，都带有牛角、鹰爪和竹签作为法器，并在祭坛上插青树枝，意即弥补经书之不足"。②

（四）藏族的苯教

苯教是在西藏境内产生并发展起来的，佛教传入西藏以前，苯教是藏族普遍信仰当地土生土长的古老宗教，是一种类似于萨满教的宗教信仰，是藏化了的萨满教。苯教的思想基础是藏南的原始文化，之后融入了草原游牧文化、农业文化。佛教传入后，苯教又大量融合了佛教文化和汉族文化。

藏文典籍中关于苯教的称呼可谓五花八门，但有一点却是共同的，即都跟"苯"（bon）联系在一起。"苯"有三个含义，一是巫师，指在远古时代流行于藏区的原始宗教巫师的称谓。二是神坛，最早苯教巫师施行法术是依助坛来完成的。直到今天，康区一带的大多数苯教徒仍是隐居山洞，设立一个小小的神坛为道场。"苯"的最初含义可能是指神坛，而对依靠神坛进行宗教活动的巫师则称为"苯"。三是器皿，即"瓶"之类器物。《隋书》卷八十

---

① 张伟权编著：《探珠拾贝 长江流域的文字与嬗替》，长江出版社 2014 年版，第 28 页。
② 同上书，第 27 页。

三在谈到女国的葬礼时亦云："贵人死，剥取皮，以金屑和骨肉置于瓶内而埋之。"因此，"苯"可能与宗教器皿亦有关。

藏族佛教徒把苯教分为三个支派，即"白苯"（bonbkar）、"黑苯"（bon-nag）和"花苯"（bonkhr）。其中"白苯教"有寺院，有其独特之处。首先，不像佛教寺院建在交通沿线、商业中心，大部分苯教寺院建在远离交通干线的偏僻山沟里，其影响主要在散居的牧民中。其次，苯教寺院一般混建于村子中间，寺院的规模小，僧侣也少，有些寺院实际上是家寺。另外，苯教寺院很多都冠有"拥宗"（gyungdrung）这个名称，如甘孜的"觉隆拥宗寺"，阿坝地区的"拥宗拉顶"寺，等等。①

苯教是在原始宗教的基础上形成的，因此，早期苯教的"教义"充满了神话内容，它是以神话来阐明教理的。公元七世纪之后，佛教进入藏区，统治阶级对苯教进行了毁灭性的打击。苯教为了求得与佛教的并存，不得不在教义、经典、仪轨等方面进行了一系列的变革，但这种变革因为没有一定的政治势力作支柱，因而是不彻底的，反映在苯教的神话体系里，阐明教义的神话是由传入宗教的神话和原始苯教神话相融合后形成的，成为苯教的神灵系统，但在底层神系上，却更大程度地保留了藏族原始神话，因而使得苯教保留了较多的原始宗教思想。

（五）纳西族的东巴教

纳西族一般信仰东巴教、喇嘛教、佛教、道教以及天、地、山、水等自然神，具有多神信仰的性质。但是纳西族普遍信奉的还是本民族特有的一种原始多神教——东巴教。

"东巴"是纳西语，意为"智者"，也就巫师和祭司。他们是东巴文化的主要传承者。纳西族的东巴教巫师，象形文写作人"坐"形，头戴佛冠，读"苯"，又称"苯波"，意为"祭"或"念经"，与藏族"苯教"的意义相同。东巴教传说中的创教者名叫"丁巴什罗"，是藏族原始苯教祖师"顿巴辛饶"的音译转读。可见纳西族东巴教的发展，与香格里拉苯教的流入有一定关系。

---

① 冉光荣：《中国藏传佛教史》，文津出版社1996年版，第2页。

东巴教是纳西族在原有巫教的基础上，吸收了藏族苯教文化而形成的。传说丁巴什罗原住在拉萨附近，在同喇嘛一起学经时，因与红教大喇嘛斗法失败，遂创立东巴教。纳西族普遍认为中甸东南部的白地是东巴教的圣地。东巴教没有自己的寺庙，也没有统一的组织和系统的教义。它基本上是在原始巫教的基础上形成和发展起来的，因而保留有较浓厚的原始宗教信仰的残余，具有原始巫教的特征。在吸收藏族苯教以及藏传佛教一些宗教文化思想后，东巴教除进行丧葬仪式、驱鬼、禳灾和卜卦等活动外，逐渐形成了一定的宗教思想、宗教法器和法事活动。东巴教的法事活动主要分祭祀、丧葬、禳灾、卜卦、赐名五大类，祭祀中祭天、祭风、祭署、祭丁巴什罗等是比较具有代表性的仪式。

祭天，祭天是纳西族最重要的祭祀仪式，纳西人自称"纳西祭天大"。每年春秋两季分别以家族或家庭为单位在固定的祭天场举行。在祭天场中央竖立两棵黄栗树和一棵柏树，分别代表天父，天母和天舅，祭树下插大香，置供品，献牺牲。由东巴祭司诵念东巴经《崇搬图》（人类迁徙记），缅怀祖先，歌颂英雄，赞美创造，用来传递历史渊源，加强民族团结，祈求风调雨顺，天下太平。

祭署，纳西语称为"署古"。据东巴经记载，署和人是同父异母的兄弟，署分管农耕畜牧。后来人不断地毁坏森林、污染水源和捕杀野生动物，导致署对人进行报复，使人发生病痛、遭受瘟疫、洪水、地震等灾难。为向署表示人的过错，祈求免灾赐福，人类请丁巴什罗协调，并与署建立了和谐相处的关系。

祭风，纳西语称为"海拉里肯"，目的在于超度殉情自杀和战争灾祸等非正常死亡者的亡灵。纳西族相信人死灵魂不死，非正常死亡的灵魂会被鬼魔所缠，变成恶鬼作祟于人，因而要由东巴祭司进行招魂，超度，安抚其亡灵。祭祀中，东巴要与恶魔做斗争、比法力，还会消耗许多元气。因此，一般的东巴不能主持祭风仪式，大东巴也很少祭风。

祭丁巴什罗，纳西语称为"什罗务"。它是东巴祭司去世后举行一种开丧仪式。届时在丧家屋内设神坛、持神象、置供桌，以铁犁铧代表居那若罗神山，设白牦牛、白马等神灵面偶、竹编、供酒茶等祭品。天井里置"标杆"，院内设鬼城、鬼寨，并从屋内灵柩前开始过院坝，至大门铺设神路图，表示亡灵将在东巴祭司的超度下顺着神路图达到祖先居住的天堂。[①]

《东巴经》是东巴教进行宗教活动的主要经书，除去宗教方面内容以外，还有天文、地理、历史人物、医药、畜牧、家庭形态、饮食生活、民族关系、风土人情等内容，是古代纳西族人民的"百科全书"。《东巴经》的主体构成是东巴经神话、东巴经史诗等东巴文学。其中创世史诗《崇搬图》（《人类迁徙记》《创世纪》）和英雄史诗《东埃术埃》（《黑白之战》《董术之战》）与后期的叙事长诗《鲁般鲁绕》（《牧儿牧女迁徙记》）一起构成了东巴文学的三根鼎柱，在纳西族文学史上占有重要地位。

（六）普米族的韩规教

普米族主要居住在云南西北高原的兰坪白族普米族自治县和宁蒗彝族自治县。普米族人对于山川日月等自然现象和动植物都有崇拜，凡遇节庆、婚嫁、生育、出行、上山下地、收割等，都要请巫师杀牲祭献神灵，祈祷消灾免难。韩规教是普米族的原始宗教。"韩"是指法术，"规"是指震动，韩规即法术震动了人心，又指从事礼仪的主持者。古代普米族几乎全民信仰韩归教，但是由于历史因素，有些地方没有形成仪式制度，有些地方改信喇嘛教，现在只有宁蒗、木里、九龙、盐源等地仍在信仰韩归教。

据载，从 15 世纪至 16 世纪，藏传佛教中的"黄教"形成了政教合一的局面，他们把其他教派的各种法术视为伤害佛教的法术，故此禁用法术。普米族的韩规教也在禁用之列，因此，一部分普米族改信了喇嘛教。此外，普米族的宗教信仰还受到藏族的苯教、纳西族的东巴教的影响，并与彝族毕摩教、傈僳族的原始宗教也有相互影响。

普米族韩规教的发展，经历了三个时期。第一个时期是原始宗教，称为"什毕"，信仰万物有灵，崇拜多神，亦崇拜祖先，杀牲祭神做法事，以求消灾避难、保佑安康。第二个时期，称为"苯韩规"，即黑教，主要受是藏区苯教的影响。早期由贵族信奉，父子传袭，有藏文经典，部分地方亦建有寺庙。但祭祀时，杀牲多，浪费大，许多教仪与佛教不同，故势力渐趋衰落。第三

---

① 谢晓霞编著：《东方威尼斯 丽江大研镇》，云南教育出版社 2012 年版，第 54—55 页。

个时期，称"启韩规"，是受佛教影响而从苯韩规中分化出的一个教派。苯韩规无寺庙，无转世活佛制度，属于世袭，其藏文经典是利用佛教教义结合当地习俗创制而成。

韩规经包括书面和口诵两部分。口授经典为早期口传经书，数量相对较少，已快濒临绝传。但其中大量涉及普米族创世、造物、降龙、镇妖、战争等神话，它有别于普米民间的口头文学，有其独特的文学价值和艺术特色。书面经典为后期文字典籍，使用藏文大草、正楷两种书体撰写而成。名目有祭山神、风神、龙神、除秽经、丧葬经、祭羊超度经、消灾经、安神经，防口舌是非经、驱瘟经、求寿经、招福经、祝贺经、历算择日经、占卜经、家谱经等包罗万象，内容涉及普米族整个历史发展过程中的政治、经济、文化、社会等诸方面，可称为"普米族的百科全书"。

二　西南边疆民间文学中的外来宗教

佛教、道教等高度制度化的宗教在西南边疆少数民族中流传时，受到本土信仰的影响，具有民族特点。

（一）佛教

佛教何时传入西南，在学术上还没有一个统一的定论。但一般认为佛教应当是在异牟寻时（779—783）就已经传入南诏了。贞元十年（794），袁兹奉使南诏，南诏乐师演奏中，已有骠国乐（今缅甸）。这既是南诏音乐的最早汉文记载，也说明可能当时骠国小乘佛教已在汉地佛教前传入南诏。不过当时骠国的小乘佛教在南诏社会生活中的影响不大，因为在唐使崔佐时与异牟寻苍山会盟中，誓文只上达天、地、水三官，并未求证佛陀。据《南诏野史·丰祐传》载，劝丰祐时（823—839），狮子国（今锡兰）入侵骠国，骠国求救于南诏。世隆即位后，南诏派遣段宗牓出兵救缅，败狮子国，"缅酬金佛"。但从后来大理地区佛教流传情况看，骠国的小乘佛教虽然传入了南诏，但却没有对大理地区产生多大影响。

佛教传入西南，当以南传上座部为最早，在公元六世纪，但直到八世纪，其影响力也还很小，主要原因是其传入影响的西南地区经济文化落后，没有较大的地方势力的支持。而由汉、藏传入大理的佛教发展则不同。

中原地区传入佛教的传说，在云南地方志中记载最多，流行最广的是南诏人张建成入唐求佛法和唐遣工匠建崇圣寺塔之事。但元朝以前，对南诏佛教影响最大的是来自吐蕃的藏传密宗，南诏一些僧人，被称为胡僧，要么从印度来，要么从西藏来。而云南地方志书中所记元代以前的南诏、大理国僧人，大都具有神异之术，或呼风唤雨，移山缩地；或降龙制水，驱役鬼神。凡此种种都属于阿吒力派僧人的行止。这些阿吒力僧的法术比起本地巫师来，显然要高明得多。当然，云南密教的来源比较复杂，中原、四川、西藏、印度都曾对它有过影响，但其主要的直接来源还是西藏和四川。到劝丰祐时（823—839），南诏佛教已经非常兴盛。

汉藏密宗自8世纪末传入云南，在南诏大理国时期，经过改造，形成以阿吒力为代表的民族化宗教，有人称之为"滇密"，有人称之为阿吒力教。到元代初年，已经在云南兴盛了4个多世纪。元代初年，郭松年来到大理，见到的情形是："其俗多尚浮屠法，家无贫富皆有佛堂；人不以老壮，手不释数珠。一岁之间，斋戒几半，绝不茹荤、饮酒，至斋毕乃已。沿山寺极多，不可殚记。"元代李京《云南志略·诸夷风俗·白人》也说："家无贫富，皆有佛堂，旦夕击鼓参礼，少长手不释念珠……有家室者名师僧，教童子多读佛书，少读六经者。段氏而上，选官置吏，皆出此辈。"然而，到了元代期间，禅宗却取而代之，成了云南佛教的主流，一直影响到中华人民共和国成立初期。

佛教在西南边疆少数民族的本土化，具有区域性特征。比如，南诏以来，随着吐蕃藏族势力延伸到云南西北、四川西部，藏传佛教也就容易在这些地区传播。西双版纳和德宏的傣族与泰国、缅甸、老挝等国的掸泰居民族源相同，因此，在东南亚盛行的上座部佛教也就很自然地传入这一地区。而我国西南其他地区，受汉文化影响较多，则更晚于接受汉传佛教。

外来的佛教能在西南立足和发展，一个关键的因素就是对西南的民族文化，尤其是对当地民族的民间信仰采取了认同和适应的态度，也就是走了一条与西南本地民族宗教相结合的道路。在大理，佛教不仅融入当地的民风民俗，将许多风物传说改选成佛教故事传说，甚至影响到当地白族先民的祖先认同，清代释同揆《洱海丛谈》说："僰音白，释迦父曰净饭王，叔曰白饭王，此僰人之始祖也。俗多荒疏食，少用荤腥，故称白饭，植棘为墙以白蔽，故从棘。人又云，僰人为阿育王第三子。"至今许多白族仍然认为，白族之"白"，就是白饭王后裔的意思。

"密教能在西南边疆少数民族中扎根，一个重要的原因也是与这一地区盛行的原始宗教文化——巫术文化进行了结合。密教的仪式极其繁缛，哲理却比显教通俗得多，它尤其注重巫术和祭祀，用有形的祭祀仪礼代替抽象的禅空思维，而且具有泛神崇拜的色彩，这些都与西南边疆少数民族所盛行的原始宗教有诸多共同之处。在西双版纳和德宏的傣族地区，佛教传入就曾与傣族传统文化发生过短时期的冲突。起初傣族文化以其传统势力排斥外来的上座部佛教而使其无法渗入。后来，上座部佛教在傣族的宗教信仰上找到了突破口，改变了自己原来不信鬼神巫术的教旨，以迎合和适应本地原始宗教的态度让神祇神龛进入寺院，与原始宗教和平共处，这样一来，上座部佛教就赢得了全民的支持和崇拜，不仅立了足、扎了根，而且当地民族还将管理鬼神的大任交给了佛寺，佛寺里的佛爷、和尚除传播佛教外，还肩负起了为民众送魂驱鬼的责任。今天我们在傣族地区寺院中看到的一些土地神龛、水神塑像，就是这两种文化结合的结果。"[1]

明清两代是云南傣族上座部佛教逐渐走向地方化和民族化的重要阶段。明朝时期，佛教在傣族历代统领者召片领与土司的大力支持下取得前所未有的发展。传统的原始宗教信仰已逐渐被佛教所吸纳与改造，并成为上座部佛教重要的组成部分。于是，上座部佛教在耿马地区的傣、佤、布朗、基诺、德昂等民族之中开始广为传播。其后，临沧、沧源县境内的傣、佤族等也接受了上座部佛教。关于明朝傣族的佛教信仰，《明史·云南土司传》也有一些记载："初平，缅俗不好佛，有僧逐自云南，善为因果报应之说，伦发信之。又有金齿逃入其境，能为火铳火炮之具，伦发喜其技能，俾系金带，与僧位诸部长上。"[2] 从这段记录中，我们可以看到上座部佛教在云南傣族和其他民族地区传播的情况。而在民间文学中，也有类似的反映。其中佛祖释迦牟尼与谷魂婆婆斗法和释迦牟尼与天王帕牙天斗法的故事，正反映了傣族原始宗教与佛教的斗争。类似这种释迦牟尼和天王或地王斗法的故事中，都有争斗

---

① 葛永才：《浅谈佛教文化传入云南的时间》，http://www.mile.ccoo。
② 江应樑：《百夷传校注》，云南人民出版社1980年版，第86页。

的情节，并且最终都以释迦牟尼赢得胜利而结束。可见在佛教最初传入云南傣族和其他民族地区时，傣族、布朗族等今天信奉佛教的村民并不是立即接受，而是在抵制、反抗、斗争的过程中逐渐接受的。

在佛教供奉的诸多菩萨中，人们最熟悉、最感亲切的，恐怕要数观世音菩萨了。她在佛教四大菩萨之一的表大悲，是唯一的女性，是阿弥陀佛的左胁侍。在印度，观音本是男性，是一位太子，成佛后与"大势至"菩萨同为阿弥陀佛的左右胁侍，合称"西方三圣"。在梵文佛典中观世音菩萨的名号是阿缚卢枳帝湿伐罗（Avalakitevara），中文佛典的意译有多种译名：竺法护译为"光世音"，鸠摩罗什译为"观世音"，玄奘大师新译为"观自在"，还有译为"圣观音""观世自在"等各种名称的。较流行的名号是观世音、观音、观自在。这与《法华经》中的《观世音菩萨普门品》的流传有关。

自隋唐以来，观音信仰随佛教的兴盛在民间深入人心，从此观音菩萨与中国老百姓就更亲近了。"户户阿弥陀，家家观世音"，全国各地遍布大量专门供奉观世音的尼庵，而且还有一处闻名中外的观音道场——"普陀山"，与五台山、峨眉山、九华山同称佛教四大名山。

观音崇拜不只限于汉族地区，在西南边疆少数民族中也非常盛行。"大理地区的白族人民对观音菩萨另有一番特殊感情。大理有名的四景中的苍山雪、下关风、洱海月这三景就和观音的传说有关。当地传说，很久以前大理有一个凶恶的罗刹专门吃人，尤好食独生子女的眼睛。老百姓对其深恶痛绝，但又对此无可奈何。这时观音菩萨化身为一位老僧，以法力制伏罗刹，为民除害，然后驾着彩云升天离去。大理人民感激万分，在观音伏魔降妖的点苍山下的上阳溪口方石上建寺。每逢农历四月二十五日在上阳溪举行观音会，纪念当时战胜罗刹的日子，并把观音菩萨当年夺回平坝时与罗刹签约的地方称为观音街，也叫祭观音街或月街，现在叫三月街。"①

元代的民间传说《观世音菩萨传略》② 中说：

①　天九阁主：《观音崇拜的来历和三个生日》，http：//blog. sina. com。
②　马书田：《华夏诸神》，北京燕山出版社1990年版。

观世音原本是中国古代某国妙庄王的三女儿，名叫妙善。她的大姐叫妙因，二姐叫妙缘。这三个女儿到了成婚的年龄时，庄王便为她们择婿。妙因、妙缘都服从圣命，只有妙善违抗圣旨，执意出家为尼，后遭父贬。不久，庄王得了重病，生命垂危。妙善变一老僧上奏，称非至亲的手、眼为药不能得救。妙因、妙缘不肯为父亲作出牺牲。妙善自己断手挖眼献给父王。父王得救后，祈求上天让女儿长出手和眼，结果妙善长出了千手千眼，成为千手千眼观音菩萨。

这个故事广泛流传于大理地区，因此，明清时期，大理有妙香古国之称。明朝云南右参政谢肇淛（1567—1624）《滇略》说："世传苍洱之间，在天竺为妙香国。观音大士，数居其地。"

中国民间传说中的观音传说，不仅将观音神仙化，而且将观音形象世俗化、人格化，使其更贴近于社会和平民百姓，这既是佛教观音民间化的结果，也体现了外来的佛教文化与中国本土的儒教文化、道教文化在群众心里所引起的碰撞和相互消长的事实。

中国民间传说中的观音传说，还具有鲜明的地域特点与民族特色。同其他的民间传说一样，观音传说在流传过程中，常常与当地的历史、风物、土特产相联系。在观音传说里，有不少是观音寺、观音庙、观音山、观音岩、观音洞、观音桥等传说，人们在口头传承中，总是愿意将家乡的历史、风物和特产附会于观音的故事，一座普通的土山，一块平常的岩石，倘若和观音菩萨联系起来，便具有神奇的来历，甚至受到人们的顶礼膜拜。这些关于观音的地方风物传说通过物化了的身边经验，验证了观音的"存在"，从而表现了人们对于家乡的自豪，也增强了对于观音的虔诚信仰。正是因为人们对观音的虔诚信仰，观音的传说才得以在民间文学作品中广为流传。

（二）道教

道教作为中华传统宗教，历来都在各民族中广泛传播。早在张道陵蜀中传教时期，就奠定了在少数民族中传道的格局。《元史·张立道传》也说："先是云南未知尊孔子，祀王逸少为先师。立道首建孔子庙，置学舍，劝世人弟子以学，择蜀士之贤者，迎以为弟子师。"王羲之是著名天师道世家，其子王凝之崇道弥笃，因此，道教借重之以扬其教。南诏以王羲之为圣人，正由云南道教之盛。

樊绰《蛮书》引《夔州图经》说："夷事道，蛮事鬼。"南诏以前，白族、彝族先民盛行多种崇拜、祖先崇拜、鬼主、觋波，都是民间巫觋。南诏以来，各民族原始宗教信仰与道教信仰相结合，逐渐形成了民间宗教和本土化道教。南诏崇拜天地水三官，所奉之神，称某方某某皇帝。大理国王段思平奉其母之神曰"圣母白姐"，土主崇拜中的"景帝""圣妃"等，乃袭道教之制。

白族地区巫道合流已久，明代曾于大理府设"朵兮薄（大巫师）道纪司"、太和县设"朵兮簿道会司"以统之，导致白族原始巫教与道教合流。在白族地区，道教还与儒释融合。白族民间流行"洞经会"，每逢文昌、观音、关圣诞辰和中元会期，群集诵经，伴以音乐。"洞经会"虽为道教团体，其内容则为道佛和本主崇拜的混合物。①

贵州彝人尊崇斗姆，称斗姆为"娄合""娄母密妮"，意即天宫尊贵女神。云南彝区也多建有斗姆阁。云南哀牢山区的彝族将斗姆奉为祖先神，将哀牢夷九隆传说，与道教的斗姆生九子传说相比附，认为斗姆即沙壹，为南诏王细努罗之母。哀牢彝人兴建的土主庙中，大多有圣母娘娘殿及其神位。

云南大理州巍山县巍宝山，传为南诏开国之君细努罗耕牧处，山上有庄严宏大的祀细努罗庙宇，称为巡山殿，上行二里有老君殿，传为老君"点化"细努罗之所。远在大理时代的《南诏图经》中，即绘有梵僧授记，细努罗受命于天的故事。到清初，授记者由梵僧变成老君，梵僧谓"奕叶十三片相承"，变成老君于青石上频敲十三下。点化细努罗由佛神变成道神，反映了巍山彝族地区佛道和本主崇拜结合。巍宝山23座道观供奉三清、四御、三官、三皇，上中下八洞神仙，还有日月北斗、五星五行、风雨雷电、五岳四渎、山川社稷、城隍土地等诸多神灵，神仙众多，职司齐备，可谓西南边疆少数民族地区的道教万神殿。

瑶族信仰多神，崇拜祖先；但是因为大量吸取道教，以致其宗教信仰道化色彩颇浓。云南西双版纳和红河州金平、河口的瑶族，长期以崇道为主，而又保留原始宗教，形成道教与原始宗教融合，其所奉神祇中，三清、三元、

---

① 宋恩常：《白族本主崇拜》，《云南宗教问题》1979 年第 2 期。

真武、张天师、城隍、灶王、瘟王为道教神。广东北部瑶族所奉神祇中，原始天尊、灵宝天尊、道德天尊、太上老君、玉皇大帝、张天师，以至土地、灶君、瘟神、邪魔等皆道教神。甚至瑶族巫师的经书亦脱胎于道教经典，做法事的仪式程序、咒语亦颇类道教宗教仪式，仅做法事中的舞蹈尚为原始宗教仪式的表现。

明代是道教传入西南边疆少数民族的重要时期，道教的神仙信仰更加深入民间。三层坛是中国传统宗教中常见的坛式，在西南边疆少数民族宗教的祭坛中，大型祭祀活动的坛场有三层坛的布局。"丽江纳西族东巴教的祭天活动，其祭坛就按照三层坛的布局设置。丽江纳西族按梅、禾、树、叶四个古氏族祭天，分为普笃、古哉、古徐、阿余等祭天族群。纳西族各姓氏都有专门的祭天坛，这种三层坛一般设在村寨附近的山上。这种三层坛的设立方式和宗教意蕴，显示历史上各民族宗教受道教影响。"①

明清时期纂修的滇黔桂地方志中，山川地理部分不乏神仙地名传说的记载。如云南的仙人洞、仙人坡、仙人井、仙人脚山、仙人晒丹石、仙人安公治、抚仙湖等。道教的老君、玉皇、三元等神仙，在西南边疆少数民族民间信仰中有广泛影响。在西南边疆少数民族的科仪文书中，都不乏神仙思想影响的记载。

中国西南地区的少数民族都保存着傩祭习俗，其中傩祭的坛场，其教派传承有玉皇教、麻阳教、河南教、湖南教、梅山教、茅山教等，这些教派都和道教有着渊源关系。西南边疆少数民族中也流行伊斯兰教和基督教、天主教等，但由于这些宗教的一神教和唯《古兰经》《圣经》为经，很难与地方民族文化结合而形成民族宗教，因此，不在本书论述范围之内。

---

① 张泽洪：《中国西南少数民族与道教神仙信仰》，《宗教学研究》2005年第4期，第98—103页。

第二章 西南边疆民间文学中民间信仰的传承

第一节 西南边疆民间文学中民间信仰的历史传承

西南边疆民间文学是西南地区民众在生活世界中传承、传播和共享的口头传统和语辞艺术，神话、史诗、传说、民间故事、叙事诗、民间小戏、谚语等是其文类形式，最能集中体现该地域族群民间信仰且能够表现其生活状态，特别是神话和史诗最为突出。

一 在神话中传承民间信仰

神话是人类童年时期的一种非常古老的口头文学，是远古时期人们为了表达自己对自然和社会的认识，以神为中心的幻想故事。神话的内涵是人与自然的关系，人与社会的关系，人与人的关系。马克思曾经说："任何神话都是用想象和借助想象以征服自然力，支配自然力，把自然力加以形象化。神话是已经通过人民的幻想用一种不自觉的艺术方式加工过的自然和社会形式本身。"[①] 神话是原始先民综合性意识形态的产物，由人民集体口头创作，表现对超能力的崇拜、斗争及对理想追求及文化现象的理解与想象的故事，包含原始先民认识自然、创造文明以及表达生活经验等因素。它属于民间文学范畴，具有较高的哲学性、艺术性等特征。神话同时还是"关于世界和人类本原问题的探询，宣扬了立足于信仰的永恒的精神境界。神话叙事意味着我

---

① 中共中央马克思恩格斯列宁斯大林著作编译局：《政治经济学批判导言》序言，人民出版社1976年版。

们认知世界的努力。神话从远古一直向我们走来，进入到我们的生活世界"。①可以说神话是所有民族文化的根谱。西南边疆流传最广泛的是天地开辟神话和洪水神话。

（一）天地开辟神话

西南边疆地区各民族都有天地开辟神话，其中比较具有代表性的是在白族和壮族流传的相关神话。

1. 白族天地开辟神话

根据白族天地开辟神话《天地开辟》②，远古时期修天修地的是盘古，有一天盘古去集市上卖柴时遇到一个叫妙庄王的算命先生，于是他就请妙庄王帮他算一下命运。妙庄王对盘古说某日太阳一出来时可以到沙江边钓鱼，看准一条红鱼去钓，钓回来红鱼千万不能把它煮来吃，一定要拿到街上去卖，直到有人把价钱出到三百六，才能把鱼卖给他。盘古不知道原来那条红鱼是龙王的第三个儿子，被盘古钓到之后，龙王父亲非常着急，每天到街上去寻找，好不容易才找到了卖鱼的那个人。龙王非常害怕卖鱼的可能会把红鱼宰杀割开卖，很快地添钱，最后添到三百六，终于把这条红鱼买到手了。后来盘古、盘生兄弟俩得到神的指点，完成修天修地的使命。

天地修成以后，盘古、盘生就死去了。盘古死时横躺在观音寺里，头朝东，脚朝西。观音的手指到哪里，他就变到哪里。他的左眼变成太阳，右眼变成月亮。张开眼睛是白天，闭上眼睛就是黑夜。小牙齿变成星星，大牙齿变成了石头，眼毛变成了竹，嘴巴变成了村庄，汗毛变成了草，头发变成了树木，小肠变成了小河，大肠变成了大河，肺变成了大海，肝变成了湖泊。鼻子变成了笔架山，心变成了启明星，气变成了风，油变成了云彩，肉变成了土，骨头变成了大岩石，手指脚趾变成了飞禽走兽。两手两脚变成了四座大山：左手变鸡足山，右手变武当山，左脚变点苍山，右脚变老君山，筋变成了道路，手指甲变成屋顶上的瓦片。

白族《天地开辟》是流传在大理周边县市的天地开辟神话，尤以大理市、

---

① 万建中：《神话的现代理解与叙述》，《北京师范大学学报》2009 年第 1 期，第 74—79 页。

② 云南省民间文学集成办公室编：《白族神话传说集成·天地开辟》，中国民间文艺出版社 1986年版，第 13—18 页。

洱源县、剑川县较为普遍。大理地处滇西要冲，自古就是中原地区经滇、川到达老挝、缅甸的中转站，这就决定了大理白族神话除具有自身的民族特色和地方特色外，同时借鉴外来宗教完成自身情节结构的成熟。从整则白族神话当中可以看出，整个神话故事的讲述情节受中原及佛教文化影响较深，譬如，其他民族的天地开辟神话的开篇均是混沌一片，什么也没有，之后才是创造天地，天地生成之后才会出现日月星辰、山岳河流等。我们知道，盘古是中原天地开辟神话的创始神，最早出现在宋代李昉《太平御览》卷二"天地混沌如鸡子，盘古生其中。万八千岁，天地开辟，阳清为天，阴浊为地，盘古在其中。一日九变，神于天，圣于地。天日高一丈，地日厚一丈，盘古日长一丈，如此万八千岁，天数极高，地数极深，盘古极长。……故天去地九万里。"妙庄王是佛教兴民国的国王，是观音之父，说明此则神话在流传过程中受唐朝时期传入洱海地区的佛教密宗的影响。可以看出，白族《天地开辟》较之其他民族天地开辟神话更为圆融、成熟，这是大理这一地区特殊的地理位置以及包容的民族个性决定的。

　　民间信仰是整个神话的根基，同时又依靠神话得以很好地传承、发展。根据神话仪典学派的观点，神话是民间信仰仪式的口头记录，所以，没有这些仪式信仰，神话也就不复存在。在世界各地，神话均很好地保存了民间信仰的重要仪式内容。这正如马林诺夫斯基所言："神话在原始社会中施行一种不可或缺的作用，神话表现信仰，加强信仰，并使信仰成为典章。"① 在此则白族神话的情节当中，也透露着大理地区白族民众民间信仰的若干信息。如一直到今天，白族人在结婚的时候，还习惯在喜房里挂栗树叶，门前种松树，交杯时用桃花，而这正是神话讲述内容的具体体现："没有房子，用栗树的树叶搭成喜房；没有主婚人，就请松树来做主婚人；没有媒人，就请梅树做媒人；没有交杯的，就请桃树来交杯。"洪水之后，两兄妹结婚的礼俗过程成为我们当下看到的，有关当下大理白族青年男女结婚礼俗的依据与来源。

　　2. 壮族天地开辟神话

　　流传于广西右江、红河一带的壮族天地开辟神话《布洛陀》②，同样是该

---

① 张光直：《中国创世神话之分析与古史研究》，《民族学研究所集刊》1959 年第 8 期，第 37—42 页。

② 陶阳、钟秀编：《中国神话》（上），商务印书馆 2008 年版，第 67—69 页。

民族民间信仰通过神话得以保存的很好案例。《布洛陀》的整个神话分为十一个部分，分别是："造天地""定万物""取火""开红河""造米""造牛""打鱼""养鸡鸭""造屋""红河水和木棉花"等，其中第一部分"造天地"就是讲述天地开辟。

根据这个传说，远古天重叠不能分开，后来突然一声霹雳，裂成了两大片，上面一片往上升，就成了住雷公的天，下面一片往下落，就成了住人的地。从此，天上就有了风云，地上就有了万物。可是那时候的天很低，爬到山顶上，伸手可以摘下星星，扯下云彩。天地靠近，人们日子很难过，太阳一照，热得烫死人；雷公轻轻打鼾，就使人们不能入睡，要是雷公大吼大叫，就好像天崩地裂一样，使人听了又惊又烦，所以要天地离得远远的才行。后来人们听说洛陀山有个老人，名叫布洛陀，他智慧过人，神力无限，便去找他商量治理天地的办法。布洛陀建议到树林里去选一根最高最大的老铁木来做顶天柱，然后他和大伙一起把天顶上去。人们爬了九百九十九座山头，才找到了一棵抱不拢的老铁木。可是这棵老铁木长得很奇怪，人们砍不动它，砍这边，那边已经长合了，砍那边，这边又长出来了。大家一连砍了九十九个日夜，还没有把它砍倒。人们就去告诉布洛陀。布洛陀听说找到了又高又大的老铁木，非常高兴。他扛起大板斧就来了。只见他往手心吐了口唾沫，运了运力，大板斧一挥，连砍两下，铁木就倒下了。他的大板斧是为人类造福的神斧。大家齐心合力把顶天柱扛到肩上去了，布洛陀竖起铁木柱，抵着天，把重重的天盖顶上去了，把沉沉的大地顶得往下沉了。布洛陀再一顶，把雷公弹到高高的天上去了，柱脚把龙王压得往地下跑。布洛陀再一顶，把沉沉的天变成了轻轻的十二堆云，把龙王压得钻到地底下去了。新的天地就这样造成了。

在《布洛陀》神话当中，可以看出，天地开辟的元素已经不完全像在白族神话《天地开辟》中表述出来的样子了。"远古的时候，天和地紧紧地重叠在一起，结成一块，不能分开。后来，突然一声霹雳，裂成了两大片。"① 天和地本来已经存在于那里，只是还需要改造，"可是那时候的天很低，爬到山顶上，伸手可以摘下星星，扯下云彩。天地靠近，人们日子很难过，太阳一

---

① 陶阳、钟秀编：《中国神话》（上），商务印书馆 2008 年版，第 67—69 页。

照，热得烫死人；雷公轻轻打鼾，就使人们不能入睡，要是雷公大吼大叫，就好像天崩地裂一样，使人听了又惊又烦，所以要天地离得远远的才行"。于是布洛陀出现，带领众人"布洛陀把洛陀山当柱脚，竖起铁木柱，抵着天，用力一顶，硬把重重的天盖顶上去了，把沉沉的大地顶得往下沉了"。① 于是，天地变成了我们今天看到的样子。

从白族与壮族神话《天地开辟》《布洛陀》当中，我们可以看出：各民族在讲述天地由来时，总存在一种同理心，此种同理心即形成具体民族创作神话的"指导思想"，也就是费孝通先生所说的"同一民族的人感觉到大家是属于同一个人们的共同体的自己人的这种心理"。② "因此，民间那些关于神祇灵验的叙事重复生产，所叙述的事件可能不同，但是，核心意义则是传统的。只要讲述这些神话的人们的基本需求没有改变，故事的核心观念就不会被弃之不用。"③ 创世神话本身存在于少数民族各文化要素之中，它通过特定文化群体内部生活观念、习俗表现出来，在一定程度上已经与民族文化融为一体，不可分割，成为支撑民族的精魂与核心。

（二）洪水神话

西南边疆少数民族分布较广，部分民族的内部支系也比较多，洪水神话的内容也不尽相同，但所蕴含的母题基本一样。"母题是叙事过程中最自然的基本元素，可以作为一个特定的单位或标准对神话故事进行定量或定性分析，在文学乃至文化关系方面，能在多种渠道的传承中独立存在，能在后世其他文体中重复或复制，能在不同的叙事结构中流动并可以通过不同的排列组合构成新的链结，表达出一定的主题或其他意义。"④

彝族在西南地区分布最广，内部支系最多，方言土语最复杂。根据母题分析法，对各地流传的彝族洪水神话中的母题进行分析，进而认识西南边疆少数民族洪水神话中反映出来的民族心理、道德观念和思维方式。

彝族洪水神话主要见于四川大凉山的《洪水泛滥的故事》、云南红河州的

---

① 陶阳、钟秀编：《中国神话》（上），商务印书馆 2008 年版，第 67—69 页。
② 费孝通：《关于我国民族的识别问题》，《中国社会科学》1980 年第 1 期，第 147—162 页。
③ 尹虎彬：《传承论的民间信仰研究》，《西北民族研究》2014 年第 2 期，第 46—61 页。
④ 王宪昭：《中国民族神话母题研究》，民族出版社 2011 年版，第 19 页。

彝族史诗《尼苏夺节》、云南楚雄大姚一带流传的《梅葛》、云南楚雄彝族双柏一带流传的《查姆》、云南新平彝族的《天蛋》和贵州毕节的《洪水泛滥史》。这些洪水神话属于洪水再生人类神话，所包含的母题主要有洪水原因、洪水制造者、避水工具、洪水孑遗、婚姻形式、生怪胎。

1. 洪水原因

凉山彝族《洪水泛滥的故事》中说洪水产生的原因是"天神知道居木三兄弟将天神恩铁古兹派来收财物的使者杀死，决定放九个大海的水来淹没人间"。红河彝族《尼苏夺节》叙述的第一次洪水的原因是"在独眼人时代后期，人类变得无人性又无仁心，天神大怒，降下洪水灭绝了独眼人"，然后进入直眼人时代，又产生第二次洪水，原因是"直眼人若干代后又变坏，天神又降下洪水消灭了直眼人"。楚雄大姚彝族《梅葛》讲的是天神创造了人类，但到了第三代，人们"心不好"，"不种田"，"不拔草"，"一天到晚，吃饭睡觉，睡觉吃饭"，于是天神决心发洪水，"把第三代人换一换"。楚雄双柏彝族《查姆》传说天神造人后到了第二代，由于人们不懂道理，分不清善良和淳朴，为了"重换一代人，重开一次花"，才发生"要用洪水洗大地，要用洪水洗万物"。新平彝族的《天蛋》强调的是人和神成了仇家，神开天河口，想淹死地上人。贵州毕节的《洪水泛滥史》中说的也是人激怒了天神，决定用洪水淹没人间。

纵观这些洪水神话，其中提到发生洪水的具体原因不完全一样，但是都可以归结为"人类心术不正，激怒天神，遭受洪水之灾"。神话有道德教育的功能，彝族人民认为，如果人们心术不正，行为不端，就会得到惩罚，自取灭亡。彝族洪水神话中洪水原因这一母题所表达的寓意，与世界各地各民族的洪水神话中的洪水原因也不谋而合。例如，《圣经》中神要用洪水毁灭他所造的人和生物的主要原因是人类充满邪恶。既然是母题，洪水原因也具有相似性。从这一点来看，彝族洪水神话也反映了人类对邪恶心术和不良行为的警惕。

2. 洪水制造者

在各地流传的彝族洪水神话中，洪水的制造者无一例外地都为天神。彝族人民承认天神的权威性，在洪水神话中，没有与天神直接斗争的情节。事实上，天神是自然界中不可抗拒力量的象征。彝族人民认为人类心术不正、行为不端、不务正业，就会得到报应，遭受惩罚，知道洪水制造者，但不与之相斗争，说明彝族是一个具有自知之明的民族，知道与不可抗拒的力量斗争会适得其反。彝族传统社会中经常有家支内斗的情况，但也有"家人不和外人欺"的训诫。在家支内部，不管有多大的仇恨，遇到强敌时，彝族人民都会团结起来，共同抗争。在洪水神话中，彝族人民没有与洪水制造者天神对抗，因为彝族是一个有信仰的民族，承认天神的权威，并且接受不可抗拒自然力量的惩罚。这里体现了人与自然关系的文化生态观。

3. 避水工具

《洪水泛滥的故事》中天神的使者告诉居木三兄弟避开洪水的方法是大哥住铜柜、老二住铁柜、老三住木柜；这里的避水工具为铜柜、铁柜和木柜。《尼苏夺节》中说第一次洪水时娥玛姐弟心地善良而被神鱼所救，第二次洪水时好心的杜姆由于天神的帮助乘木柜得以生存；这里的避水工具为神鱼和木柜。《梅葛》洪水神话中的避水工具是金柜、银柜、铜柜、铁柜和葫芦。《查姆》洪水神话中的避水工具又是金船、银船、铜船、铁船和葫芦。《洪水泛滥史》和《天蛋》洪水神话中提到的避水工具是木桶。

彝族洪水神话中，有些只有一种避水工具，如木桶，但是大部分有两种以上，甚至多达五种，如金柜、银柜、铜柜、铁柜和葫芦。然而，可以成功避水的工具为木柜、神鱼或是葫芦。这些工具都有一个共性是有可能漂在水上或是在水中游动。相反，其他工具，如金柜、银柜、铜柜、铁柜、金船、银船、铜船、铁船等都不可能漂在水上。洪水来临之时，如果人们选择了这些容易沉入水底的工具，自然不能获救。从阴阳五行相生相克的道理来说，木柜、木船、木桶和葫芦都属于木，水生木，水与木相生。又从世俗意义上来说，金、银、铜、铁代表财富，而木和葫芦只是普通的日常用具，人如果太执着于金、银、铜、铁等财富，忽视木柜、木船、木桶等日常用具，在灾难之际，洪水来临之时，就会自取灭亡。葫芦不仅是彝族地区常见日常盛水工具，而且还象征着孕育生命的子宫，是所有人在母体孕育胎儿时期对子宫的记忆，作为孕育生命的象征，也反映在神话中。中国南方其他民族都把葫芦作为成功的避水工具，彝族把葫芦作为避水工具，也不是偶然的。

4. 洪水孑遗

彝族洪水神话孑遗为阿普笃慕一人（或名字发音相近的人）或是阿普笃慕和妹妹一对兄妹。阿普笃慕或笃慕兄妹都是由于心地善良而获得天神或天神使者的帮助或指点，选择了正确的避水工具或到了安全的地带，在洪水中得以幸存下来。前面在"洪水原因"部分中提到，人类因为心术不正、行为不端和不务正业激怒了天神，遭受了洪水之灾。然而，事情都具有两面性，物极必反，在天神的眼里，在万恶的人类中也有心地善良的人。恶有恶报，善有善报，天神用洪水毁灭了世界的同时，也选择心地善良的人作为人类新世代的始祖。彝族洪水神话中的洪水原因和洪水孑遗中充分体现了彝族人民的善恶观。这里也说明了神话具有道德教育功能，彝族人民把洪水神话代代相传，告诫人之毁灭源于恶、人之幸生始于善。彝族人民把笃慕尊称为阿普笃慕，意为彝族共同的祖先。洪水神话中所宣扬的一个道理就是彝族的祖先笃慕本为善良人、后代也要学做善事，不然会远离祖先的本性而最终走向灭亡。彝族洪水神话中的孑遗具有世界上许多民族的洪水孑遗的特性。整个人类都褒善贬恶，行善者自有天助，反映了人类普遍的道德价值观。

5. 婚姻形式

彝族洪水神话中基本的婚姻形式是天女婚或兄妹婚。《洪水泛滥史》中讲到天神让洪水后幸存的笃慕俄娶了三个天女，天女各生下两个儿子成为彝族六大支系的祖先。《洪水泛滥的故事》提到居木三兄弟中老三在洪水中幸存下来，与天女结合而繁衍人类。《尼苏夺节》说第一次洪水时娥玛姐弟心地善良而被神鱼所救，兄妹二人通过滚石磨、簸箕等仪式结为夫妻，开创了直眼人时代；第二次洪水时好心的杜姆由于天神的帮助乘木柜得以生存，获救之后，天神将杜姆变成了小伙子，并与三个天女婚配，生下九男十二女，开创了横眼人时代。《梅葛》中描写的是五个兄弟中最小的兄弟老五和妹妹住进葫芦里避水，哥哥河头洗身子，妹妹河尾捧水喝后就怀孕生了后代。《天蛋》中提到年老的笃慕以葫芦避水，得以幸存后钻进到天蛋里变得年轻，后来有三个天女下嫁，生六子六女。

洪水孑遗笃慕或是得到天神的帮助与天女婚配繁衍后代，或是与其妹得以在洪水中幸存，通过滚石磨等方式结成夫妻。其中，天女婚具有神秘色彩，兄妹婚是传统彝族社会中表兄妹婚优先的反映。彝族非常重视舅家，结婚认亲戚时第一个拜认的就是舅舅，如果父亲亡故或是母亲与父亲解除婚姻关系，舅舅就是承担父亲责任的人。这里或多或少遗留了母系社会的风俗，也能从洪水神话中找到根据。天女婚体现了婚姻的偶然性，我们遇到与自己相伴一生的爱人，往往都是靠缘分或是偶然的机会认识的，有"上天赐予"注定相伴一生的感觉。兄妹之间的爱是典型男女真爱，没有血缘关系的兄妹如果产生了血缘兄妹一样真挚的感情，就不再是兄妹关系，而是夫妻关系。洪水神话中的兄妹婚不一定真实，但人们对男女之间的真爱与兄妹感情的相提并论，也是普遍存在的现象。

6. 生怪胎

《洪水泛滥的故事》中讲到洪水中幸存的居木老三和天女结婚后生育的后代都是哑巴。《查姆》也提到阿朴独姆兄妹结合后生育的后代也是哑巴。《尼苏夺节》中第一次洪水时神鱼解救了娥玛兄妹生育了直眼人，第二次洪水时杜姆在木柜中得以幸存，与天女婚配后生育的后代是横眼人。《梅葛》中所讲的是兄弟五个中老五和妹妹在洪水中得以幸存，生育的后代是怪葫芦。

彝族洪水神话中叙述的洪水子遗与天女或妹妹结合生出来的怪胎有哑巴、直眼人、横眼人和怪葫芦等，这些怪胎其实是人们对新生命的不同状态的认识。例如，没有人生下来就会说话，人出生时都是像哑巴一样，不会言语；眼睛则代表人的智慧，直眼代表看问题很直观，没有正确理智的思考，横眼代表人们能用双眼观察世界，提高了对周围事物的认识能力；怪葫芦则是对刚刚呱呱坠地的婴儿的形象比喻。见怪不怪，任何奇怪的事物或现象背后也有正常的一面。如果人类的祖先生育的真是畸形或发育不良的胎儿就不会存活，更不会成为人类的祖先。洪水神话中经常提到的生怪胎只是人类对新生命的不同认识或是形象比喻。

从以上分析的彝族神话中的洪水原因、洪水制造者、避水工具、洪水子遗、婚姻形式、生怪胎几个母题中可以看出，母题是神话中蕴含的基本元素，彝族洪水神话中的母题也反映了西南边疆少数民族对世界和人生的认识。

二　在史诗中传承民间信仰

"史诗是民间叙事诗的一种，是歌唱历史题材的长诗。它是在人民口头流传的歌谣和神话传说等短篇创作的基础上发展而成的，是口传的历史教本，同时也是人民喜爱的文艺作品。按其内容可分为神话史诗和英雄史诗两大类。"① 史诗是叙述英雄传说或重大历史事件的叙事长诗，属于一种庄严的文学体裁，其内容主要讲述获歌颂创世英雄的功绩，题材涉及历史事件（主要是关乎一族群的重大文化历史事件）、民族由来等。它的形成多以古代英雄歌谣为基础，经集体编创而成，反映人类童年时期的具有重大意义的历史事件或者传说故事。史诗是人类最早的精神产品，对我们了解早期人类社会具有重大意义。史诗和古代的神话、传说有着天然的联系。史诗在神话世界观的基础上产生。

传统史诗主要有以下七个特色：一是它以某个英雄为中心，该英雄人物通常是在制度发明、军事战争、民族形成方面起着举足轻重、至关重要的作用，有时是半人半神的怪物。二是具有较为广阔的历史背景和地理环境，包含许多世界、宗族或宇宙之间的联姻或战争。三是英雄往往要同各方面势力进行艰苦卓绝的斗争或具有勇敢的行为。四是史诗在讲述过程中往往会出现神、天使、魔鬼等神奇性的神灵。五是在史诗当中，英雄会进行持久的旅程，而且通常充满异国情调。六是诗人保有客观性。七是其题材多为大众所知的传统故事，使观众能立即进入故事情节而不至于感到迷惑。

根据芬兰民俗学家劳里·航柯（Lauri Olavi Honko）的见解，史诗除具特有的长度和诗歌容量，而且还因为其具有表达族群认同的功能才作为文化群体自我辨识的寄托而成为超级故事。

史诗与神话一样，都可以在一定程度上反映讲述史诗的特定族群的信仰与生活态度。流传于云南西双版纳傣族自治州的史诗《召树屯》，可谓家喻户晓，主要讲述的是勐板加王子召树屯和勐董板公主婻婼娜的爱情故事。《召树屯》共由十二个部分组成，它们分别为：1. 诗人的歌；2. 王子召树屯；3. 勐董板有七个姑娘；4. 猎人；5. 告别；6. 爱情；7. 拴线礼；8. 战争；9. 灾难；10. 追赶；11. 到了勐董板的地方；12. 团圆。这些完整的组成部分常由赞哈（歌手）演唱，同时有手抄本贝叶经广泛流传。《召树屯》体现了此一特定族群赖以生存的理想及信仰观念。较之藏族史诗《格萨尔》、蒙古族史

---

① 段宝林：《中国史诗博览·神话与史诗（下篇）》，民族出版社 2010 年版，第 10 页。

诗《江格尔》以及柯尔克孜族史诗《玛纳斯》来说，《召树屯》无论在篇幅长短方面，抑或在体制方面均不能与三大史诗相媲美，但作为具有神话抒情色彩的爱情长诗，却从另一角度展示了民间史诗柔美、细腻的形式特点。

第一部分"诗人的歌"首先描绘了诗人创作的场景：太阳照射下的树林。这让人想象到热带雨林中傣族人平静祥和的生活场景。从某一程度上说，太阳代表天，树木代表地，这个故事就在天地间展开，寓意深远。接下来提到公鸡朝诗人扇开翅膀，产生无尽的灵感，感人的故事在金色的天空中飞翔。这里提到的"翅膀""天空""飞"，暗示诗人灵感丰富、想象自由，展示了一种无拘无束的心态。然后由天空引出彩霞，比拟美丽的故事。还有把纯洁的爱情比作并蒂开放的鲜花。诗人与史诗的读者对白，愿真心相爱的青年人把诗作为一份礼物收下珍藏。诗人表现出最大的诚意，讲述人生的欢乐和痛苦，在一棵绿茵茵的菩提树下歌唱，让四面八方飞来的鸟群都停下翅膀，绕着菩提树歌唱。这与前面提到"公鸡朝诗人扇开翅膀"一起构成了一幅百鸟朝凤的场景。不论是从远方来的客人，还是各村各寨来的男女，能从史诗中带来他们的歌声和爱情，像常青的菩提树一样歌声永存，像菩提的叶子一样爱情永远相伴，即使是蒙蒙的大雾的夜晚，也会得到不断的滋润。这一部分是史诗的序歌。

第二部分"王子召树屯"讲述的是王子的诞生与成长。王子召树屯出生在祖先世代生活的勐板加这个地方，他的母亲是皇后玛茜娜。皇后梦见了一个奇异事件，就是老鹰落在屋顶上，然后就是十月怀胎，生下了王子。这里王子诞生的情景与很多伟人诞生的情景的共同之处，就是通过灵异的动物有感而孕，如汉高祖刘邦的出生是由于其母梦见蛟龙缠身等，举不胜举。皇后梦见的老鹰，是上天飞来的神鸟，强调的是王子是上天感应而生，不同于常人。诗中介绍道，王子一出生，国王就请来了傣族卜卦算命的人"摩古拉"，翻开了历书算出来的结果是王子可以在四十六个格子里寻找幸福，但是会遭到爱情的折腾，也就是现在我们常说的会遇到桃花劫。请算命先生算命预测命运，意味着事情的发生有"命中注定"的一面，是不可避免的，想逃也逃不了。王子长到十六岁，已经是一位英俊潇洒的青年，不仅容貌无比英俊，而且心地非常善良。诗人甚至把他比作一条神龙，能在勐板加地方造下湖水，为勐板加的百姓带来福祉。王子召树屯常常骑马带拉弩箭，在森林里追逐金鹿，在高空中射落飞雁，意味着他才能出众，将来能大显身手。最后提到勐板加念佛之风，作为王子，他领着百姓赕佛，祈求消灭邪恶的"巴拉"，给百姓带来风调雨顺。这一部分重点引出史诗所要讲述的英雄人物"王子召树屯"，同时也暗示了故事情节，王子注定会遭到爱情的折腾，勐板加的人信佛，但也有算命等原始信仰，最后提到了英雄所要战胜的故人"巴拉"。

接下来的第三部分讲的是注定与勐板加的王子召树屯有爱情折腾的勐董板七个姑娘。诗中提到姑娘所在的勐董板距离王子召树屯的家乡勐板加很远很远，王子的爱情来自遥远的地方，在那云雾缥缈之间，就像《金刚经》偈语"如梦幻泡影"。诗中描绘勐董板是一个遍地鲜花、满山牛羊、骑象游走的好地方，可以得知也是傣族人生活的地方。"一方水土养一方人"，勐董板这样一个好地方自然会有好姑娘，这是内在逻辑。注定与王子召树屯有爱情折腾的勐董板"好姑娘"也不是普通的人物。王子与公主门当户对，是大多数类似故事的情节，这里也不例外。勐董这个地方的国王，也就是七个公主姑娘的父亲，叫作"叭团"，直译为"魔鬼的头人"。据岩叠等翻译整理《召树屯》注释，在此可理解为"孔雀国王"。[①] 这七位公主姑娘也是非同寻常，特别神奇。她们大小差不多，诗人把她们比作"七只飞雁"。这里的"飞雁"与前面提到用来比拟王子的"雄鹰"相呼应，让人想起"七仙女下凡"。诗中说到她们披着孔雀的羽毛，就能在天空飞翔，显示出傣族社会以孔雀为审美寓意，展开了想象的翅膀。当然，勐板加的王子只有召树屯一位，勐董板的七个公主姑娘中也只有一位与王子召树屯有缘。是哪一位呢？优选是常人的逻辑，诗人也不例外。那位注定与王子有爱情折腾的勐董板姑娘就是其中最美丽的第七个姑娘婻婼娜。仙女戏水是很多仙女故事也出现的场景，这里也不例外。诗人引出的王子与公主相遇之处，就是傣族人生活的热带雨林里，在一碧波荡漾的明镜金湖边，有美丽的凤凰、可爱的金鹿。凤凰寓意美丽的公主，金鹿寓意多情的王子。笃信南传上座部佛教的傣族社会，少不了有寺庙和和尚。诗中介绍到湖边有一座古寺，古寺里住着一个和尚"叭拉纳西"。

---

① 岩叠、陈贵培等整理：《召树屯：傣族民间叙事长诗》，云南人民出版社1979年版。

每隔七天，七个美丽的姑娘飞到湖边。倾听和尚日夜念经，在古寺悠悠扬扬的钟声中美丽绽放。确实是一个令人神往的人间仙境。

第四部分讲的是勐板加的王子召树屯以猎人的身份在湖边奇遇勐董板的公主姑娘。前面第二部分讲到王子已经长大成了骑马射猎英武青年，他骑着马拿着弩箭来到勐董板追逐着一只金鹿，从树林里追到湖边。"爱猎物更爱美人"，他到湖边后注意力不再是金鹿，而是湖水中间的七朵浮莲，就是勐董板七位公主姑娘。可远观而又不得亲近，七朵浮莲留给王子的只是浮想联翩，看着天地森林发呆。湖边寺庙的钟声突然把他惊醒，迷糊的王子便打马来到寺院，情窦初开的他向和尚叭拉纳西求教爱情的真谛，希望在梦幻与现实之间，能解开谜团。和尚叭拉纳西一听说他是勐板加的小王子召树屯，就冷冷地笑了一声，强调这里是佛寺，上面供奉的就是佛身，要他放弃对神仙公主的幻想，世间从来就没有一条路能通到神仙所在的地方，如果执迷不悟，就好似爬上树去捉鱼、下到水里捞月亮，都是行不通的。王子召树屯还是没有明白和尚的意思，他牵着马又来到金波荡漾的湖旁，又一次看到七个姑娘对他微笑，非常想走近看看。他向湖中的神龙寻求帮助，诉出了心中的苦恼，神龙把七个姑娘的秘密讲给了召树屯。这一部分中出现了执着于爱情的王子、天仙般美丽的公主、能悟空色相的和尚、诱导王子的邪恶神龙，为随后发生的故事埋下了伏笔。

第五部分"告别"讲的是王子召树屯在神龙诱导下把第七个姑娘婻婼娜与其他六个姑娘分离。在神龙的教唆下，王子召树屯悄悄爬到湖岸拿走了婻婼娜的孔雀衣。等七个姑娘慌忙回到岸上时，婻婼娜没有找到衣裳，无法飞向天空追她的姐妹。王子召树屯唱着歌走近躲进花丛中的婻婼娜，最后牵了婻婼娜的手。其他六个姑娘看见王子召树屯拉住了婻婼娜，飞回来向王子齐扑。即便如此，召树屯不愿放走心爱的婻婼娜，六位姑娘泪洒在湖上，告别了可怜的婻婼娜，还说这一切都是命中注定。这个情节是一个典型的"天鹅处女型"故事类型，这类故事形态在全世界范围内普遍存在。它主要讲述一个凡间男子（樵夫、农民或者渔夫）窥见一群天女洗澡，于是就将其中一个（通常是最小的那个）的衣服拿走并藏匿起来，以此胁迫她嫁给自己。多年后（一般是与男子孕育了子女）天女找到羽衣，披衣飞返天庭。《召树屯》故事情节结构基本符合这一故事类型。中国文献中最早出现的"天鹅处女型"故事是东晋干宝《搜神记》卷十四中"毛衣女"故事："豫章新喻县男子，见田中有六七女，皆衣毛衣，不知是鸟。匍匐往，得其一女所解毛衣，取藏之。即往就诸鸟。诸鸟各飞去，一鸟独不得去。男子取以为妇。生三女。其母后使女问父，知衣在积稻下，得之，衣而飞去。后复以迎三女，女亦得飞去。"从此种故事中可以看出，当时的故事形态最为原始、古老，故事之中的女主人公是半人半鸟的动物，这时的文学形态还主要集中在讲述人与动物的原始婚配方面，此种异类婚配与远古的图腾观念和支撑其族群生产、生活的万物有灵论有莫大的关系。在中国古代，以动物（牛、马或飞禽）为部落图腾的现象极其普遍；在近代世界中的很多部落族群中仍然存留着以飞鸟为其始祖神的神话与传说。以此种图腾观念为基准，他们认为自己是此一图腾的子孙后代，并认为自己是祖先与图腾神婚配的结果。

第六部分讲的是王子召树屯与公主婻婼娜的爱情。诗人把平静的湖水与不断打颤的婻婼娜内心世界作了一个强烈的对比，反映出她对藏匿自己衣裳的召树屯的恐惧。还好，召树屯脱下自己的衣裳，把它披在婻婼娜的身上。然后她跪在姑娘的面前，嘴里唱着歌表达对美丽姑娘的爱慕之情。但是婻婼娜依然一声不响，没有回应，只是默默地观察召树屯的英俊，倾听美妙的歌声。婻婼娜听见他是召树屯，猛然想起算命先生摩古拉曾经说她将嫁给一个勇敢善良的人，一份奇缘注定要产生。召树屯长久动情的歌声终于打动了婻婼娜。她望着湖水，又羞又喜地低声歌唱回应心中的王子，令召树屯热血沸腾。他们的爱情就在湖边甜蜜的歌声中产生了。接下来在第七部分"拴线礼"中，诗人讲到召树屯带着婻婼娜走出重重的森林，看到了他的家乡勐板加坝子，给心爱的人介绍家乡的牛羊和村寨的彩霞。他们来到了城边，召来了许多百姓，赞赏婻婼娜的美丽。召树屯把婻婼娜带回家里，头人赶快给他们"拴线"，真是"姻缘一线牵"。按照勐板加的风俗，给婻婼娜准备金伞和圣水，庆贺的场面热闹无比。甜蜜的爱情好像开出了幸福的花朵。

可是好景不长，在第八部分"战争"中，诗人讲到其他六个姐妹飞回到勐董板以后，就马上向国王和王后泣告婻婼娜遭到了不幸，被召树屯捉去。婻婼娜是他们最小的姑娘，婻婼娜是他们的掌上明珠。王后哭得死去活来，国王叭团猛地击起大鼓，下令立刻出兵勐板加。召树屯传下命令迎接挑战，自己穿上全副铠甲，向婻婼娜轻轻告别。婻婼娜好梦被风雨惊醒，心里闪着霹雳，但作为召树屯的妻子，只得支持王子去打仗，并表示她会用最真诚的心，祈求神灵帮助他。接下来就是一场轰轰烈烈的战斗与随之引发的爱恨情仇，达到史诗故事情节的高潮。

《召树屯》原先是以口头的形式在傣族群众中流传了几百年，随着国家对少数民族文化资源的整理与研究，已经由口头讲述发展成为一部内容丰富、结构完整的文学作品，蕴含着西双版纳傣族人民在生活方式、宗教表达以及生态观念方面的信仰传承与执着追求。从某种意义上说，《召树屯》已经成为傣族民众的生活百科全书，成为我们理解其生活形态、宗教信仰的指南。

《召树屯》是如何集中体现傣族民众的生活态度及宗教信仰的？首先我们可以看出，在整篇《召树屯》当中，对水的崇拜都放在比较重要的位置。这一方面是因为生活在中国西南部的傣族一般生活在低海拔的平坝地区，地处亚热带，气温较高，与水的接触较为容易，日常生产生活都与水结下了不解之缘。例如，在西双版纳傣族自治州很多地方都有"一日十浴"的说法。另一方面，同时也是更为重要的层面，即在精神性的层面上，水在傣族族群当中有一种根深蒂固的神圣性。生活在水边的傣族群众不仅热爱水，同时视其具有神圣性。例如，在史诗《召树屯》中，男女主人公召树屯与婻婼娜的相遇一章，就被安排在金湖边。婻婼娜每隔七天就会来金湖中沐浴，而召树屯正是在水边遇到了自己命中注定的妻子。而当召树屯将婻婼娜带回勐板加时，当地所有的男女老少都为他们准备"圣水"，并且匍匐在地上为两位新人滴水祝福，小孩子们则嘴里喊着"水、水"。当婻婼娜回乡的时候，同样也是要接受水的洗礼，以示祈愿与祝福。用水来净化一个地方或一个人身上的不洁，这是在一种文化的最为根底处就存在的仪式观念，弗雷泽在其巨著《金枝》当中就有过叙述。

此外，生活在我国西南地区的傣族信仰南传佛教是史诗《召树屯》得以产生与发展的又一非常重要的因素。宗教在傣族民众当中占据着十分重要的地位，甚至可以说，史诗《召树屯》中也显示着宗教痕迹。朱孟震编纂的《西南夷风土记》中就有关于当时傣族信仰佛教的传统："俗尚佛教，寺塔遍村落，且极壮丽……村民凡有疾病祝佛，以僧代之，或一年二年三年，募人为之。"朱孟震是明代人，他进入德宏地区是明朝万历十一年（1583），从其编纂的《西南夷风土记》中可以看出，当时佛教已经在傣族地区广为传播且根深蒂固，"村民凡有疾病祝佛，以僧代之，或一年二年三年，募人为之"。村民有病有灾，均要入寺祈福，即使自己由于身体原因不能前往，也要花钱招募其他人代为入寺，信佛、礼佛现象可见一斑。佛教的广泛传播定会对当地经济、社会、文学产生一种强有力的影响，自然也就会关系到《召树屯》的形成、发展与传播。从《召树屯》的形成与长诗定本的角度来看，其故事是受印度佛本生故事影响。"《召树屯》故事在南亚地区广泛传播的时间、佛本生故事改编浪潮出现的时间与佛教开始传入傣族地区的时间基本一致，都发生在公元 8 世纪左右。这就进一步验证了《召树屯》直接源于印度佛本生故事的可能性。再者，从内容上加以考察，我们也可得出同样的结论。比如，王子召树屯虽然'也按照风俗，领着百姓赕佛'，但同时还'祈求''灭巴拉'（管理雨水的神——笔者注）；并且，在召树屯出生时，'为了孩子的命运，国王请来了摩古拉'（傣族卜卦算命的人）；还有，国王在做了'恶梦'之后，又请摩古拉来释梦，等等。这些都说明，在当时的勐板加佛教才刚刚传入不久，在全民信仰中尚未占据主导地位，而以摩古拉为代表的原始宗教，还占有着相当的信仰领域并发挥着重要作用。"① 南传佛教是什么时候传入傣族族群中的呢？"时间大约在公元 6 世纪至 8 世纪之间，到公元 14 世纪至 15世纪已成为傣族的全民族信仰。"②

当然，随之就会出现另一个问题，就是佛教与当地巫教的斗争与确立。在《召树屯》第九部分"灾难"一章中，主要讲述了充当故事反面人物的傣族巫师摩古拉趁王子召树屯外出带兵之际，要将婻婼娜处死。如何理解《召树屯》中摩古拉这一角色的设置呢？这还要回溯到傣族的宗教信仰方面上来。

傣族全民信仰佛教，佛教信仰烙印在其族群性格之中，史诗《召树屯》根源于印度佛本生故事。《召树屯》是"回流"的结果，即此一最为原始的

① 刘目宾：《傣族叙事诗〈召树屯〉产生、发展的原因及背景》，《民族文学研究》2004 年第 4期，第 80—84 页。

② 胡国华编著：《傣族风俗志》，中央民族大学出版社 1999 年版，第 189 页。

故事形态本源自中国，先由中国传入印度、尼泊尔等国，随后渗入了佛教情节因子而变得具有了佛教特色的孔雀公主故事，随后随着文化、经济的交往又回传入中国境内。① 这类故事在传出传进的过程中也产生了一定数量的异文，主要故事内核不变，故事情节因时因地而呈现不同版本。而这些异文在情节的完整性方面也不尽相同，形成一个情节从简单到复杂、内容从结构单一到结构完整的过程。独具中国特色的天鹅处女型故事在情节、结构方面的发展经历了四个阶段：第一阶段就是体现在人兽（禽）不分，图腾崇拜的原始信仰当中。此一阶段的最早文献当是《搜神记》中的"豫章故郡"条，它是以飞鸟作为自己的图腾信仰来崇拜。第二阶段则表现为故事情节的不断完善，男主人公开始有名有姓，有男主人公藏匿羽衣的典型情节出现。第三阶段故事情节进一步完善，出现了女主人公披衣飞升，男主人公在神仙指引下追逐的情节（参见中国牛郎织女故事）；最后一个阶段当然就是像史诗《召树屯》一般，男女主人公变成了王子、公主的人间圣王，他们集人类一切美好品质于一身（召树屯勇敢善良，婻婼娜美丽聪慧），在他们的爱情故事中往往贯穿着两个国家（部落）的战争与和平、宗教信仰与当地巫教的斗争等情节，形成了一幅色彩斑斓的世俗人情画卷。② 从这里我们可以看出，傣族史诗《召树屯》是属于第四阶段的，即故事情节已经较为完整的形态。通过仔细分析《召树屯》的故事内容不难发现，其中首先蕴含的是原始宗教信仰问题，同时也包含了佛教与当地巫教斗争的痕迹。

　　根据神话仪典学派的理论，无论神话、传说还是故事，都是远古时期先民在进行神圣仪式时的话语或文字，一些仪式与神话、传说一起传承了下来，如现在西南地区还继续保留不断表演的活形态神话、传说等；另一些祭祀仪式则因各种历史原因被所在族群有意无意地忘记，它们不再被操演，但是讲述它们的来龙去脉的文字却长久地流传了下来。在《召树屯》中，勐板加的王子召树屯热烈追求的仙女婻婼娜就是原始鸟图腾崇拜的最好化身，这种最为原始的图腾崇拜不单单在少数民族群中有痕迹，而且在中原地区的汉民族群当中依然存在。除了原始宗教信仰外，《召树屯》的整个故事讲述中还透露

---

① 刘守华、陈建宪：《民间文学教程》，华中师范大学出版社 2002 年版。

② 同上。

出佛教与当地巫教从相遇到斗争的过程，即《召树屯》的发展与完成是原始宗教信仰与佛巫斗争相互结合的产物。小乘佛教传入傣族社会的时间大约是在14—15世纪，当中原地区的大乘佛教势力式微时，南传上座部佛教开始从印度传入我国的傣族地区。"在傣族社会的封建化兴起并不断强化的过程中，传统的村落组织形式仍然被保留着，并没有随着封建制度的确立而解体。这是傣族社会的一个特点。与之相适应，作为农村公社天然信仰形态的原始宗教，也从而得以顽强保留下来，并在南传上座部佛教为人们普遍信仰的同时，也普遍在人们的社会生活中发生着影响。"①

在南传上座部佛教进入傣族地区的起始阶段，当地族群并没有立即投入巨大的热情去信仰，原始信仰（巫教）在当时也具有相当大的势力与信众，因此形成了佛巫共存的局面。傣族有个传说讲的就是关于佛教刚传入傣族地区的时候与原始宗教漫长而激烈斗争之后取得优势的过程。"最初，释迦牟尼派了一个'帕拉西'（和尚）来傣族地区传教，帕拉西向'叭桑木底'（傣族原始宗教首领）请求分给他一点地盘。叭桑木底看了他的模样，不像本地人，就把他轰走。这个帕拉西又苦苦哀求：'我不会给你们带来什么伤害的，你不给我住在平坝里，那就给我住到山林里也行。'左说右说，叭桑木底心软了，就划了一片山林给他居住。后来，帕拉西以这里为基地，不断向周围的人们讲法说经，宣传教义，吸引了不少听众，势力逐渐壮大起来。等他站稳了地盘，有了一定的群众基础之后，释迦牟尼就来到这个地方，他叫各种各样的神都来向他跪拜，宣布他是最高的神，都要听他指挥。这时，只有谷神奶奶高昂着头，拒不跪拜。她说：'我们的祖宗宣布过，我是最重要的谷神，我不能向你下跪。'释迦牟尼一生气，下令把她开除神籍，谷神奶奶就飞走了。这样一来，人们没有谷种，种不成庄稼，没有粮食吃，天下就乱了起来，没有办法，释迦牟尼只好又把谷神奶奶请回来。这个传说说明佛教与傣族的原始宗教之间，是经历过一个激烈的斗争过程的。"② 关于这一点，在《召树屯》第九部分"灾难"一章中我们也可见一斑。其中讲道："灾难就要像火一样燃

---

① 杨学政：《云南宗教史》，云南人民出版社1999年版，第202页。
② 赵云芳：《召树屯里的摩古拉——谈召树屯的巫佛二重性》，《民族艺术研究》2006年第2期，第51—54页。

烧，只因为你家里有了妖气。一棵树结不出两种果子，婻婼娜生得再漂亮，也不能和人住在一起。"国王愕然抬起头，半信半疑地望着摩古拉，他要摩古拉再三推算。摩古拉把头低下，装作诚心诚意。掐着指头算了又算，他皱起眉毛眯起了眼睛，嘴里吐出了骇人的字眼。"只有杀了婻婼娜，用她的血来祭百姓的神。才能消除百姓的灾难，才能叫你重生。"国王想了又想，既然是妖气就要除根。他问摩古拉，她该死在什么时辰。摩古拉烧起香火，庄严地宣布。"她将死在龙日，太阳刚刚上升的时刻。"在这里，摩古拉代表的是当地原本存在的原始宗教信仰，从勐董板来的婻婼娜则代表外来的佛教。当婻婼娜的爱人及保护者王子召树屯外出征战时，"摩古拉再三推算，装作诚心诚意的样子"，其目的是要铲除以婻婼娜为代表的外来宗教势力，以稳固自身的信仰。

南传上座部佛教（小乘佛教）经印度传入我国西南少数民族地区时，其过程并不是一帆风顺、一蹴而就的。就像我们从傣族史诗《召树屯》中看到的，它是经过斗争、反复并且与当地傣族民众所信仰的原始宗教融合、涵化后才取得了自己信仰的合法性地位。这也就是为什么在《召树屯》中，我们既可以看到摩古拉是整个勐板加的国师，凡遇重大事件都要向其卜问，方可做出判断，同时又可以看到，代表佛家信仰的婻婼娜最后得到了勐板加人民的爱戴与祝福（人们高呼"水水水"）。当地民众在信仰佛教的同时，也并没有完全放弃先前的原始宗教信仰。正是佛教在与当地巫教信仰的无数次较量与融合后，形成了区别于其他地区的佛巫并行的宗教文化事项。这些斗争与融合的整个过程，真实地反映在了傣族地区史诗《召树屯》之中。

三　在宗教仪式中传承民间信仰

信仰观念一旦形成，就会成为民众长期的精神寄托，难以移易，不断地在民众的日常生活中发挥着精神引领的作用，渗透在当地民众的传统习俗之中，也会在人们的口传民间文学中保存下来。民间文学是我国古代千百万劳动者口头创作的关于他们生产生活的方方面面的集体表述。它在广大人民群众中广泛流传，集中体现了创造者的审美意识与观念情趣。民间文学是如何产生的？是古人在观察大自然的诸多惊人之处而产生的对宇宙、人生的思考。

如他们看到惊雷闪电、遇到生老病死等一系列令其无所适从又无法解释的现象时，自然就会产生自身对于这些现象的群体性、焦虑性的表达。此种表达首先是对于某种超验之物的敬畏与恐惧，因个体力量的微弱而无法反抗，继而求助于某种具有实体性的事物，如动植物或某种不可见之神秘事物。这种敬畏与恐惧的经验经过不断的累世沉积，在民众中以口耳相传的形式被不断强化，形成民间文学当中很重要的模块，即神话与传说。归根结底，那些表达先民群体性焦虑的神话与传说是依附于这些最为根源性的宗教仪式而得以存留下来，而所有此类表达均以代际叠加的方式传递给子孙后代。文字出现以后，继而书之于史册，人类一切的民间文学的形成基本上会经历这一过程。在众多的民间文学中，最为重要的是关于天地的起源和人类的来源问题。前者表达了自我与他者（天地四合）的关系，即世界观问题；后者则表达了人类个体与自我的关系，即人生观问题。这两个问题都是关乎人类生存的大问题，从某种程度上可以说，解决好了这两个问题，其他问题也就变得迎刃而解。所以对天地起源、人类由来的不断探索就成了所有神话、传说最为集中诉说的中心主题，而这些神话、传说所阐述大的中心议题又都最为集中地维系在宗教仪式之中。

白族民间文学的形成与发展就受当地道教宗教信仰的深刻影响。道教在大理白族地区传播的历史悠久、影响深远，尤其是在明清之交呈现出蔚为大观的势态。当地白族群众在一个较长的历史时期，不断地受到道教思想的浸染，形成了其特有的社会生活和文化心理。道教信仰至迟在唐代已成为当时民众的主要信仰形式，并从其时起就开始融入当地的白族文化之中，对当地族群文化产生了较为深刻的影响。此点可以从《南诏德化碑》碑文及"苍山会盟"的誓词中看出。虽然在劝丰佑执政时期（823年至859年）一度废除了道教的信仰统治地位，但直至明清时期，大理白族地区的道教信仰还呈现出生机勃勃的势头，这与当时的汉民族的大量移民西南有着密切关联。本来就有着道教信仰基础的大理白族，重新吸收、涵化当时传入的道教信仰，使之成为在当地族群之中团结大量信众的主要宗教信仰之一。时至今日我们还可以看出，在大理白族地区，无论是对本主的崇拜与祭祀，还是对宫观寺庙的修缮与建造，道教的符箓、元素及文化因子都深深地烙印在白族文化之中，成为其不可分割的文化整体的一部分。

因为大理白族在日常生活中对道教的信仰与依赖，所以催生出大量相关的白族民间文学，而这些民间文学的产生又反过来巩固与确立了白族道教信仰的正统性与合法性。可以说，两者相辅相成、相得益彰，共同构建了大理白族的日常生活与文化常态。伊利亚德（Mircea Eliade）说过，任何一个宗教的产生都具有神圣与世俗两个方面的向度，信众不会因被信仰物具有的神圣性而否认其暗含的功利性的一面，而这是任何一个宗教得以生存发展与永葆生机的内在需求。[①] 一方面，宗教有使其信众精神得以净化，引领信众朝着超验世界迈进的超功利的神圣性；另一方面，它也有着使大部分信众得以直接归属于它的功利性的世俗性。毕竟大部分信众在尘世生活中会遇到各种各样的困厄与痛苦，他们需要有一个超自然的人格神能够在此一时刻救度自己，这也是宗教可以不断发展并吸引大量信众加入的最直接的手段。如果说南诏大理时期的白族道教信仰更多地停留在精神性的层面，那么，自明代以来大理地区白族的道教信仰更趋世俗化、大众化。这里面除了有道家内在发展逻辑的因素以外，还有时代和历史的因素。如民众在世俗生活中遇到了新的社会情况，它需要解决自身所遇的历史境况，这就需要当时的道教适时地调整自身的信仰结构，以争取更多的信众。白族地区的道教宣传者（主要是道士）在民间传教，他们传教主要是要解决民众现实生活中遇到的苦难，如替民众驱邪禳灾、超度亡灵等仪式活动。久而久之，这种驱邪禳灾的活动就形成了固定的宗教组织，洞经会、圣谕坛等具有浓厚道教色彩的白族民间组织就是在此种情形下形成的。与此种宫观道士在民间的传教相平行，还存在一种受道教清规戒律约束相对较少的"火居道士"，他们可以结婚娶妻，不住宫观，除也为人斋醮、禳灾外，与常人无异。大理白族地区"火居道士"的出现，是结合了当地文化交融的事实基础之上（大理地区儒释道三教互融），呈现出与内地道教不一样的信仰风貌，而这正是大理白族地区道教信仰世俗化的典型特征，这是白族地区对道教文化生境的选择，凸显了白族民众兼容并蓄的宗教信仰的开放心态。

那么，白族道教信仰的世俗性与功利性是如何体现在白族民间文学之中

---

① 伊利亚德：《神圣与凡俗》，华夏出版社 2002 年版。

的呢？可以说是在对道教人物、仙境与方术的描述之中体现出来的。"白族民间文学往往将道教神灵放置在现实生活的背景内，突出其运用法力扶危济困、惩恶扬善的功绩。白族民众将消灾祈福、主持人间正义的希冀融会在这些充满神奇色彩的人物身上，对这些人物的刻画与景仰充溢着浓郁的现实功利意味。不仅如此，白族民间文学中的道教人物还摆脱了宗教人物的漠然与虚静，表现出凡人的心理和感情。白族民间文学往往赋予神仙们疾恶如仇、受恩必报的世俗品格，而对人间爱情的向往与执着也是白族民间文学中仙女形象的突出色调。白族民间文学摹画的仙境同样消去了道教传说中的富丽与玄妙，显出世俗化、平民化的凡间色彩。"①流布在大理白族民众之间的道教民间信仰突出地表现在白族民间文学之中。如在白族民间故事《麻草鞋》中对仙山的描述较为平实，不同于中原汉文献中对仙山的描摹刻画。凡人眼中的仙山仅是"悬崖峭壁，四季积雪"的"很高很高的大山"罢了。在白族民间故事中，有一类主要讲述凡人遇仙的故事类型。在汉文献中这类凡人遇仙故事主要是阐述凡人从世俗之地猛然进入仙境，所遇所见之物皆为凡间所无，而等到回转家中已然物是人非的巨大对比差异，这就是我们常说的空间上的洞天福地与时间上的瞬息万变。而在白族民间同类型故事当中，其宣扬的主要是世俗人生即可达到的生活愿望与价值观念。仙境当中的一切凡人经过修炼都是可以达到的，这一点是区别于流传于其他地区同型故事的主要特质。另外，"仙凡相恋"的故事类型也在白族地区较为流行，同时也较能体现出大理白族地区在融合了其他族群的同型故事的文化因子后，所形成的独具自身辨识色彩的故事类型。在白族大本曲的一些曲目之中，如《董永卖身》《张四姐下凡》等，是在吸收汉民族故事元素后，又穿插了当地的一些民族故事特点，形成了能够表达白族族群的爱恨情仇的故事类型；这一点在《大理石与玉带云》中显得尤为突出。此种仙凡相恋故事类型，其实是借助道教的神仙信仰来表达普通民众对婚姻、爱情的美好憧憬与期待。它们能够盛行于白族地区的根本原因也还是在于民众对世俗生活的渴望与追求，对道教信仰观念的依赖在某种程度上已经成为当地民众改变现实命运的期望手段之一。

由于在南诏大理国时期，大理地区已经深受中原汉文化影响，道教信仰

---

① 刘红：《白族民间文学与民众的道教信仰》，《民族艺术研究》2006 年第 2 期，第 45—50 页。

体系除了具有当地本主（土主）信仰的烙印以外，也融入了中原佛教文化因子，显现出宗教融合、信仰杂糅的文化形态。白族的本主信仰深深植根于白族民众的村落社会生活之中，历千年而不衰，显示出强大的生命力。道教信仰若想争取更多的信徒，就必须考虑如何与当地民众的本主信仰相融合的问题。此二者均在对方的信仰体系中吸收有利于自身的宗教信仰因子；如白族本主信仰主动吸纳了道教信仰体系中的"帝""君"等封号，以及道教较为严密、整齐的法器系统；另外道教的部分神祇还被当地民众尊封为本主，享受民众日常供奉，很多道教神灵也成为本主庙常见的祀神。不仅如此，"白族地区主持本主祭祀的巫师'朵兮波'与道教的道士在现实中也发生了混同，明清时期设置的'道纪司'即将二者视为同类加以管理"。① 由此可以看出，从某种意义上来说，白族民众日常的道教信仰为其指明了精神层面的超验体验，甚至为他们提供了应该如何在日常生活中行动的指南。由此不难看出，道教信仰必定会在白族民间文学中打下深深的烙印，民间文学当中讲述的故事也必定反映了民众日常中的审美情趣。但是，绝不能简单地将白族民间故事看成是其民间道教信仰的忠实记录，此二者的关系是良性的互动关系。一方面，道教民间信仰是其民间文学的源头活水；另一方面，白族民间文学也对民众道教信仰当中的糟粕加以主动过滤，取其精华、为我所用。如在传统的道教信仰中，玉皇大帝与王母娘娘有着绝对的权威，他们是人们赞美、歌颂的对象。但是，在白族民间文学中，《大黑天神》讲述的则是玉帝看到人间一片繁荣、幸福完满，因妒成恨，决定将瘟疫撒向人间，但善良的天神与凡间百姓合谋骗过了玉帝，百姓平稳的生活得以保全。在此则故事中，玉帝成为被揶揄和哄骗的对象，他的神圣性得到了贬低与戏谑，这就与本来的民间道教信仰产生了一定程度的张力，显示了宗教仪式与民间文学二者之间的良性互动关系。

　　白族民间文学中所塑造的形象，不仅揭示了道教信仰在白族民众当中的重要性，而且也凸显了白族民众经过千百年社会生活的选择与文化自身的过滤，以及对道教的信仰态度与收蓄心境。在白族民间文学中，我们可以一窥道教信仰在该地区的流布，同时也能够发现道教信仰变化的基本路径。

---

　　① 　刘红：《白族民间文学与民众的道教信仰》，《民族艺术研究》2006 年第 2 期，第 45—50 页。

第二节 西南边疆民间文学中民间信仰的当代传承

随着社会的不断发展和进步，非物质文化遗产越来越受到人们的关注，近年来也成为学术研究的热点之一，而备受学者青睐。正如上文所述，民间信仰的传承除一部分保存在神话、传说故事中，发挥着它们规训日常民众的伦常生活外，也还有相当一部分保存在当下民众正在演历的活形态现实生活之中，是所在群体创造出来的精神产品，有时则会以物质的形态呈现出来。根据联合国教科文组织《保护非物质文化遗产公约》的定义，非物质文化遗产指的是被各群体、团体（有时则为个人）视为其文化遗产的各种实践、表演、表现形式、知识体系和技能及其有关的工具、实物、工艺品和文化场所。这里所定义的非物质文化遗产主要包括以下几个方面：（1）口头传统和表现形式，包括作为非物质文化遗产媒介的语言；（2）表演艺术；（3）社会实践、仪式、节庆活动；（4）有关自然界和宇宙的知识和实践；（5）传统手工艺。中国在遵从联合国教科文组织公布的保护内容框架下面，也出台了符合自己国情的《中华人民共和国非物质文化遗产法》，对非物质文化遗产给出了定义，即指各族人民世代相传并视其为文化遗产组成部分的各种传统文化表现形式，以及与传统文化表现形式相关的实物和场所。这一定义所包括的六大类内容分别是：（1）传统口头文学以及作为其载体的语言；（2）传统美术、书法、音乐、舞蹈、戏剧、曲艺和杂技；（3）传统技艺、医药和历法；（4）传统礼仪、节庆等民俗；（5）传统体育和游艺；（6）其他非物质文化遗产。无论是联合国教科文组织公布的《公约》或是中国的《非物质文化遗产法》，都将"口头传统和表现形式"列为第一位要保护的对象。"口头传统和表现形式"正是我们所说的民间文学及其附属成分。由此我们可以看出，民间文学在整个非物质文化遗产项目内容中的重要性所在。所以，我们通过探讨民间文学类的非物质文化遗产的保护问题，不仅可以在一定程度上将相关的讨论放置在较为宏大的学术架构之中，同时还可以看出民间信仰是如何体现在非物质文化遗产的保护实践之中的。

一　民间信仰作为非物质文化遗产传承

（一）作为非物质文化遗产的民间信仰

与基督教、伊斯兰教、佛教等制度性宗教信仰不同，民间信仰是以特定族群在一定历史时期内形成的，在人伦日常中所奉行的信仰及其仪式行为。在非物质文化遗产保护中，民间文学类遗产可以算得上保护难度较大的一类。因它的传承是以口耳相传、代际传递的方式。所以，在传播、流布的过程当中往往会发生变异与畸化，而变异与畸化又可以分为两部分。一部分属于正常的变异，这是由民间文学自身的特点决定的。民间文学在漫长的历史时期内形成，它当然会随着不同历史时期内人们娱乐方式的多样化以及审美水平的提高而产生不同的异文，这除了取决于其自身特点外，还受历史条件的制约。另一部分则属于非正常变异的范畴，我们称它为畸化。即民间文学本来是以农民和手工业者为主体的最广大的下层民众，通过耳传心授形成的一整套口头语言艺术，非但本来就与上层社会没有多少关系，而且还具有讽刺、戏谑那些不劳而获的达官贵族的功能。但是，同一类型的民间文学作品在各地、各民族中都会遇到不同程度的被利用，甚至是被歪曲的情况。这就要求我们对民间文学的流布情况有一个清晰的认识，同时也要求我们要分析、鉴别民间文学的真伪。只有如此，我们也才有可能更好地把握民间文学中蕴含的民间信仰问题，也才能够在此基础之上厘清民间信仰是如何作用于民众的日常生活，并在其伦常日用中起到凝聚人心的作用的。

按照丹·本－阿默思（Dan Ben－Amos）[1] 等西方民俗学者的观点，民间文学的讲述一般有一个固定的讲说、念唱氛围或环境，而且有的故事[2]只有在固定的场合（山洞里或森林中）与时间段（谷物收获以后）才能够讲述，讲述的过程中任何人不得打断讲述者；并且在场的听众必须是某一固定社团的某一阶层的成员（如将要进入成年期的青年人）；有的故事只需要仅仅遵从固定的场所或者固定的时间；而另外一些故事则没有这些外在的时间、地点的

---

① Ben－Amos, Dan. "Toward a Definition of Folklore in Context", In *Toward New Perspectives in Folklore*, ed. Américo Paredes and Richard Bauman, 1972, pp. 3–15.

② 这里所说的"故事"是从更宽泛的意义上来讲的，它包含了神话、传说与故事三种类型。

限制。但是，经过千百年口耳相传的传承之后，民间文学的核心因素大致还是保存了下来，即讲述的场域（环围）要素，可将其称为"民俗场"。"民间文学的讲唱活动是在约定俗成的场合进行的。这种场合有的有固定的时间和空间，如庙会、歌会等；有的没有固定的时间和空间，如劳动场合、婚礼、丧礼中的讲唱。我们可以将这种场合称为民俗场。任何活态的民间文学作品都离不开民俗场，传承人的养育也离不开民俗场。"① 事实上，民间文学讲述的所有内容都是在民俗场之内完成的，无论是讲述者本人或是受众群体，都一起构成新的民间文学场域，民间文学正常的传承与发展就在这个由讲述者与受众构成的场域之内完成。民众对民间信仰的领悟与接受也只可能在这样一种场域达成共识，进而形成较为稳定的族群认同意识。这是与民间文学的特性与功能息息相关的，因为民间叙事文学是一种口头的表达文学，它在很大程度上取决于讲述者的语气和缓、肢体形态等具体的表达方式，讲述者与受众是时刻进行沟通的。讲述者不仅要牢记自己讲述的故事，同时还要兼顾受众听到故事的反应，然后作出一定程度的调整，也即不但要做到"信"（指故事在历代传承中的可信度），还要做到"雅"（是否合乎受众的品味）。只有如此，民间文学才能发挥它本就具有的劝谏、教育、凝聚等信仰功能。

从本质上来说，民间信仰是一种特殊的文化现象，它是社会文化最为重要的构成要素之一。非物质文化遗产化是当下民间信仰合理存在的重要载体之一，在民间文学自身发展规律中，非物质文化遗产保护无疑会从客观上促进民间文学健康稳定发展。历代王朝在民族国家的确立过程中，均对民间信仰进行了一定程度的规范，如要求地方政府坚决杜绝管辖区域出现祭拜"淫祠"的现象。这在某种程度上说明了民间信仰并非一个民众自足的信奉的产物，而是其中暗含国家意识形态导向，其发展逐渐变成了一个内在机理受政府制约与管理的结构系统。"民间文学在中国的命运从近代以来就是受政治力量影响的，它在新思想体系下的知识分子和政治力量面前就是被否定的对象。现在的非物质文化遗产保护，蕴藏着一个不同于以往的政治心态。"② 民间文

---

① 郑土有：《民俗场：民间文学类非遗活态保护的核心问题》，《长江大学学报》2017年第5期，第20—24页。

② 高丙中：《民间文学的当代传承与非物质文化遗产保护》，《民间文化论坛》2014年第1期，第21—23页。

学中蕴含的民间信仰规约着民众群体的生活形态与心理结构，同时积极地促进了乡规民约的形成。当下的民间信仰已经与非物质文化遗产保护等问题紧密联结在一起，无法遽然分开。当然，我们要正确看待民间信仰的内在构成机理，不能生搬硬套国外保护模式，应努力开发属于我们本已的问题意识与研究思路。

（二）民俗场域与民间信仰

当下民间文学类非物质文化遗产保护面临的突出问题是"民俗场"的缺失。正如前文所述，民俗场是民众演述族群信仰的特殊场域。因此，民俗场的存在与否决定了民间文学的传承的延续性，并且也决定了民间信仰能否继续承担凝聚族群民众、维系族群内部生活稳定的命运。当下很多民间文学讲述失去了其特定演述场域，变成了没有生机变化的僵死文学，年轻一代对其所呈现出来的故事情节内容没有认可，越来越多的民间文学变成了被束之高阁的文献文学。早在 20 世纪 70 年代，丹·本－阿默思（Dan Ben－Amos）、丽莎·加伯特（Lisa Gabbert）等国外学者就已经掀起了对民间文学及信仰的"文本与语境"的争论。① 单纯的民间文学研究与民众的生活场域脱节，出现架空生活根基的现象。而民间文学及信仰的语境研究则强调民众的日常生活感受，将民间文学的讲述者与受众置入同一个讲述场，他们之间虽然也存在主动与受动等情况，但同时也存在彼此之间的情境互动、信息反馈等双向交流。这样的讲述场其实变成了一个信仰场，讲述人所述故事在受众听来是真实可信的，这种信任经历代传承累积凝聚成他们的信仰，并一代代持续传承下去。所以，从文本到语境的转变是从单向文献文本到双向场域互动信仰层面的转化。

随着西方民间文学研究向度的转换，20 世纪 90 年代初，国内学者也开始关注民间文学及民间信仰从"文本"到"语境"的范式转换，并提出了与西方学者大致相似的研究路径。"国内研究者从不同角度提出了与之契合的理论：钟敬文提出'民间文化'和'三层文化'；段宝林提出'民间文学的立体特征'；刘锡诚提出'整体研究'；高丙中提出'用民间生活研究代替民俗

---

① Gabbert，Lisa，"The Text/Context：Controversy and the Emergence of Behavioral Approaches in Folklore"，*Folklore Forum*，1999（112）：119—28.

文本研究'，成为中国民间文学研究、民俗学研究方向发生转变的一个标志。此后，大家不约而同地试图重新阐释民（民间）的内涵，以文本为工具，认识和理解民（民间）的生活世界的整体。"① 从这里我们可以看出，传统的以民间文学文本的研究开始让位于当下民众生活世界的研究，作为民间文学研究者不仅要认识到文本的价值与作用，而且还更应该关注现实民众日常生活的重要性。此种"眼光向下"的研究模式，是在充分认识到民间信仰的形成是在一个动态的互动过程中发展起来的，所有参与到此场域当中的个体均受到民间信仰的熏习。这种认识无论从学术层面上还是从日常生活层面上，都改变了我们看待事物的方式与态度，对形成民间信仰良性的发展态势有极大的促进作用。

当下社会发展是以一种不可逆的前进姿态进行的，传统的农业生产模式几乎已不可寻，手工业时代的故事讲述传统逐渐被工业化时代快节奏的互联网视频信息所取代，以前传统生活中的民众依靠听觉获得的信息，现在则变成了依靠视觉来获得，这种感官上的转变其实给民众带来看待事物方式的巨大改变。民间文学口头语言艺术变成了视觉上的"连环画"，更多的民众不再相信他们所"听到的"，"眼见为实"成了其真正信奉的法则。农业时代以村社群体为单位的居住格局被现代工业格局打破，越来越多的人涌入城市，住进楼房。虽然原来祖辈遗留下来很小的一部分的民间信仰被带进城市，但它们失去了原真性的信仰圈，变成缺少特定情境场域的杂糅物，因而越来越不被信奉与尊崇。农业社会的村社结构相对简单，其生活生产活动较为固定，没有太多的休闲娱乐可供生产之余消遣。农忙时节劳动，农闲时节讲述历代积累下来的故事、传说已经成其生活的一部分，他们就是在这样的生活节奏中从生到死，从少年直至暮年，民间信仰在不断的讲述中被确认和维系，成为他们的生活指南。

据笔者调查，二十年前大理地区有很多老人会跳"霸王鞭"②，对于他们

---

① 丁晓辉：《"语境"和"非遗"主导下的民间文学研究》，《广西师范学院学报》2014 年第 1 期，第 12—19 页。

② 霸王鞭，是一种流传于民间的歌舞兼具的表演形式，俗称"连厢""花棍"等。以竹竿，两头开缝，穿以铜钱，演出时持杆，以两端随舞碰击身、膝或肘发声，伴歌舞。多流传于滇、皖、鲁、苏北等地区，尤以云南大理地区最为突出。

来说，跳"霸王鞭"不仅仅是一种娱乐表演，同时它伴随着强烈的情感皈依，仪式感浓郁。很多老人（主要为男性）不仅跳得好，而且歌词曲调均能掌握熟练，民众不但将其作为表演节目来观看，在一定程度上也将表演者视为歌舞操演的亲历者，整个"霸王鞭"过程就是一出活脱脱的"历史幻灯片"。因此，民俗场域的存在可以呈现出村落社群生活的整体面貌，自然会使民众产生一种精神归宿感。但是随着社会的发展，近二十年来大批农村青年涌入城市，社会文化重心向城市转移，民众村落生活的结构出现断裂。从客观上来讲，这种农闲时节的生活娱乐方式（指跳"霸王鞭"）已经不能满足青年人的娱乐需求，他们追求更为快节奏、方式更为多样的新兴娱乐；主观上来说，这些青年人并不觉得他们能够担负起传承民间文化的重任，或者说，他们并不是太在意本来内在于他们自身的民间文化濒临失传或消失与否。对于他们来说，留在农村意味着落后、不思进取，而进入城市则更加能够显示出当下年轻人的热情与进取精神。当然，在非物质文化遗产保护的相关政策的大背景之下，大理地区启动了文化遗产传承人保护措施，一些传承人获得了来自政府层面的资金与名誉双重"保护"，通过传媒扩散，很多被授予非遗传承人称号的民间艺人越来越为广大民众所熟识，他们独具特色的技艺也因此被聚焦、认识。这些都使得传统民间文学在一个更为宏大的文化语境中重获生机。从很大程度上来说，非遗保护工程所显现的效果可谓毋庸置疑，大理地区"霸王鞭"传承问题似乎也得到了一定程度的解决。但与此同时我们也应该看到，民间文学以及民间信仰的场域性缺失问题仍然没有从根本上得到解决。政府层面对非物质文化遗产的关注，从有组织地记录、发掘传承人与文化传承事项，到进行有计划、有目的地鉴别、资金扶持确定的整个过程，都是将民间文化场域看作一个巨大的"保护现场"，对其进行分门别类的勘察与保护是必不可少的。但是同时也忽略了场域中的具体化的民众的生活情态，他们的生活世界是有机的，具有偶发性等特点，像对待实验室里的标本一般肯定是行不通的。他们生活场域并不是一个具有形体的表演舞台，而是有着连续性的（虽然有时发生断裂）过程；他们不是非遗保护的"实验场"，而是应将其归位于当地族群的日常生活之中，只有在他们的日常生活中去观察其呈现的歌舞，才能够真正理解由其创造的民间文学的具体内涵以及民间信仰是如何贯穿于生产生活之中的。

二 民间社团的民间信仰传承

民间社团是指特定区域民众自发组织，没有固定的社团章程，社团成员凭借长期形成的精神归属凝聚起来，在某一特定地域以及特定时间举行具有专属性活动的组织。中国的民间社团一般以村社为单位，在重大节日（节期）操演具有仪式感的活动来维系社团内部团结，这种操演有时会影响到整个村社的日常生活，对其建构自身认同起到不可小觑的作用。大理地区较为有影响的民间社团应是洞经会与莲池会。它们在一定历史时期都起到凝聚人心、稳定社会结构的积极作用，直至今天在族群社会生活中仍发挥着积极的影响。

（一）洞经会

"洞经会"是普遍存在于云南各县市的具有道教色彩的民间宗教组织。该组织因谈《文昌大洞仙经》而得名，它们每年都要定期在当地文昌宫、武帝庙或者私家庭院中广设经像，设坛做会。祭祀"元始天尊""太上老君""玉皇大帝""文昌帝君""关圣帝君""九天应元雷声普化天尊"等大批道教神灵，以及少量的佛教和儒教的圣贤菩萨。[①] 但是，大理地区的洞经会又与中原地区不完全相同，中原地区的洞经会主要是为了宣扬皇家治国理念，辅之以经文吟诵与音乐演奏，其主体仍然是以皇家宫廷音乐为主。而大理地区的洞经主要以道教礼仪为其组成部分，洞经会期间，主要演奏道教经文与教义，其主要目的旨在劝人向善，除追求个人精神上的归属感，同时也在于追慕仙人之道、成圣作仙。中华人民共和国成立前，其组织形式一直存在于云南的几十个州市，20 世纪 50 年代后，因其所特有的宗教内容而被禁止。1978 年后，随着国家对民间宗教组织的重新界定，云南很多县市又开始恢复当地洞经会音乐活动。传统的洞经会表演形式有很多严格的规定，如会期演出必须要选择固定的道教节日，焚香祝祷且要在道观中进行，主要的乐器演奏人员

---

① 雷宏安：《云南洞经会初探》，《宗教学研究》1986 年第 6 期，第 88—94 页。

需是男性担任，整个演奏过程神圣、肃穆。当然，随着现代社会文化生活的融入和渗透，现在的洞经会乐器演奏及表演过程表演的性质要大于宗教的规劝效果，但是综观整个洞经会仍然与最初形成时的表演形式相类似，均是以传统的道教音乐来烘托讲经过程，使信徒或参与该会的民众受到宗教的感染与教育。此种将音乐与宗教的规劝手段相结合的音乐形式非常独特，很好地传达了洞经会的寓教于乐的目的，使在场信徒（会友）于不知不觉之中受到其影响。

大理地区的洞经会在演奏地区通常被称为"谈演"，它显示了两层意思：一是宗教信仰方面的劝人向善，即经文宣讲的实质；二是谈演的整个音乐表演过程，它用音乐贯穿整个仪式过程，起到联结经文和烘托气氛的作用，使人在轻松愉悦的氛围当中向心归化。洞经音乐在某种程度上已经远远超出道教音乐的单纯范畴，显示出顽强的自身发展规律，而作为其组织形式的洞经会则较为集中地展示了民间（会友）信仰的整合向度。

大理地区的洞经音乐从传统的道教祭祀音乐逐渐地发展成为具有展演性质的全民均可参与的音乐组织，除了有社会历史发展、选择的原因外，还受其自身内在机制的影响，它成为所在地区民众喜闻乐见并被演述、继承的具有宗教性质的民间社团，就已经证明了其存在的社会与文化方面的合理性。洞经会组织演述的洞经音乐广泛吸收道教、儒教、佛教等文化因子，将诗词歌赋与大理地区民间曲调有机融合，形成了独具特色的洞经音乐文化，充分显示了自身特有的民族性与包容性等特点。洞经会的形成需要五个基本条件，其中除以文昌帝君为主的道教体的确立外，还有两点较为重要：其一是汉族群体大批进入云南、开发云南；其二是元朝之后儒家哲学思想开始真正地被少数族群所接受，少数族群文化与中原汉文化的交融与协作，有效地促进了洞经会组织的成熟以及洞经音乐的快速发展。[①]

洞经会的发展与成熟对当地族群的社会文化生活产生了积极的影响，主要表现为两个方面。首先，洞经会提升和陶冶了所在地民众的音乐情操与道德修养。大理地区自古即为文明的策源地之一，耕读传家、光耀门楣本来就是这一地区普通民众的日常生活指向。洞经会组织提供了一个专门供群落民

----

① 雷宏安：《云南洞经会初探》，《宗教学研究》1986 年第 6 期，第 88—94 页。

众聚首找寻心灵归宿的场所，尤其是很多中老年群众更是将他们的感情寄寓在洞经音乐及其他音乐形式上。"以男性为代表的白族民族性格，都是豁达乐观向上的，他们都崇尚追求人生的最大快乐与幸福。洞经文化作为自我娱乐、自我表现的音乐形式，满足了人们陶冶情操，完善个性，感受优雅音乐韵律的审美作用。在民间，吸收加入洞经社团的人员必须是品行端正，有一定器乐素养，服从团体活动的人，以此为标准维护团体和个人的利益与形象。"①从这里可以看出，洞经会作为一种颇富吸引力的民间社团，它在某种程度上作为一种中老年文化的指引，不断地在社群生活中发挥着作用。其次，洞经会是维系所在社团民众的纽带与桥梁，起到了凝聚人心的作用。洞经会作为一种积极的民间社团组织，在所在地区具有涵化不同族群信仰、约束其日常行为以化成民俗的功能。中国传统的村社生活一般以村落为其组织形式，除了法律法规层面的政府行为外，民间社团（民间组织）起到了很大程度上的调解纠纷、维护团结的作用，这一点在大理地区尤为突出。大理地区的洞经会入会成员多以识文断字的中老年男性为主，他们在固定的会期谈演相关的曲目，在此种有约束规范的民间组织中活动、交流，实际上促进了此一年龄群体（中年及老年）之间的相互理解与信任。他们中大部分均是村落中间有教养的文化之士，在村落生活中有良好的群众基础，他们之间的合作与沟通能够在很大程度上帮助处理民间纠纷与矛盾，这对乡村群落集团意识的巩固起到不可小觑的凝聚作用。

因此，洞经音乐作为一种音乐文化现象，有着悠久的历史与地域特色，它的形成与发展是多元文化混融的结果。其最早来源于宗教祭祀文化的特点，使其在信仰层面得到越来越多信众的青睐。洞经会作为洞经古乐的组织形式，具有较为完整的结构以及极具宗教色彩的劝人向善、使信众皈依的属性，它起到了民众在日常生活中极为重要的精神疏导与维系人心的作用。这些都使我们看到它有着极为顽强的本己生命力，同时也有着极其重要的学术研究价值。

---

① 杨政业：《论大理洞经文化的特点及社会功能》，《民族文化研究》2003 年第 4 期，第 98—101 页。

（二）莲池会

"莲池会"是一种民间宗教社团组织，在大理白族民间多以观音信仰为主，同时也祭拜从观音衍生出来的神灵体系，是一种较为典型的中老年妇女信仰组织。从莲池会成员构成、拜祭主神及蕴含的文化特质来看，它明显是女性主导下的民间信仰组织，具有鲜明的母性文化特征。莲池会与洞经会相比，有两个最大的不同点：其一是所祭主神不同，洞经会在活动期间主要祭祀"元始天尊""太上老君"等男性主神，而莲池会则主要祭祀观音。而这与两个民间信仰组织的构成人员的不同相关联。其二是洞经会的主要参与信众是以男性为主，在有些特殊的会期，是坚决杜绝女性参加的。而莲池会则是以女性为主导，从会场的主持到参与信仰的会员主要以中老年女性为主，尽管有时也会邀请识字的老年男性宣读祭文与祷词。作为这样一种民间女性信仰团体，莲池会有着自身的一些特质与发展规律，分析与探讨其形成与发展的轨迹，对于我们更好地认识民间信仰有着不可忽视的意义。

与洞经会相同的一点是莲池会的入会准则也十分简单，没有什么特别严格的标准。从根本上来讲，加入莲池会完全是一种自愿行为。村落中的每个个体都可以参加，但大多数人是在50岁以后参加。接纳新会友一般是在每年的朝南斗会期举行。临近朝南斗的日子，若有需要入会的中老年人，可以主动告知会长。会长也会询问村落中有没有人愿意入会。入会当日（一般是朝南斗会期的第二天早晨），二三十个老会友集体邀约从会上出发，带上鞭炮到要求入会者家里去迎接。要求入会者也会相约到某家打一些米糕，煮好核桃茶等待他们的到来。要求入会者每人给会上交一些数额不多的钱、米、红糖，有时还会带一些瓜子、糖果之类物品请老会友吃。负责记录的会友把要求入会者的名字记录在长生录上，便是完成了入会程序。新老会友们相聚在一起，热热闹闹，甜甜蜜蜜。① 传统的莲池会活动主要以念诵佛教或道教经典以及各种祭祀观音活动为主，凡遇每月初一、十五即是其诵经的固定时间，莲池会会员都会云集至村落中本主庙或主持会期的"经母"家吃斋念佛。当然，与洞经会一样，随着经济社会文化的发展，当下莲池会的活动形式也

---

① 徐敏：《民间宗教"莲池会"的嬗变》，《广西社会主义学院学报》2011年第3期，第54—56页。

发生了相应的改变。除了传统的念诵佛教经典，现在的白族老年妇女组成的莲池会，也将传统文化与现代文化有机地结合在一起。她们不仅仅在一个固定的地方（如村社本主庙）拜经，而且各个自然村之间的莲池会会定期举行一些联谊活动。例如，大理洱源的莲池会会员也会邀请剑川的莲池会进行交流学习；她们将不同的人群纳入自己的会众圈子，从而搭建起互相交流的平台，这种交流联系可以缓解平时生活中产生的心理压力，起到良好的调节作用。

固定的宗教组织能够使不同阶层、不同年龄段的差异群体凝聚成为一个较为整全的统一体，其最大功效即是促进内部成员之间的团结与互助。但这种宗教组织并不仅仅限定于基督教、佛教等具有完整教义与教规的宗教，它还表现在民间宗教组织之中，莲池会正是具备这样的整合凝聚会众的能力。"在大理白族地区的莲池会同样具有凝聚成员的功能，它不仅表现在本主祭拜、祭祀方面，还表现在平日相互扶助当中。村中居民凡是有重大家庭事务活动时，莲池会成员都会施以援手；遇到自然灾害时，莲池会会集体活动，大家聚集在庙宇里诵经念佛，为全村村民祈求神灵保佑，增强村民共同战胜灾害的信心，有效促进了全村人的集体观念，利于形成团结和谐的村风民俗和扶危济困的道德风尚。"① 中国传统上是以男性为主导的社会，在政治、经济、法律、宗教等具体的社会事务中，男性均占有压倒性的支配力量，在处理村社事务的过程中，权威的位置一般也是保留给男性。大理白族地区当然也存在此种在处理具体村社事务中男性占据主导地位的现象。如洞经会会期举办一些活动时，是杜绝女性加入其中的。但是莲池会组织的存在，给白族妇女提供了一个较为开放、自由的空间，她们在此种空间内拥有绝对的支配权力。从经长的遴选到入会人员资格的认定，都由莲池会内部商量决定，而不需要咨询其他由男性掌控的机构或个人。"民间社团过程中所体现出的男女不同，是白族地区社会性别差异和地域文化紧密结合的产物。尽管白族社会是父权为主导的社会，但是没有影响到妇女结社的主动性，她们积极参与到结社的活动中，不断提出运用自身老年女性的身份来强化村落中的这种认同，

---

① 张娇、陈敏、胡椿：《大理白族民间组织"莲池会"及其社会功用》，《大理大学学报》2016年第1期，第22—26页。

结社强化了社会性别在民间信仰参与人群文化特征上的差异，同时，也为老年妇女结社提供了主体性发挥的社会空间。"①

　　大理白族女性作为莲池会民间社团的组织者与参与者，不断提高自身在具体村落生活中的地位与影响力。她们将老年女性群体团结在一起，此种认同具有强烈的感情色彩。她们通过固定的莲池会期，将自身对生活的态度与责任传达出来，表现出独具女性意识的信仰结构。

---

　　①　木薇：《社会性别视角之下的莲池会村落认同研究》，《民族论坛》2013 年第 11 期，第 71—75 页。

第三章　西南边疆民间文学中民间信仰的特征

第一节　西南边疆民间文学中民间信仰的多元性①

一　民间信仰多元性的表现

（一）信仰内容的丰富性

1. 信仰对象众多

西南边疆地域辐射云南、贵州、四川、西藏、广西等多个省份和地区，在这广袤的地域范围内，生活着多个民族，仅云南省就有 25 个少数民族。自古以来，各民族生于斯长于斯，创造并传承着丰富多彩的民俗文化。由于居住民族众多，生存历史悠久，西南边疆民间信仰异常丰富。民间文学成了西南边疆少数民族表达信仰的常见手段。综合目前所搜集的文献资料和所整理的田野调查资料，西南边疆民间文学中提及和展现的民间信仰对象众多，包括山石等自然物、历史人物神仙、动物图腾等。

西南边疆各民族主要的民间信仰对象在民间文学中均有呈现。例如，彝族主要世居于四川大小凉山地区以及云南省境内和贵州西北部，史诗是彝族民间文学的代表性形式。彝族最原生态的民间信仰常常保留在史诗之中。在彝族史诗世界里，大母神、龙神、日月神、英雄崇拜、火神等原始信仰对象无处不在。泰勒在《原始文化》中指出原始先民最常见的两种信仰是自然崇

---

① 本节的部分内容参考了本课题组成员谭璐的《大理白族本主传说研究》，博士学位论文，华中师范大学，2016 年。

拜观念和万物有灵论。世界各地原始先民在思考万物的创造以及人的生成时不约而同地指向了超自然的神灵。在四川雷波县彝族人中流传的一则神话《天地开辟》中这样讲道：天神恩体谷兹邀约树神、云神、熊神、风神、地仙以及工匠始祖共同商议天地开辟的事，最后众天神群策群力共同开辟了天地，创造了日月。无独有偶，采录自云南楚雄彝族自治州双柏县的史诗《查姆》开篇就讲述了众神之王涅侬果佐颇召集水王、龙王、地王、天王商议，最后众神齐心协力"安排日月星辰，铸就宇宙山川"的情节。场面蔚为壮观，气势惊心动魄。除了举众神之力外，天地开辟和人类初创的伟业也常被赋予一位无所不能的大母神。世界不同民族的大母神形象不尽相同，但有一点是共通的——这位大母神以其神力和努力创造了世间万物。流传于滇南哀牢山下段彝族地区的史诗《阿黑西尼摩》中就有这样的情节。阿黑西尼摩意即"万物之母"。在史诗中，阿黑西尼摩"头似狮子头，身体像座山，大腿黑漆漆，背上长龙鳞，鳞片花斑斑。……嘴皮红彤彤，舌头灰又灰，耳有十四只，眼睛有六双……身重九千九，尾长八十八"。这样一位面目狰狞的大母神腹中孕育着世间万物，她生下并精心喂养万物长大。

此外，在西南彝族丰富的史诗之中还有龙神、火神等很多原始信仰对象的踪影。关于人类的曲折生存史，生活在西南不同地域的彝族都有类似的讲述：由于人类的道德败坏，从最初一代人到现在的人中间经历了旱灾、水灾等三次毁灭性的大灾难。每次灾难后的人种都比前一时期的人种更为先进、完善。在目前采录的多数彝族史诗中，人类先后经历了独眼睛、直眼睛、横眼睛三个时期。《阿细的先基》中经历了蚂蚁瞎子代、蚂蚱直眼睛代、蟋蟀横眼睛代、筷子横眼睛代四个时期。流传于红河哈尼族彝族自治州的彝族史诗《尼苏夺吉》中每一次人种更换时的灭顶之灾都与龙神有关。史诗描述道：惩罚独眼睛这一代人时，"龙神召来四条龙，巨龙卷来四股风；旋风卷着沙石走，参天树木像风筝；巨龙摆大尾巴，排排房子像山崩；巨龙脚乱蹬，雷声震天响；龙眼不停眨，闪光划穹苍；龙嘴张大口，冰雹如石降；龙身在抖动，暴雨织成网。"史诗形象地再现了远古时期彝族先民在生存能力薄弱的境遇下，面对强大的自然力，表现出的敬畏之心。在原始信仰系统中，人们所崇拜的对象既包含有利于人类的自然物以及神灵，也包含给人类带来威胁的自然力及由此幻想出来的神灵形象。前者鼓励人们在艰辛的生存之路上不断前行，后者呈现出先民在不断延续的过程中真实的心路历程。

在西南彝族丰富的史诗之中还有葫芦等自然物以及图腾崇拜的踪影。早在 20 世纪三四十年代，我国西南各民族代表性洪水神话类型兄妹婚洪水神话就已受到闻一多等学者的关注。洪水神话的核心情节大致包含这样几个方面：起因→考验→工具→洪灾→逃难→再生。西南边疆绝大多数民族都有类似的洪水神话。在兄妹选择逃生工具之时，不少民族不约而同地选择葫芦或其他瓜类。史诗《梅葛》中天神派到人间试探人心好坏的武姆勒娃临走之时，给了好心的小弟弟三颗葫芦籽，告诉他们洪水来临时就钻进葫芦里。洪水淹了七十七昼夜，兄妹俩作为最后的人种得以幸存并最终繁衍新一代人类。《阿细的先基》中，兄妹成婚后，小燕子送来一粒瓜种，瓜里面就藏着世间万物。在远古神话史诗中，彝族先民选择葫芦作为人类遭受灭顶之灾时承载孕育生命的载体，这既与葫芦质轻而中空的物质属性有关，也与葫芦多籽，且形似孕妇的生命寓意有关。时至今日，葫芦都是婚庆等民俗场合中最富吉祥寓意的信仰符号。

另外，同一民族的同一信仰对象在不同时期不同地域的信仰变迁也悉数保留于民间文学中得以呈现。这一点在大理白族本主信仰及相关的神话传说中较为典型。

本主信仰是大理白族社会中历史悠久的一种民间信仰。1985 年，大理州文化研究室对白族本主信仰展开了全面普查。普查数据显示全州境内大理市 544 个自然村，有 513 座"本主"庙宇，立有 443 位"本主"；洱源有 450 位，鹤庆有 500 位之多，剑川有 500 位天神，云龙有 364 位。[①] 这组数据表明，到目前为止，本主信仰仍然是大理民间最普遍的信仰形式。

虽都名为本主信仰，但不同地区和村落信奉的本主神对象并不统一。从空间上看，有的一个村落供奉两个本主；有的几个村落供奉一位本主；极少数影响力较大的本主可以跨越多个地区。从时间上看，有的村落最初供奉自然物本主后来供奉人物本主；有的村落最初以龙等神灵作为本主后来以历史人物作为本主；有的村落长期供奉同一位本主。大理白族聚居村落的本主信

---

① 段寿桃：《白族本主文化》，《西南民族学院学报》1995 年第 2 期，第 12—16 页。

仰总体呈现出多元、开放的特性。正因为如此，学者们才尝试对这一庞杂多元的神灵体系进行神灵谱系的划分：如分为自然神崇拜、龙神崇拜、人神偶像崇拜三种发展类型，其下又细分小类；① 又如分为四类：龙王本主谱系、祖先崇拜本主谱系、英雄崇拜本主谱系、国王本主谱系。② 以大理市为例，境内本主神包括自然物本主（石头、太阳、树疙瘩等）、神灵本主和人物本主。其中神灵本主又包括龙神本主、道教神本主、佛教神本主等。人物本主又包括南诏大理国君、将相本主、异族外将本主（唐、明本主、元世祖忽必烈、三国历史人物、唐代文学家等）、普通百姓本主等。本主信仰体系的多元性与其悠久的历史有直接关联。正是经由了漫长的历史过程，各种性质的神灵才得以有可能进入本主神系，最终形成了多神共生的本主神系格局。

　　这种多神共生的本主神系格局在本主神话传说中均有体现。几乎每个白族村落都流传着有关本村本主的神话传说，数量从一两则到数则不等，内容从本主的来历、业绩、禁忌等多个方面展开。本主神话传说也形象地再现了本主神灵更替的信仰变迁史。例如《花姑娘龙》是这样形象地展现某村本主信仰的变迁：该村原本供奉的是一条花姑娘龙，花姑娘龙也尽职尽责地保护好村落风调雨顺，五谷丰登。可后来薛仁贵来到村里，常常仗着自己朝廷的背景欺负花姑娘龙。花姑娘龙一气之下离开了村落，迁居别处。从此以后，村里年年遭受天灾。有一年，村落再次遭受了严重的旱灾，新本主薛仁贵也想不出解决的办法。后来，村民决定把花姑娘龙偷回本村，花姑娘龙回到村子之后，雨水也纷纷降落，新本主薛仁贵诚挚地向花姑娘龙道歉，邀请花姑娘龙与之一起护佑村落。这则传说看似充满了荒诞的文学色彩。但详加分析，这里面包含着村民在新的信仰力量进入村落后如何进行神灵地位再分配的尝试。花姑娘龙被取而代之，于是村里灾祸连连。在村民试图将新的信仰力量凌驾于已有信仰力量之上或想要用新的信仰力量取而代之时，作为信仰主体的村民的惶恐、担忧与不安化作故事中的灾祸体现出来。最后，人们又找到了一条新旧信仰力量并驾齐驱的策略来平衡各类信仰力量，于

　　① 杨政业：《试述白族本主神的三种发展类型》，《云南民族学院学报》1989 年第 3 期，第 58—63 页。

　　② 李缵绪：《白族"本主"文化简论》，《白族学研究》1996 年第 10 期，第 30—33 页。

是体现在故事中，新本主要求旧本主共享香火，共同保境安民。这一安排之于村民既安抚了新旧信仰群体的矛盾冲突，又在整体上强化了村落整体信仰实力。类似信仰变迁的文学性表达在"本主争位"的传说中体现得也颇为明显。

2. 信仰层面的多元性

西南边疆民间文学呈现了民间信仰的多个侧面。诚如绪论中所言，因为形成、发展历史悠久，又受到信仰变更规律及地域文化变迁和外来文化冲击等多方因素的影响，一个民族或一个地区民间信仰的仪式程序及信仰观念等往往呈现出杂糅和层累等特点。如此丰富多元的信仰内容，在时空演进的历程中有的消失，有的强化，有的增补。传承至今的西南各民族民间文学形象地呈现了民间信仰的主体内容：信仰的由来、信仰对象的丰功伟绩、信仰中的禁忌、信仰的变更等都在多个层面上来表现。

由于牵涉范围较广，为集中体现民间文学中民间信仰的主体内容，本部分选取小组成员田野调查的主要观测对象本主信仰与本主传说为例展开分析。如上文所述，本主信仰是大理白族自治州白族民众最主要的民间信仰形式，围绕着这一民间信仰有数量可观的神话传说。早在 20 世纪三四十年代，徐嘉瑞在《大理文化史稿》一书中就采录并记载了大理地区流传较广的本主传说。此后，20 世纪八九十年代，随着"三套集成"田野调查的展开，大量的本主传说进入采录者的眼帘。直至 21 世纪初，大理白族本主传说的文本已相当丰富，基本能够呈现本主传说的整体面貌。这些本主传说，实际上是以"本主"之名来统摄的数目庞大的多位本主的各类传说的总称，具有极强的分散性。本主传说虽然分散，但都受本主信仰的制约，而本主信仰都有相似的功能诉求和信仰内涵，故本主传说在内容上表现出某种共性特征。

以内容划分，本主传说大致可划分为五类：第一类，讲述本主的来历。这一类本主传说主要用于解释供奉该本主的缘由。第二类，讲述本主的功绩。这类传说意在展现本主为村落百姓所作出的贡献。第三类，讲述神际关系。此类传说侧重于呈现本主间的亲属关联以及矛盾斗争等。第四类，讲述本主的逸闻趣事。在这类传说中常暗含着百姓对本主信仰的价值评判。第五类，讲述本主节俗。包括节俗的来源、仪式、禁忌等多方面内容。另外，还有其他本主传说。本主的出生、日常生活等不属于前述类别的本主传说统一归入其他类。

上述依据内容进行的类别划分，各类别之间的界限相对明晰，但也不排除存在同一则本主传说包含几个方面内容的情况。其中，最可能产生交叠的是"本主的来历"和"本主的功绩"这两个类别。毕竟，能被奉为本主者，多因其有功于百姓。考虑到二者讲述功能的差异，此处将其区分为两种不同的类别。我们以近 300 篇本主传说文本为对象，依照上述类别划分方式进行统计分析，结果如图 3 - 1：

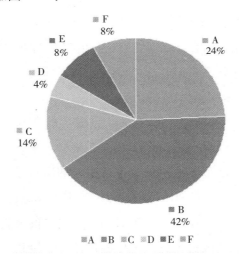

图 3 - 1　本主传说类别比例
（**A.** 本主的来历 **B.** 本主的功绩 **C.** 神际关系 **D.** 本主的逸闻趣事
E. 本主节俗 **F.** 其他本主传说）

从图 3 - 1 可知，本主传说最核心的内容在于讲述本主的功绩，此类传说约占传说整体的 42%。比如，大理市银桥镇磻曲村就流传着本主体恤民生疾苦，夜晚装扮成农夫，牵着本主庙里的青牛帮百姓犁地的传说。[①] 在以农业为主要生产方式的大理坝子，这样的本主又有谁不认同，不敬仰呢！"本主功绩"是本主传说的核心主题，这类传说有一个基本的情节模式：某村落即将

---

① 大理市文化局编：《白族本主神话》，中国民间文艺出版社 1988 年版，第 232—233 页。

或正在遭遇某种灾害（洪水、旱灾、蟒蛇、瘟疫、妖怪等），本主凭借过人的胆识和能力解除了村落百姓即将或正在面临的生存困境。这类传说的内在逻辑就是：遭遇困境（村落生活的常态被打破）——本主介入——解除困境（村落重新恢复常态）。

我们不禁要问，为何在众多本主传说中，有关本主功绩的传说几乎占据了传说总数的一半？原因就在于这类传说是本主信仰最有效的宣传资源。此类传说最契合本主"村落保护神"的神职身份，对本主显赫功勋的讲述对内强化了信众群体对本主的信心，对外提升了本主的影响力，此类本主传说讲述和流传的核心功能在于在不断重复的讲述过程中有效强化了信众群体对本主的集体认同感。面对较为现实的信众群体，对本主功绩的讲述和宣扬无疑是本主信仰最着力渲染的内容。从课题组成员的田野调查实际来看也是如此，但凡供奉有本主的村落几乎都有相应的本主传说，即便是本主传说资源非常有限的村落，一般有讲述本主功绩的内容。

本主的来历是本主传说的又一大类别，占整体的24%。这类传说具有知识启蒙的功能指向。通过对本主由来的溯源性解释，维护了本主信仰的合法性和合理性。比如，大理市七里桥镇葭蓬村供奉的本主是一头大黄牛。在以人物本主占绝大多数的本主信仰体系中，以牛为本主难免让人不解。《黄牛本主》传说告诉了我们个中缘由。洪水来势汹涌，袭击葭蓬村。眼看着村毁人亡的悲剧即将发生，一头大黄牛跑入水中横卧河口，堵住了洪水，迫使洪水改道，葭蓬村幸免于难。为表感激，百姓供奉大黄牛为本主。通过这则传说的解释，供奉黄牛为本主的行为具有了合理性，有效地捍卫了黄牛本主的存在价值。更何况，在百姓日常的农业生产中，牛是最重要的畜力。

本主神际关系传说紧随其后，成为本主传说中数量较多的一类。此类传说通过对本主之间的神、神关系的展示，一方面折射出相应村落的现实关系，另一方面也体现了本主神系内部信仰资源的争夺和再分配。洱源县西湖本主匡圣皇帝三弟兄，共同执掌西湖水系，彼此间因用水冲突产生了矛盾，互不相让，最终导致西湖常年得不到治理。最后，在白姑妈的调解下，三兄弟和睦如初，西湖地区开始兴旺。传说中本主三兄弟之间因水而产生的冲突，实际上反映了处于不同地势的村落之间因农业灌溉用水之需而发生的矛盾。本主关系的调和其实是村落基于共同利益而彼此让步的结果，也是同一神圣空间多位本主神圣权力再分配的形象化展示。①

　　本主节俗传说依托节日语境而生成。大理白族各村落有村落的本主节。几个村落供奉同一本主的还常有相应的本主"巡境"仪式或接送本主仪式。除此以外，在大型的民俗节日中，特别是信仰气息浓郁的节俗中，也常出现本主的身影。这类与本主有关的节俗成为本主节俗传说主要的生发地和传讲场所。传说常用于解释相关节俗或仪式的来源。比如，大理海东大建旁村的接本主仪式。大理海东大建旁村的本主是红山本主的儿子，每年正月初四，大建旁村都要接红山本主来村里过年。当载有红山本主的本主车经过无头丫口时，人们要迅速用一块红布蒙住红山本主的眼睛，仪式队伍也要快速通过无头丫口。对于仪式中的这一环节，传说是这样解释的：红山本主在世时是一位勇猛的军将，一次与东海魔王交战之时，被对方用毒箭射伤左眼，毒发身亡。所以，为防悲剧重演，仪式队伍在经过当年战场无头丫口时需蒙住本主双眼，并快速通过战场。②

　　逸闻趣事传说数量不多，但构成了本主传说中一道独特的风景。逸闻趣事传说常常用世俗化的风格展现本主世界的爱恨情仇以及百姓对本主世界的另类观待。双胞胎兄弟战死沙场被奉为本主，恋人因思念伤心而死也被奉为圣母娘娘本主。兄弟本主为与圣母娘娘幽会心生芥蒂，最终不得不由中央本主段宗牓出面化解。③ 让本主间的情感世界赋予了本主神界以生活化的元素，有效地拉近了人、神之间的距离。流传于云龙县的一则本主传说讲道，云雾山的坝头山上供奉着当地四村八寨的本主。村民有了疾病，都需杀牛祭祀本主才能平安。村民阿奔妻子临产之际身患疾病，神汉要求杀牛祭祀。舍不得宰杀耕牛的阿奔想出了个好主意。他把牛牵进本主庙，拴在本主老爷手上，以找不到帮手为由希望本主自己宰杀祭品。被拴之牛见到凶神恶煞的本主神像，惊慌之中撒腿就跑，拖着本主神像跑回阿奔家。木雕的本主神像经此一番折腾，早已变为一堆柴疙瘩。本主不杀牛的消息传遍村寨，从此村寨百姓

---

① 杨义龙主编：《中国民间故事全书·云南洱源卷》，知识产权出版社 2005 年版，第 66—67 页。

② 同上书，第 119—120 页。

③ 施珍华、何显耀主编：《中国民间故事全书·云南大理卷》，知识产权出版社 2005 年版，第181—183 页。

再也不用杀牛祭本主了。① 作为神灵世界的缔造者，人在对神灵顶礼膜拜的同时，也会反观自己的创造物。这则传说体现了百姓对本主信仰的理性思考。

传统宗教以规范的仪式、丰富的教义而拥有数量可观的稳定的信众群体；与之相比，民间信仰则显得松散化，随意性比较强，因而信众群体对信仰对象常抱有将信将疑的态度。与传统宗教相比，民间信仰的优势在哪里？民间信仰往往能在神圣与世俗中找到一个极好的平衡点。让信众有一个相对轻松自在的信仰氛围。体现在本主传说中，逸闻趣事类本主传说十分亲民，它允许民众对信仰对象做出不甚崇高的评价，甚至允许部分负面评价的出现。此举不仅没有影响到本主信仰的传承，而且有效地拉近了人与神的距离，体现了民间信仰亲民性的特色。

（二）存在方式的共融性

1. 民间文学与民间信仰的交融共生

民间文学是民间信仰的解释系统和表现手段。与人为宗教相比，民间信仰相对松散。多数情况下，它没有完整而规范的仪式；欠缺固定的信仰领袖和稳定的核心教义；传承主体的信仰纯度和深度难以与人为宗教的信徒相比；传承者对民间信仰的接受带有很强的传习性和自由性；更多时候民间信仰以自为的方式存在。从这个意义上说，民间信仰规模较小、观念模糊。而这时，民间文学则会自觉不自觉地充当民间信仰的解说员和表达者。

笔者在参与大理古城北马久邑与上阳溪两个村落接送本主的仪式时，曾询问村民接本主的由来，村民饶有兴致地给我讲述了这样一则传说《张玉麟求雨》。②

马久邑呢，年年干旱，秧都栽不下去，这个本主（指马久邑本主）呢去问，海东有个本主。"海东本主？""哦——""我们没办法了，怎么办？老百姓遭殃，秧都栽不下去，不下雨，年年干旱。"民不聊生，可以说。是吧？没办

---

① 李勇主编：《中国民间故事全书·云南云龙卷》，知识产权出版社 2005 年版，第 63—64 页。
② 采访对象：上阳溪上届公益会杨会长。采访时间：2014 年农历六月六日（7 月 2 日）上午。采访地点：凤上中本主庙门口。

法。那个（指海东本主）就介绍给他，说：到上阳溪有个庙，有72台阶。那个时候，长条石打呢，从底下一台一台打上来呢。最后72（大理汉语方言中"级"的意思）上完了，那个地方呢有两个人在那儿下棋，现在棋盘都有呢嘛，"文化大革命"破坏了，现在重修了那个棋盘。脸朝南这个人就是上阳溪本主。你就是跪下来求他，我们大理这一片呢，上得天只有他一个，求得雨只有他一个。马久邑本主，72呀，他（指张玉麟）走一步就跪一跪。阿么，相当心诚了！最后他（指段宗膀）问他（马久邑本主），谁教给你的？他一说就是海东那个本主。他（指段宗膀）一气之下，跑过去甩给他（东海本主）两巴掌。那个本主现在还黑呢嘛。打黑了。（边讲边做打的动作）有这么一个呢，有时间去看看，海东有个本主，一巴掌把他打黑了，"哼！哼！你说，为什么把我介绍给他？"最后没有办法，这个本主呢心诚。千求万求，最后我们本主考虑到老百姓疾苦，最后答应他可以帮他求雨。

传说的内容至少传递出这样三重意思：其一，马久邑人为何要接上阳溪的本主？因为受过上阳溪本主的恩泽。其二，马久邑本主为民生尽心尽力值得称颂。其三，上阳溪本主神力巨大，形象威严。虽然在调查的过程中还出现了差异性较小的其他传说，但这则《张玉麟求雨》在信众群体中流传面较广，认可度较高。它不仅解释了信仰活动的来源，使得信仰的传习者在年复一年重复这一仪式的时候有了合理性的依据，而且通过塑造两位涉事本主的美德、威严，有效地强化了村民对村落本主的信心和认可度。

无独有偶，藏族史诗《格萨尔王传》也充分展现了作为文化主体的藏民对自身信仰的理解及情感，成为藏民族"格萨尔"信仰不可或缺的重要组成。

《格萨尔王传》是世界上篇幅最长的英雄史诗，以格萨尔王为重心，以格萨尔王的一生为主线，通过讲述格萨尔王神奇降生、艰辛成长、征战诸国、重返天国的生命历程，展现了藏民族文化的方方面面，被誉为藏民族文化的根谱，藏族文化的百科全书。史诗开头讲述了格萨尔尊贵的身份、神圣的使命和吉祥的出生。观音菩萨看见人间妖魔横行，百姓苦不堪言。于是白梵王委派小儿子前往人间解救百姓之苦。白梵王的小儿子就是降生人间的格萨尔。

格萨尔降生人间时，仙乐飘飘，降生之地出现了许多祥瑞之兆。紧接着，史诗讲述了格萨尔坎坷的幼年童年生活。一次赛马会，格萨尔凭借自身实力夺得头魁，初显英雄本色。自此，开始了格萨尔王降妖除魔的人间使命，格萨尔王战神的形象也在一次次征战中逐步丰满完善。当扫平妖魔后，结束使命的格萨尔王再次回到天国。

熟悉了解藏民族文化的人都能感受到，史诗中的格萨尔王形象与藏族百姓对格萨尔的信仰定位与信仰情感极为吻合。西南边疆涉及的藏族主要集中在四川省和云南省的迪庆自治州。藏族历史上最主要的信仰是苯教以及佛教。前者是青藏高原的民间信仰，后者是源于印度结合藏族特有文化而成的。无论是原始信仰苯教还是藏民族的主体信仰佛教，格萨尔都是藏民族信仰领域的重要角色。

信仰佛教的藏民们普遍认为国王除了具有尊贵的世间身份以外，他们往往是佛菩萨的化身，他们的出现和行为是佛菩萨慈悲护佑众生的体现。例如，在藏民心目中，历史上著名的君王赤松德赞是文殊菩萨的化身，松赞干布是观音菩萨的化身，就连文成公主也是度母的化身。史诗中对格萨尔王的降生之因交代得十分清楚，他是观音菩萨派到人间平妖降魔的化身。这一在外人看来虚幻的文学情节，恰恰符合藏民族对国王这一形象的普遍认知，更符合百姓对佛教教义的认可和维护。具体来说，在藏传佛教中，格萨尔王是藏地佛教最主要的护法神之一。在藏民族一代代的信仰传习中，人们早已习惯在日常生活及解脱生死的大事上遇到障碍和违缘的时候，求助于格萨尔护法神的庇护和援助。因为有了格萨尔王的护佑，藏民族在艰苦卓绝的自然环境下活得更加安稳和坦然。格萨尔王出现在唐卡上最常见的形象是——身披战袍，骑乘战马，威风凛凛。对照史诗我们会发现，史诗中的格萨尔王是国王也是威猛的战将，他的功勋、威名是在一次次挫败敌国的战役中树立的。他的名字让敌人闻风丧胆，常年伴随他的赤兔马也在关键时刻显示种种神通神变。史诗中格萨尔王的英雄形象与现实生活中藏民供奉格萨尔为护法，习惯在格萨尔处寻求庇护的信仰心理非常契合。以下表 3 - 1 展示更为直接：

表 3 - 1　　　　　　　　　　　　　民间文学与民间信仰关系

形式	形象	行为	情感	功能
文学	国王（战争英雄）	神变、神通	爱戴	改良人间妖魔横行，百姓遭殃的状况
信仰	护法	神变、神通	敬仰	遣除百姓日常生活和修法过程中的违缘

表 3 - 1 从形式、形象、行为、情感以及功能等多个角度直观地显现了史诗与信仰之间的关系。二者在诸多方面的相似性乃至对等性毋庸置疑。史诗就像信仰的解说词，它以更为形象的方式帮助信仰主体接纳、认可信仰对象，并协助培养信仰主体对信仰对象的神圣情感，夯实信仰主体对信仰功能的信心。史诗以演唱艺人传送，藏族百姓接纳的互动方式，反复强化信仰，完成它辅助、承载信仰内核的功能和职责。

民间信仰是部分民间文学存在与传承的核心内驱力。民俗学者认为影响一个民俗事项能否持续存在的因素是多方面的，信仰是其中相对隐蔽但影响力较大的因素。信仰主要属于精神层面，因而对民俗事项发展的干预不易察觉。但回顾民俗史，但凡信仰所占比例较多，信仰内核较稳定的民俗抗击外在干扰的生存能力较强。例如，巍山、南涧、漾濞各地的彝族有祭献生育神"体巴公主"的习俗。结婚之时，舅家就会做一个用稻草扎成的"体巴公主"放在竹筛里，随女儿出嫁带到夫家，挂在新房床头的横梁上，保佑新婚夫妇能早生贵子。每当妇女怀孕之时，女方娘家就会有一次隆重的祭"体巴公主"的活动，祈求孕妇母子平安。到孕妇本人的生日，就会请阿毕（毕摩）在孕妇房内诵念《体巴经》，其中就讲到在洪水滔天之时，人类始祖"密枯"爬到苍山顶上的栎树上得以幸存，洪水退去以后，下来到漾濞江流域与龙女婚配得十子十女繁衍生息。在当地彝语中，漾濞江被称为"体巴厄"，其中"体巴"就是生殖儿女的地方，"厄"就是水的意思，漾濞江在彝语中的本义为生殖之水。这一地区的彝族视漾濞江为母亲生儿育女的圣水。这种把生殖崇拜与当地的自然江河联系在一起，表现在生育习俗中，体现了这一带彝族对其源流的认识。生儿育女是人类最重要的活动，由于有相关的传说故事，又得以联系到自然界中的江河水，因此，这一地区的彝族对生育女神"体巴公主"的信仰经久不衰，至今仍然是广大彝族群众永久的必不可少的祭祀活动。

作为民俗重要组成部分的民间文学其存在与传承同样受到信仰因素的较大影响。民间信仰对民间文学的影响是分对象和层次的。其中受民间信仰影响力最大的是由民间信仰衍生出来的民间文学。我们姑且把这类民间文学称为信仰类民间文学。比如彝族的毕摩经文及其配套仪式的仪式歌。这类民间文学的特点在于由于明显受信仰理念以及仪轨形式的制约，在流传过程中变异性不强，更改性不大并呈现出固定性的形式特色和神秘性的气质特征。在此类民间文学中，一旦相依附的民间信仰消亡，这类专门性的信仰类民间文学有两条路可走。其一，随着民间信仰的消亡而无人传讲，进而不复存在。其二，改头换面，去掉信仰指涉明显、仪式感浓郁的情节，被非信仰类民间文学所涵化或被新的民间信仰解释系统所借鉴，易主生存。无论是前者还是后者，民间信仰对信仰类民间文学生存的影响力无疑是巨大的，甚至成为此类民间文学传承与发展的核心内驱力。这类民间文学常以神话、史诗以及民间长诗的形式出现。

例如，彝族罗武人，现在大部分生活在云南省武定县和禄劝县，讲彝语东部方言。罗武人的先民在唐宋南诏大理国期间就以"罗武部"著称，是当时滇东三十七部之一。在唐宋时期或是元明时代有一部分罗武人迁移到滇西地区，现在聚居在大理州云龙县团结彝族乡一带。武定县和禄劝县的彝族罗武人有大量的彝文典籍，是全国彝文典籍较多的地区之一，也有很多彝族毕摩至今还传承彝文和毕摩经。但是滇西地区的彝族罗武人中已经没有懂彝文的毕摩了，也没有毕摩经，武定和禄劝一带的彝族毕摩信仰和仪式在滇西大理一带彝族罗武人中就不明显了，相反他们受当地白族和彝族腊罗人的影响较大，风俗上更接近。这就是一个民间文学随其所依附的民间信仰消亡而消亡的实例。同样是流传在大理地区的《火烧松明楼》是一个民间信仰易主生存的例子。大理地区白族和大部分彝族都是以农历六月二十五为火把节的重要活动之日。火把节属农时性节日，一般源于盛夏夜间用火把到田间驱虫除蚊。火把节晚上点上火把会在房前屋后走动，意为驱赶邪神恶鬼，保佑家里清洁平安。唐初大理地区"六诏"统一于"蒙舍诏"时，为了树立"蒙舍诏"祖先神的权威性，把其他"五诏"的祖先牌位在火把节期间烧毁。《南诏野史》载皮罗阁统一六诏后，"建松明大楼，祀祖于上"。这个故事版本在明代又改头换面成为"皮罗阁在火把节期间邀请其他五诏诏主到蒙舍诏的松明楼赴宴，一把火把其他五诏诏主烧死而统一六诏"。从《唐书》《南诏野史》等来看，在唐宋时代根本没有火烧松明楼之说。相反与中原地区的民间传说明太祖"火烧庆功楼"有几分相似，只不过其中的主角不是明太祖而是云南王皮罗阁。民间传说随社会政治环境易主生存，《火烧松明楼》就在大理地区流行起来。

受民间信仰影响相对较小的是另一类民间文学。传承民间信仰并不是这类民间文学存在的主要功能，但其中也关涉部分民间信仰的内容。因目的指向的灵活性，信仰者可以借此传递信仰，而普通人也能从中找到大众化的情节或审美情趣。由于具有较强的兼容性，此类民间文学在讲述风格上更生活化，更具随意性。一旦相关联的民间信仰消失，这类民间文学很容易抽身出来借助情节、母题的删减以及重新排列组合改头换面，或借助非信仰团体的传承者得以幸存，其讲述风格也更生活化。反之，一旦这类民间文学中存在的民间信仰被彼时的人们所信奉或发展势头强劲，这类民间文学中关涉民间信仰的内容会得到强化，整体美学气质又会向神圣性靠拢，甚至有可能变为信仰类民间文学。这类民间文学中民间信仰与民间文学的关联性比较容易拆散，二者的独立性大于彼此的依附性。在此类民间文学中，民间信仰部分地参与民间文学的生成、流传。此间的民间信仰力量是个变量，它时而强大时而弱小。在此类民间文学中，占主导地位的是民间文学而非民间信仰。民间信仰与民间文学的关系不是一荣俱荣、一损俱损，而是时而共赢、时而互斥。这类民间文学多以传说、故事等形式出现。例如，大理白族关于大黑天神传说，洪水神话中有考验人心、端午挂艾、背大抱小等情节，但在接金姑的传说中只保留了考验情节，两则神话都保留了吞瘟的情节。为信仰阐释需要，民间文学会增减情节、母题。

信仰类民间文学和非信仰类民间文学的特点、趋势、形式和风格上都有所不同，具有强烈的对比性，具体下表3-2。

表 3 - 2   信仰类民间文学和非信仰类民间文学比较

分类	特点	趋势	形式	风格
信仰类民间文学	信仰与文学的关联性强烈,信仰占据绝对支配力:信仰的存废决定文学的兴衰	同呼吸,共存亡	神话、史诗以及部分仪式歌谣等	神圣性相对固定性
非信仰类民间文学	二者的独立性大于依附性。信仰的影响力是个变量,文学的适应性和调适能力强	共赢与互斥	传说、故事	生活化相对随意性

2. 民间文学与民间信仰传承语境的多元互补

生活语境与节日语境能够互补。除了神圣的、仪式性的民间文学之外,民间文学最主要的传承语境是日常生活。比如,传统民间故事的讲述常常是在晚上,农闲季节,漫长的冬季,等等。与之相反,民间信仰的传承语境多与特殊的时空相关联,比如村落或族群乃至大的区域性的节俗活动过程中,再比如个体家庭的丧葬等重大事件,等等。这一点与传承者生活世界的区隔有关。百姓生活世界从基调上来说大略可分为世俗和神圣两个方面。多数民间文学依托世俗生活而传播,而民间信仰主要出现在神圣世界里。当然,二者的传承语境并非截然分离,而是有重叠和互补。特别是以民间信仰为主要讲述内容的民间文学与民间信仰在传承语境上比较一致。比如,大理白族"绕三灵"的传说,在每年农历四月二十三至二十五苍山洱海一带数百个村庄的白族民众举行"绕三灵"活动时广泛流传。白族接金姑的传说,也是每年在农历二月初八后几天"接金姑"活动时讲述频率最高。这一特殊时段,参与节俗的百姓核心生活事件和关注的焦点就是朝圣,因而与之配套的民间传说作为信仰解释系统也以数倍于常日的频率得到传讲。

个体家庭与村落、族群共同体也能够互补。对于个体家庭而言,绝大多数时光被柴米油盐等日常生计占据。但在个体家庭成员最主要的人生节点上,在整个家庭的大事件上是少不了信仰的参与的。比如,家庭成员重要的人生仪礼,包括小孩百日、婚嫁、丧葬、建房上梁等。见证仪式等的空间多数在祠堂或在家中供奉祖先牌位的地方等。对于村落共同体或同一族群而言，能够把群体集中一处的多数是信仰对象的寿诞以及与信仰对象有关的节俗活动。信仰活动展开的地点多集中在公共信仰空间，比如村庙、城隍庙、文昌阁等。以大理古城以北村落的一位白族老太为例。老人家贯穿一生的信仰是本主信仰，每年周期性地参与信仰活动，一年中群体性的信仰活动集中在上半年，个体家庭的信仰活动依实际情况而贯穿全年。信仰活动主要包括：年节时对诸神灵的供奉（主要包含祖先和本主）；二月份接金姑；三月三保和寺送太子；清明节扫墓祭祖；城隍庙会；四月底绕三灵；观音堂观音圣诞；财神殿庙会；本主诞；家人生病、建房、平安等祭祀本主；升学等文昌阁祭祀等。老人家对民间文学的讲述，表现在日常中会给孙子讲述一些传统白族故事，也包含村落本主的来历及功勋等；在公共性的信仰场所和活动中，特别是身份地位特殊的经母等给信仰团体和村民讲述与信仰对象及信仰习俗有关的口头叙事（老人家信仰活动清单列表见本节附录一）。

（三）表现形式的多样性

1. 表现形式的变化

西南边疆民间文学中有多种体裁参与对民间信仰的呈现，主要包括神话、史诗、传说、故事、歌谣等。在这些体裁中，神话、史诗的神圣性最强，表现民间信仰也最原始、真切。藏族史诗《格萨尔王传》主要以口耳相传方式传承，过去能唱出格萨尔王的歌手很多是目不识丁的牧人。史诗体现了格萨尔为人民的安定生活而战争，维护百姓的利益，抗击外来侵略者，保卫自己的家乡，增加财富，过上富裕生活的主题思想，经过一系列惊心动魄的斗争并取得胜利来表现这一主题，塑造了格萨尔高大理想的英雄形象，在传唱的人中具有神圣性，一直得以广泛流行。

而传说最是一种灵活性和现实性相对较强的体裁，成为当下传承主体表达、传递民间信仰的常见叙事体裁。与神话、史诗相比，它与仪式的关联性较小，传递信仰时比较隐蔽，形式简单灵活，甚至以对话的方式呈现。传说的气质是介于神圣与世俗之间的，其功能具有强化族群和历史认同的功能，因而多数情况下，传说在传递民间信仰时不会丢失信仰的内核。

同一信仰者在不同的时间、空间表现出对被信仰对象的不同定位。比如，在将军洞大殿面对李宓本主神像，有所祈求和正当祭祀之时，百姓头脑中更多浮现的是有关李宓本主的灵异事件，以呼应心中对李宓神力护佑的渴望，以及对神灵不敢造次的恭敬、畏惧。但祭祀完毕，出了大殿，人们在庙外，或偏厨聊天或准备饭食之时，则可以轻松谈论关于李宓的历史和传说。

　　大理白族有关于李宓的传说群，既有对历史事件的回应，又有对灵异功能的展示，同时不忘讲述李宓的家长里短。不同群体在讲述有关李宓的民间叙事时不自觉地体现出某种选择性。本主直接管辖和关联性最紧密的附近村落和鸳浦街一带的百姓表现出更浓郁的讲述热情和讲述职责，更愿意将李宓塑造为一个既神圣又亲和的神灵形象。而大理市商业区下关一带慕名而来求财的本地、外地商人更关心李宓兴财的功能，对于有关李宓的民间叙事表现出被动和漠视的一面。他们与那些打算在此待上一天的莲池会、洞经会的老人家悠闲的心态不同，他们神情庄重，内心虔诚，行色匆匆。李宓传说群中所传递出来的氛围鬼气、仙气、人气混杂。这与李宓信仰背后多元的驱动力量不无关联。这种因历史和群体累加起来的多元力量让李宓将军承载的功能越来越全面，让传说群表现的内容越来越多元。

　　与讲述者在讲述神话、史诗中表现出的高度的信仰自觉，甚至在传说中体现得较为明确的信仰意识不同，民间故事中的信仰体现更为隐蔽。毕竟，在所有散文体的民间叙事中故事的娱乐性最强，模式化最强。通常，故事的讲述者对故事中夹杂的信仰是无意识的，民间故事中信仰的捕捉更多基于学者的理性分析。大理地区的龙故事非常多，以至于20世纪80年代，人们在对龙故事进行搜集整理时，出了有关龙故事的专门故事集。龙故事的类型涉及龙女故事、龙斗故事、降龙故事等多个类型。在《中国民间故事丛书云南大理卷》中关于龙的传说，就多达三十多个，包括不同种类的龙《小黄龙》《念乡龙》《火龙》等，有变化的龙《千黄鳝变真龙》《吞珠变蛟》等，有关于龙与物之间的关系《大红龙和红宝珠》《二龙戏珠》《小白龙和奶金山》等，有龙的身体部件《龙肝》《龙牌》等，有人性化的《龙母》《龙公主阿妹》《阿义和龙王三太子》《幺龙王》，有与自然物联系在一起的龙《小龙井》《红圭龙潭》《青龙潭》《银龙泉》《龙女花》等，还有情义或是爱恨情仇在人世做事的《洱海龙王请客》《百龙会》《龙凤配》《小黄龙戒赌》《金龙报仇》

《金鸡斗恶龙》《二猎神怒斩母猪龙》《错救金角龙》《白龙掌印》《龙王上门》等，可谓类型多样，功能齐全，借龙来表达白族人对世界和人生的看法。龙故事的广泛流传离不开大理地区悠久的龙信仰。龙信仰也成了人们热爱讲述、传承龙故事的信仰根基。

2. 存在方式的主体性与附带性

依据信仰所占比重不同，与信仰直接或间接相关的民间文学大致可以分为两类。一类是专门以民间信仰为表现主体的民间文学，另一类是附带传递民间信仰的民间文学。民间信仰最主要的传承体裁是史诗、神话和传说，最古老的传承体裁是史诗、神话，适应性最强的传承体裁是传说，信仰痕迹最明显的是史诗、神话，传说介于中间，故事的信仰痕迹最轻微。

民间文学是民间集体意识的反映，存在于民间的文化活动中，民间信仰决定民间文化的存在方式。民间信仰是民间文学形成的基础，民间信仰的演变直接影响民间文学的发展变化。因为民间信仰存在多样性，人们对各种鬼神、天体、土地、动植物的崇拜或信仰在民间文学传承中不自觉地表现出来。很多民间文学是在民间信仰的基础上加以创作的。以民间信仰为表现主体的民间文学具有相对的稳定性。例如西南地区讲彝语支语言的各民族如彝族、傈僳族、拉祜族、哈尼族等流行虎崇拜的民间信仰。早在唐代南诏国时期讲彝语支语言的各民族的先民就崇拜虎。《新唐书》卷二百二十二上《南诏传》记载，唐德宗贞元十年（794）册封异牟寻为南诏王，史称异牟寻"披金甲，蒙虎皮"出迎唐王朝使节。[1] 南诏国的前五代王除了以父子连名的特征外，各个王的名字里都有一个"罗"字，即细努罗→罗盛→盛罗皮→皮罗阁→阁罗凤。在彝语支语言里"罗"的意为"虎"。至今在讲彝语支语言的民族中广泛流传着关于虎崇拜的民间文学。例如，土家族的《白虎神与芭莓》《虎人娃》、普米族的《老虎娶妻》、纳西族的《虎的传说》、纳西族摩梭人《虎氏族的来源》、贵州威宁彝族的《虎妻》。以虎崇拜这一民间信仰为表现主题，这些民族的民间文学与民间信仰相互依存，表现了民间信仰在民间文学中存在的主体性。

然而，民间歌谣中民间信仰的存在方式具有附带性。民间歌谣通常在劳

---

① 欧阳修、宋祁等：《新唐书》，中华书局 1975 年版。

动过程中或是谈情说爱过程中按照一定的范式即时发挥，反映的是日常生活与家庭生活或抒发各种情感，与民间信仰有一定的联系，但只是附带性地传递，不占主要内容。

二 民间信仰多元性的成因及其内在规律

（一）多民族文化的交融与分流

西南边疆少数民族在地域上交接毗邻，在文化发展层次和阶段上大致相近，这就导致民间文学内容、主题等的传播与互渗，也客观上促进了不同民族在民间信仰对象、形式乃至理念上的相似性。多民族共享民间文学文化资源，供奉同一神灵的现象也时有发生。

在西南边疆少数民族中，相当一部分民族的民间文学有一类共同的主题——各民族同源共祖。王宪昭曾专题分析过我国少数民族神话中的同源共祖现象，指出其有五种基本类型：一是造人时形成的民族同源共祖。如基诺族神话说，远古只有水，从炸开的两片冰中生阿媄晓白，阿媄晓白用泥垢造人，成了基诺、傣、汉、布朗族。二是生人或化生人类时形成的民族同源共祖。德昂族神话说，一天暴风雨，劈开的葫芦中出现动植物和汉、傣、回、傈僳、景颇、阿昌、白等族祖先。三是婚姻关系产生的民族同源共祖。如傣族神话说，大地被火烧之后，下凡的 36 个神住在大地上。他们之间产生了感情，从而生男育女，产生了百种民族。四是人类再生形成的民族同源共祖。哈尼族神话说，大火与洪水后，兄妹婚生 77 个小娃，后来成为彝族、傣族、布孔（哈尼支系）、路别（彝族支系）、卡别、白族、汉族。五是感生背景下的多民族同源共祖。如哈尼族神话说，天和地分开时，塔婆然被狂风吹而孕，生下老虎、野猪、麻蛇、泥鳅等动物和 77 个小娃娃，小娃娃分别成为哈尼族、彝族、白族、汉族等。他进一步总结出形成民族同源现象的原因有一些民族固有的同源关系、相邻的民间频繁的交往关系、长期的融合关系、友好的居住关系、人为的创作关系。①

在比较开放和民族杂居地区，百姓在民间信仰领域表现出接纳、宽容的

---

① 王宪昭：《我国少数民族神话中的同源共祖现象探微》，《长江大学学报》（社会科学版）2007年第 6 期，第 11—15 页。

民俗心理。大理白族就是一个开放包容的民族，其代表性的民间信仰本主崇拜就是一个庞大而开放的信仰系统。在这个系统中从人物来看不仅有白族的本主还有汉族、彝族乃至蒙古族的本主；从信仰对象的性质分有人、动物、龙甚至石头、大树等自然物。相应的本主传说恰到好处解释了异族本主存在的合理性。比如，大理喜洲中央祠本主身形高大，面相威猛。当地百姓有人说他是中央本主段宗牓，有人说他是忽必烈。喜洲百姓似乎对于本主的真实身份并不太在意，他们更关心的是从本主处得到护佑。笔者在调查中，一位在当地生活了一辈子的本地村民甚至都不知道这位本主居然是忽必烈。因而在有关中央祠本主的传说中，当地人中同时流传着段宗牓援助缅甸的传说以及忽必烈攻打大理的传说。

再比如，每年农历二月初，大理古城以北的白族村民与巍山大仓百姓就有一场信仰联谊活动——接金姑。大仓人虽不信仰金姑，但他们不仅允许白族人在驸马殿的旁边专塑金姑娘娘殿，而且在长期的信仰互访中，村与村还达成了相互接待的互助关系。笔者跟随湾桥百姓去到大仓垅圩图山接金姑娘娘时，与湾桥对接的就是巍山大仓的百姓。他们不仅安排住宿的地方，而且还用大仓的洞经音乐来款待远道而来的客人。在湾桥人离开垅圩图山后还安排大家在大仓歇脚、住宿一晚。垅圩图山面积不大，但山上到处散落着大大小小的各类宗教建筑，儒释道的圣尊和神灵被堂而皇之地供奉在一起。而前来接金姑的白族人对诸位神灵表现出了一致的尊敬和敬仰。他们通常以村落为单位相互邀约用一整天的时间——朝拜各路神灵，每到一处还会表示五毛到几块不等的功德钱。而所到之处早有当地百姓准备好茶水款待远方来客，彼此之间一派和睦氛围。在接金姑的几天里，白族人认为金姑吃素，为表对金姑的尊重，绝大多数接金姑的白族人这几天都吃素。大理湾桥保和寺队伍因绝大多数成员声称是佛弟子，因而吃素的时间更长，更严格。因而接待的大仓百姓给保和寺弟子准备了素米线。但湾桥人并不要求帮忙备办饮食的巍山大仓人也同样吃素，在尊重金姑的同时也充分考虑到大仓人的饮食习惯。当然，互访是必须的。每年农历三月初三，大仓人也惦记着把送金姑到大理的驸马爷，他们心目中的大黑天神接回巍山。所以，保和寺弟子也会安排来访者的住宿等。这里所有的信仰互动背后都有相应的民间传说作为合理性的解释。整个金姑出走的传说，成为民间信仰的核心要素，支撑着一代代白族人年复一年地坚持着这一信仰习俗。

（二）各民族发展层次的差异性

西南边疆少数民族虽然生存环境比较相似，文化发展轨迹比较相近，但发展层次还是有一定的差异性。比如，彝族人习惯居住在高山地区，居住的地理位置客观上决定了他们与外在的沟通比较稀有，对民族自身的信仰以及民间文学保留比较原始完整。笔者曾在剑川了解到，当地的彝族人主要居住在老君山顶，地方政府为他们建好了房子，至今还有好多户彝族人不愿搬迁到坝子里。已经搬迁到坝子里的彝族百姓有人又搬回山顶居住。与之相反，居住在平坝的白族人与外在的沟通就相对频繁，对新事物的态度也更为开放。纵观大理地方史，无论是主动还是被动，白族都有向汉族和中原靠拢的行为和意识。特别是明代大理地方政权收归中央，明代大规模迁徙汉族人口进入大理，这不仅改变了大理的民族结构，而且冲击了地方百姓的信仰系统。在他们的代表性民间信仰本主信仰中，信仰对象极为庞杂，来自汉文化、本民族文化、蒙古文化、周边少数民族文化的痕迹比较明显。这也就导致大理白族地方民间文学中本主传说和龙的传说故事是最有代表性的。

即便是同一民族在不同发展阶段，信仰也有一个逐步层累的过程。以金姑信仰为例，笔者结合田野调查发现金姑的原型是观音，观音是南诏大理国时期国教密宗的重要圣尊。金姑驸马的原型是佛教护法大黑天神。仪式的原初面貌是发源于巍山的南诏始祖在垅圩图山建立了皇家的密宗道场，主要供奉着大黑天神，而政治中心迁往大理之后，金姑娘家所在地大理的圣源寺也是当时统治者颇为重视的观音为主的密宗道场。每年两个道场之间的仪式对于南诏统治者而言具有双重意义。其一，朝圣。借由密宗圣尊的加持巩固统治政权，强化王权的神圣性。其二，祭祖。不忘祖庭，强化与巍山的血脉关联。随着时间的推移，政权的更替，朝圣、祭祖这两大神圣目的早已淡化。以往皇室上层所热衷的朝圣仪式被以宗教徒为主的下层百姓所接替。神圣的朝圣仪式改头换面为更接地气的回娘家。观音与大黑天神也被金姑与驸马所取代。仪式的合理性也借由金姑出走的浪漫故事在新的时代背景下获得了解释的合理性和生存的合法性。

　　从自然万物到超自然神灵，从原始信仰到人为信仰，从远古蛮荒时期的万物有灵观念到晚近时期较为成熟的民间信仰，如此绵长的时间跨度，如此繁复的信仰对象，如此多元的信仰内容都能被张力强劲的民间文学容纳并巧妙地加以修饰。

　　（三）民间信仰多元性的内在规律

　　西南边疆民间文学中的民间信仰是多元的，但这种多元不是无绪的、散乱的，而是有内在规律可寻，即从整体面貌上看，横向呈多元性，纵向具有多层性，从民族性和地域性来分析，既有民族个性，又体现区域共同特点；从民间文学的表达方式和民间信仰的实质来观察，表述上具有文学性，但情感上具有神圣性。具体如图3－2所示。

图3－2　民间文学中民间信仰多元性的三个内在规律

　　横向多元性和纵向多层比较完整地呈现了时间轴和空间轴上民间信仰的生命历程。例如，巍山彝族地区方圆两公里内就有儒家的文庙、东山土主庙、佛教的圆觉寺（大寺）、道教的玄珠观（小寺）。附近的彝族群众在农历九月二十四到东山土主庙祭祀南诏第十二代王隆舜及其儿子南诏最后一代王舜化贞，正月初九又到玄珠观赶"龙华会"，每月初一和十五又时常有人到圆觉寺烧香拜佛，每逢小孩考试升学也会到文庙祭拜孔子。当地还有"大寺不大，小寺不小"之说，巍山汉语方言中"事"与"寺"在这里相通，该句俗语的寓意为"大事不大，小事不小"，没有哪件事重要至不可替代，不用过分的焦急或忧心，也没有哪件事是真正的小事，一不留心，会带来巨大麻烦。可见儒释道和原始的土主信仰已经多元共存、共融互通。然而，从民间文学的角度来分析，巍山彝族的民间信仰是分层次的。其中最核心的层次是土主崇拜信仰，相应的民间文学作品最丰富。例如，《细努罗下凡》《细努罗成家》

《细努罗与乌龙剑》《细努罗的坐骑》《白牛土主》《蒙铺寨的传说》《异牟寻和小沈》《世隆的传说》《舜化贞的传说》，[①] 还有《细努罗与蒙氏汤池》《异牟寻封五岳四渎》《劝龙晟补苍山》《劝丰祐与甸尾石》《祭密枯的来历》，等等。[②] 在祭祀土主时还有诸多严格的规定，比如不准讲彝语外的其他语言，因为他们认为土主只懂彝语，讲其他语言会吓到土主或是达不到祭祀效果。可以说巍山彝族的土主崇拜是根深蒂固的。与土主信仰联系较紧密的是道教信仰，南诏土主庙所在的巍宝山也是全国的道教名山之一。道教信仰与土主崇拜长期融合表现出巍山彝族的地方特点，影响社会生活的方方面面。[③] 相比较而言，关于儒家和佛教的民间文学就少得多，相应的信仰在较表面的层次上。

　　源于同一区域的民间文学不仅，凸显各民族的特性，而且也表现出这一区域的共同特点。各民族民间文学中所呈现出的民间信仰，一方面具有鲜明的民族特色。比如彝族的虎信仰、藏族的苯教等；另一方面，因为生活在"西南""边疆"等相似的区域环境条件下，又呈现出许多共性特征。比如，西南边疆大多数民族都有流传的始祖神话、射日神话、洪水神话。不少民族在讲述本民族的形成和迁徙历史时，会表达多民族同源共祖的意识。例如，巍山彝族《创世歌》中提到人类始祖密枯生有九个儿子成为九个部族，第一个部族是帕巴胡须人，第二个部族是支哈那巴人，第三个部族是米巴那人，第四个部族是阿佧阿倮部，第五个部族是河蛮商旅人（白族），第六个部族是日鲁支卡部，第七个部族是江西人（澜沧江以西的人），第八个部族是汉裳人（汉族），第九个部族是腊罗人（彝族）。他们认为世代居住在滇西洱海周围的汉族、白族、彝族以及曾经迁徙经过这些地区的其他族群都同源于人类始祖密枯。还有，西南边疆民间文学表达了对强大自然外力既敬畏又想征服的矛盾心态，如始祖神话各个民族用本民族的语言讲述或特有的方式传承，但有共同的主题思想；洪水神话中处理灾难方式和手段各有不同，但是对道德等话题的追问与反思具有相似性。

　　西南边疆各民族的民间文学在表述上强调文学性，而其蕴含的民间信仰

① 杨平侠主编：《南诏故地的传说》，云南民族出版社 2002 年版。
② 白庚胜总主编：《中国民间故事全书·云南巍山卷》，知识产权出版社 2005 年版。
③ 蔡华：《道教在巍山彝区的传播与发展》，《西南民族大学学报》（人文社会科学版）2004 年第 10 期，第 37—40 页。

要求在精神情感上要具有神圣性。作为文学的存在方式之一，民间文学显然具备虚构等文学特质；而作为精神追寻，民间信仰又具有信仰共通的神圣性。例如，彝族的毕摩经基本上是五言句或七言句，讲究押韵或运用重复、比拟等文学表现手段，而毕摩由专门的家族传承，不能外传，毕摩仪式具有神圣性。看似矛盾的二者却能进行完美组合，让严肃的信仰以诗意的方式呈现，在虚幻的显现下涌动着神圣的暗流。这与二者拥有共同的传承主体——普通民众不无关联。这种完美的组合既调和了彼此的冲突又让民间信仰避免外在环境变迁的干扰，悠悠然从古老穿越到当下。正如世人在用神奇瑰丽、荒诞不经来形容神话的文学特质之时，维科（Giambattista Vico）却喊出了"神话是真实的谎言"的界定，马林诺夫斯基在特洛布里恩德群岛发现了神话作为"社会宪章"的现实功能。从不同的角度审视，我们总能得到别样的惊喜。

附录一　　　大理马久邑村和湾桥两位老太太一年的信仰活动清单列表

（其中的日期均为农历）

分类	时间	空间	对象	目的	仪式	叙事
公共性的信仰活动（群体性的信仰活动）	二月初八至十五	巍宝山、垅圩图	金姑、驸马	丰收、平安等多重目的	祭祀垅圩图诸多神灵、接金姑	以金姑、驸马为核心的传说群
	三月初三	保和寺	驸马	问年成等	送太子	以驸马与保和寺的关联为中心的传说
	四月二十二	城隍庙	城隍、金姑	多重目的	祭祀城隍；城隍庙外送金姑、驸马	城隍阿舅金姑不舍娘家
	四月二十三至二十五	绕三灵	本主、佛教圣尊、龙神等	多重目的	祭祀以三位本主为主的沿途神灵	绕三灵传说群
	五月初五至初六	接本主	段宗牓本主	祈雨为主的多重目的	接、送、祭祀本主	张玉麟求雨、马久邑少妇、兄弟争位等传说
	六月	观音堂	观音菩萨	祈求护佑	上香	观音负石阻兵；观音降服罗刹等

续　表

分类	时间	空间	对象	目的	仪式	叙事
公共性的信仰活动（群体性的信仰活动）	六月	本主庙前	柏洁圣妃	纪念	火把节	火烧松明楼的传说
	七月	各家、东岳庙	已逝先祖	纪念、感恩、防范	接、送、制衣物用具、烧包	目连救母　王氏女对金刚经
	八月	接金娘娘	金娘娘	接回娘家	路口迎接	段本主与将军洞本主结为亲家
	八月	将军洞	李宓本主	多重目的	上香献供	李宓传说群
	八月	财神庙	财神	求财	上香献供	
家庭性的信仰活动（个体性的信仰活动）	正月	本主庙	本主	求家人平安等	上香献供	本主的来历、贡献等
	日常	文昌阁	文昌帝君	求升学	上香献供	
	日常	本主庙	本主	人生仪礼(生子、结婚、丧葬等)、上梁、生病等	上香献供	

第二节　西南边疆民间文学中民间信仰的实用性

一　民间信仰实用性的表现

民间文学是民众表达自我的一种手段，民间信仰是民众精神领域的一种寄托。二者在表达民间诉求这一点上有功能的类同性。

（一）表达和展现不同信仰群体之间的信仰互渗与信仰区隔

由于地理区域的毗邻或文化交流的传统，不同信仰群体有时会出现信仰的互渗。在互渗的同时也保持自有信仰的独立品性。民间文学中的民间信仰用一种温和、隐蔽的方式调和了不同信仰之间的矛盾、冲突。在这一点上，作为一种独特的民间智慧，民间文学中的民间信仰不仅在信仰和谐上同时也在促进民族团结等方面体现出独特的功效。

本部分将以大理、巍山两地，白族、彝族共同认可的金姑信仰以及共同传讲的系列传说为例来阐释民间文学中民间信仰在表达、展现不同信仰群体之间信仰互渗与区隔方面所发挥的功能。

1. "接金姑" 仪式及信仰

金姑娘娘又称三公主，是大理古城以北，湾桥、喜洲等地村落白族民众普遍信仰的一位女性神灵。相传，她是大理白子国国王张乐进求的三女儿，南诏国开国国君细努罗的妻子。但其人其事在大理地方史志中均无记载。收录于《白族本主神话》中的《白王与金姑》结尾说 "（白王张乐进求）死后被尊为下关大关邑本主。他的三公主金姑，也被下关七五村人奉为本主。"[1]此外，大理上湾桥村本主庙也供奉有金姑娘娘神像，大理保和寺以及巍山县垅圩图山还建有专门的金姑殿，殿中主奉金姑娘娘。

有关金姑娘娘的信仰最浓重的当属 "接金姑仪式"[2]。每年农历二月初八或初十，[3] 大理百姓，特别是湾桥、喜洲两镇的村民，自发组织前往巍山接金姑娘娘回娘家。"接金姑" 队伍以村落为单位，[4] 以莲池会为核心，以女性为主要参与群体。队伍具体行进路线如下：后山（二月初八至初九）[5] →前山（二月初十至十二）→大仓（二月十三）→七五村（二月十四）→城隍庙（二月十五）→保和寺、上湾桥村（二月十六）→庆洞村 "神都"（二月十

---

① 大理市文化局编：《白族本主神话》，中国民间文艺出版社1988年版，第67页。

② "接金姑" 是地方百姓对这一习俗的通用说法。实际上，该习俗包含 "接" 和 "送" 两个部分，接送的对象除了金姑以外还有金姑驸马。在整个仪式过程中，"接" 更为隆重、繁复，而 "送" 则比较简单。

③ 少数队伍二月初八出发，多数队伍二月初十出发。初八出发的队伍要先到后山（巍宝山），而初十出发的队伍直接到前山（垅圩图）。笔者在参与观察中发现，去后山的队伍以喜洲的村落居多，此外上湾桥村一般也会先去后山。喜洲人认为金姑是喜洲人，而上湾桥的谢家曾在金姑离家出走后收留过她。

④ 极个别团体会打破村落界限。比如笔者跟随的保和寺团队，该团队成员以保和寺佛弟子为主。其成员来自银桥镇、湾桥镇、喜洲镇三个行政片区下辖的周城村、古生村、向阳溪村、湾桥北庄等多个村落，个别成员甚至来自下关。

⑤ 所有日期均为农历。

七）。至此，"接"金姑娘娘活动正式完成。其中的"后山"就是巍宝山。巍宝山是著名的道教圣地和彝族的祭祖圣地。每年农历二月初八巍山彝族都要到此举行隆重的祭祖仪式。大理百姓声称去后山的目的是去接"开国皇帝"段思平。"前山"就是垅圩图山。当地人称为西山。该山历史上最出名的是天摩牙寺，寺庙已毁。今日，这里已经成了集"佛家、道家、仙家"（当地人语）于一体的多神教宗教场所。庆洞神都本主庙内设有金姑父母的神龛和塑像，但没有金姑的神像。目前，大理仅在上湾桥本主庙和保和寺塑有金姑的金身，也有百姓认为七五村本主庙内的女神像即金姑。前往巍山接金姑的百姓并未把金姑神像接回庆洞，仅用金姑换下的旧衣服等物象征性地表示接回金姑。这种象征性的接神方式在大理其他接神仪式中也存在。比如，马久邑在接送本主的仪式中，就以照片代替神像。有接就有送，到了三月三，① 百姓前往保和寺，送驸马爷回巍山。百姓对此有两种说法：一说是送驸马回巍山，一说驸马并未回巍山而是在古城城隍庙等金姑，四月二十三日清晨和金姑一起回巍山。四月二十二，百姓前往城隍庙，并于二十三日清晨在城隍庙门前小溪两岸举行简短的"送金姑"仪式，表示把金姑娘娘送回了巍山。同一天，盛大的"绕三灵"节日开始举行。

"绕三灵"是大理一个影响力较大的民俗节日，已成功申报国家级非物质文化遗产。笔者通过田野调查发现"接金姑"与"绕三灵"确实存在一定的关联性。在对"绕三灵"进行田野调查的过程中，笔者发现"绕三灵"的传承主体，地方百姓（尤其是喜洲的百姓）不仅用接、送金姑来解释"绕三灵"节日的缘起，还用金姑来解释"绕三灵"队伍的仪式路线。喜洲人告诉笔者，"绕三灵"之所以要到河矣城、马久邑，是因为当年金姑离家出走时，在这两个村各住过一宿。抛开这种陈述的文学性和可能存在的虚构性不论，至少有一点可以肯定——"金姑"是"绕三灵"重要的知识背景。需说明的是，笔者认同二者的关联性，但基于本书论述视角和主题的考虑，故在此暂把"接金姑"作为一个独立而完整的仪式活动来看待。当然也不排除在后续研究中，将其与"绕三灵"合流。

---

① 部分信众农历三月初二到达保和寺，一方面为第二天的活动做准备，另一方面参与接待前来接驸马的巍山大仓人。注：驸马没有陪同金姑前生庆洞，而是暂居在保和寺的驸马神宫内。

接金姑仪式的特别之处就在于，空间跨度比较大，跨越大理和巍山两县市。参与仪式的群体涉及白族、彝族等两地主体民族。

2. 白族传说金姑出走和彝族传说大黑天神吞瘟

一年一度的接金姑仪式对所参与的各个群体的地方百姓都产生了不同程度的影响。在不同的群体中流传着不同的传说。接金姑仪式的主要参与群体是来自大理村落的白族民众。在这一群体中普及率最高、百姓认可度最高的是有关金姑出走的传说。以下是笔者在田野调查中采录到的传说《金姑出走》①。

> 三公主，她父母是喜洲的，她们回来上坟祭祖，三月。大公主、二公主、三公主都回来了，一家人都回来了。回来以后呢，因为三公主一贯就在宫里面呢嘛，在宫廷里面没有来过大理也没有见过世界。说是，她回来以后啊，我从小没有回大理来，简直是太美了。然后呢，她父母又不准她去，出去，在喜洲呢嘛。她就乱了，乱了也不行，最后呢，她父母睡了，她手下人睡了以后呢，她一个人就偷跑出去了，跑出去了，一直从喜洲跑到海边。看见海边的人啦，唱啦，唱白族调啦、跳舞啦、打霸王鞭啦、拿着树叶高唱"绕三灵"的调子啦。她又生得很美，美姑娘呢嘛。一会儿呢，海边的那伙人就把她围起来了。围起来就不让她回去了，"你太美了，你也非常喜欢我们，我们也非常喜欢你，今天晚上我们就在海边乱一晚上了！"然后呢，她父母天亮以后呢发现她不见了，发现她不在了以后呢，就打发她手下人到处去找，最后找到她在海边。

> 她手下把她叫回来、拉回来以后就不准她出去了，把她关起来了。关起来了以后呢，她就乱了，不行，我一定要去，要不然我就哭死。我就死在你面前了。我不愿意做你们的儿女，在宫廷里没有享受过大自然的一点感情，你们如果不准我去，我就死在这个地方了。不行呀，乱得不得了。父王的话呢，就把她赶出来了。办法没有，那么，赶出来了以后呢，她走走走，就绕到海边，由洱海边走嘛，不知道天高地厚，走到

---

① 采访对象："绕三灵"国家级非物质文化遗产传承人赵丕鼎。采访时间：2014年农历四月二十三日（5月21日）上午。采访地点：圣源寺前神都天翼手机促销点。

什么地方也不知道，一个人嘛，一个皇帝的公主，跑到马久邑、大理、太和，还有三塔寺呀、观音庙呀，还有这个城隍庙呀，最后绕到太和城。在太和城住了一晚上，庙里面。

第二天又走路走到下关，下关沿街讨饭吃呢嘛。最后呢走到下关的七五村，天已经黑了。天黑了以后呢，过去七五村的树木像这么大，一人两个人抱嘛。她呢就睡着了，睡着了以后呢，这个树上就爬下来这么一个大蟒蛇。要下来吃她嘛，然后呢有一个细努罗嘛，细努罗是又高又黑又大，就是生点麻子，他就是会百步穿杨。他看见后，一射下去就把蟒蛇给射下来了，射下来以后呢，她睡在这个地方，蟒蛇就掉在这个地方了么，马上就惊醒掉了。吓了一跳。哦，一醒来以后呢看见又高又黑又大的这一坨是在我旁边是做什么！他说你别怕，这个蟒蛇呢要下来吃你，现在我把蟒蛇已经射死了，不要怕了。你是哪里人？她发现这个人脾气很好嘎，说话也很和气嘛，她把她的身世整个告诉给他，既然如此。我家也住在巍山了，巍山哪个地方我（笔者注：指讲述者自己）把它给忘记了，编着一部大本曲。然后呢这个，她就反正人不在好看不好看，只要他好。那她就跟着他去了。

回到家以后，他家只有他母亲。细努罗只有他母亲一个人嘛。他把姑娘领回家以后呢，他母亲就吓了一大跳了。你把这个漂漂亮亮的一个仙女样的一个人领到我们家来是怎么行？怕人家说你呢。他说："不怕，这个是我把她救来。"而且，这个姑娘也说："他把我救下来，非常感激他。我愿意嫁给他。"嫁给他以后呢，村里面的人就这个斗一点，那个斗一点嘛，非常好心呢就帮他们两个人完婚了。

结婚了一两年以后呀，这个三公主的父母呀，就非常想念他的女儿，不知道到哪里去了。派他的手下到处去找，最后呢找到巍山细努罗家把她找回来了。说给细努罗说："你的爱人呀，她的父母是当皇帝，到处去找她没有找着。现在已经找着了呢，既然已经找着了，你两个也成亲了，那么就跟我们一起回去算了。"她说："不行，你们先回去，我等到二月以后我才回来。"这就是她们为什么在七五村歇一晚上，意思就是纪念三公主和细努罗她们两个在那个地方相遇成亲。十三十四在下关，十五就回到大理来了，然后十六呢又回到湾桥。为什么回到湾桥呢，三月三，又牵扯到三月三了，三月三，她父母手下把她接回来以后呢，两口子都回来了，但是她的男人生得很丑陋，非常丑陋。他说："既然……你先回去喜洲，我到三月三什么地方我也搞忘记了（笔者注：保和寺），我在那个地方等你。那你先回父母家去。"最后呢，就三月二号，一年的三月二嘛，驸马公就先回去嘛。三公主就知道在三月三那个地方把细努罗送回去，她又回到这个地方（指庆洞）再住了一个月左右嘛，三月三的二月二十三嘛（或许是四月二十二），她将将住了一个月嘛，就昨天嘛（四月二十二），昨天嘛三公主又回去了。

我们整个大理地区的老百姓呀，知道三公主要回去了嘛，自发呢组织各村呢，就昨天嘛，二十二这天的话呢，把她送到观音堂，送到观音堂以后呢，她就坐着云飞回去了。

笔者在访谈的过程中发现，对于这样一则在白族民众中普及率非常高的传说，在参与接待的彝族人中知道的人并不多。每每问及金姑是谁？他们（大理白族人）为何要来接金姑？金姑与驸马殿的神像有何关系？被访谈的彝族人要么能说出金姑传说的大致框架，要么语焉不详表情茫然，要么饶有兴趣地讲述垅圩图山其他神灵的相关传说。凡此种种，说明对于彝族百姓，他们并不清楚金姑的来历，更不清楚白族人信仰金姑的原因、仪式以及行为禁忌等。更多时候，他们是在尽地主之谊，毕竟对方浩浩荡荡来迎接的神灵中还有自己的一位神灵：伽蓝菩萨。也有纯粹以满足好奇心或娱乐心态来旁观的彝族群众。因而，在笔者的追问下，上了年纪的老奶奶讲述了这样一则传说《伽蓝爷爷成驸马》。①

大理人说的驸马，实际上是我们这边的伽蓝爷爷。古时候，大理河中有毒，国王就说，哪个要是能祛除这一灾，我就把公主许给他。伽蓝爷爷是将军呢嘛，他就把河里的水全吞了。一吞下去嘛，脸就黑了，全

---

① 采访对象：巍山大仓镇段姓居民。采访时间：2015年农历二月十一（3月30日）晚。采访地点：驸马殿后一楼辅世坛成员住宿处，因讲述人不愿被录音，所以该传说为听后及时整理而成，并在被访谈对象处宣读得到认可。

身都黑了，起泡了。国王就反悔了，三公主说你说话要算数呢嘛。就嫁过来给伽蓝爷爷。实际上他们并没有成夫妻。你看呢嘛，金姑就搭斗父"斗姆"在一起，伽蓝爷爷单独一个殿。我们叫伽蓝殿，他们叫驸马殿。是这么回事。伽蓝爷爷就是大黑天神，大理人多感激他呢，还塑着他呢嘛。是他们那边的本主。他们相当信任伽蓝爷爷。大理保和寺还塑着驸马像呢！有个专门的驸马殿。

讲述该传说时，很多上了年纪的当地人都在场，大家一致认可传说的内容，并表示老人们都是这样讲的。也就是说，这则传说在当地流传比较普遍。传说的讲述者是巍山大仓的一位退休教师，地方信仰辅世坛的负责人之一。也就是说，讲述者并没有来自白族朝圣团体。从传说来源来看，该传说明显脱胎于在大理地区广泛流传的《大黑天神吞瘟》神话，在此基础上加入了国王以公主为奖赏张榜解难的故事情节。这则传说被百姓改装后，既能很好地解释驸马和金姑为何没有供奉一堂？维护了地方百姓对伽蓝菩萨的信仰，也给白族金姑信仰群体以体面的解释，善巧地维护了白族金姑信仰，体现了巍山百姓对本土信仰与外来信仰兼顾、两全的智慧。

3. 传说中的民间信仰

大理白族"接金姑"和"送驸马"故事千百年来能够代代相传的内核动力，就是其中蕴含的民间信仰，反映大理白族思维方式和价值观念，经过历史变迁与洗礼遗留至今的最古老、最具地方特色和民族特色的精神认知。

大理白族在"绕三灵"的时候要挂一串"虎香包"，体现的就是虎崇拜。他们也在"神树"上悬挂一个葫芦，是葫芦图腾崇拜形式的遗存。"接金姑"和"送驸马"传说主要体现了大理白族地区祖先崇拜，他们认为历史上对本民族有功勋的民族始祖人物以及祖先都有灵魂，并保护后人。把"金姑"接回来，目的就是要她回到老家，保佑家人的安康。在当今社会大理地区普遍存在火把节和过年的时候接嫁出去的女儿回娘家的习俗。在火把节前一两天和大年初二到姐夫或妹夫家亲自把姐姐或妹妹接回家，整个家族都会邀请她们一起聊天，交流一年半载的生活苦乐；这期间也会相互有一些物质上的帮助，更多的还是精神上的安慰，一种归属感。这些地方每年农历七月十四那天也过"七月半"（鬼节）；每年的七月初一开始选一个吉日，走到村外跨过一条小河，向祖坟的方向召唤，把已故的亲人接回家到祠堂里供奉，到七月十四那天给他们带上食物包和纸钱送到村外的小河外。像"接金姑"和"送驸马"这样一接一送在大理白族地区的现实生活中不断地上演，体现了普遍流行的民间信仰。事实上，大理地区的汉族、白族、彝族都保留着家族祖先崇拜，以一个家族为例，年老的长辈去世后，整个家族共同主办丧葬活动，子女给他们立一个牌位，享受后人祭祀；凡父母、亲人死后，子女都要为他们送葬，还要请道士、僧人或毕摩为其念开路经，把死者送上山，垒坟立碑，在祖堂供奉他们的牌位，当年农历七月十四要烧新包，清明节要扫墓祭祀先人，每隔数年几个大家族或是跨村寨的同姓集中起来在清明节期间祭祀共同的祖坟，最多时达几百户上千人参与；亲人去世后的第三年后要举行隆重的脱孝仪式等。

4. 信仰互渗

彼此在尊重各自信仰的同时，利用对方的信仰来强化群体内部的信仰认同。大理白族信仰本主，巍山彝族信仰土主，好几位南诏王既是大理白族的本主，也是巍山彝族的土主。南诏国的第一代王细努罗在巍山巍宝山南诏土主庙中居于正殿，是最大的土主。细努罗也是大理白族送的驸马爷，有时被神化而称为大黑天神。在巍宝山南诏土主庙中也有"三公主殿"，与细努罗的母亲的地位平等，与其他南诏王一起享受祭祀。从这样看，不管是大理白族，还是巍山彝族，都把金姑和细努罗视为崇拜对象，只不过是大理白族把金姑视为信仰的核心，巍山彝族把细努罗视为信仰的核心，但这种两个核心的信仰相互渗透，和谐自然，符合情理，也反映现实社会的习俗。

在大理地区白族人的观念中，本主就是村社保护神，是掌管本地区、本村寨居民的生死祸福之神，能护国佑民，保佑人们吉祥平安，风调雨顺，六畜兴旺，五谷丰登。本主信仰主要以村社为单位，每个大一点的村寨都建有本主庙，少数情况下会有几个村子共建一个本主庙的，庙内供奉泥塑或木雕的本主神像。每逢传说的本主诞辰之日过本主节，举行祭祀活动。祭祀时要杀猪、宰羊，念本主经。本主功能相同但类型多样，他们的共同点就是有七情六欲，富于传奇色彩，不同于一般不食人间烟火的神，民众不论遇到疾病、生儿育女、升官发财、出门远游等都要祈求本主保佑，因此本主祭祀活动至今仍然比较活跃。一些关于本主的民间传说故事，如《段赤诚》《杜朝选》

《血山本主》《白姐》《独脚义士阿龙》等，也是家喻户晓。有些还是道德伦理教育经典，例如《太上本主龙王祀典法忏》。每年的农历七月二十三日至八月二十三日，洱海西岸沿湖村庄长达一个月的"耍海会"。清代师范在《滇系》记载："七月二十三日，西洱河滨有赛龙神之会。至日，则百里之中，大小游艇咸集，祷于洱海神祠。灯烛星列，椒兰雾横……即人无贵贱贫富，老幼男女都出游。"该"耍海会"就与关于这些村寨的大本主段赤诚的传说有关。

在巍山彝语中土主被称为"密伺"，其中"密"意为"土地"，"伺"意为"主人"，合起来意为"土主之主"，是保护家人平安免灾、六畜兴旺、作物丰收的土地神。这些地区祭祀土主有三个层级，一是个体家庭户会在火把节和过年之前选一吉日固定祭祀或是每当有新的家畜出生或一些重要时刻不固定的祭祀，二是农历二月初八或火把节前一天（农历六月二十四）以村寨为单位每年举行固定的祭祀，三是农历二月初八到巍宝山南诏土主庙进行祭祀，总体上形成家庭户、村寨、巍宝山三个信仰空间。巍山彝族的土主数量为十几位，除了人类始祖密枯、远古首领"阿玉王"和传说的英雄人物"阿巴罗巴"以及明代的将军字瑛和清代的农民起义领袖李文学以外，都是南诏国王及家人。从数量和类型上看，要比大理白族的本主简单得多。但是土主信仰与本主信仰彼此相容，相互渗透，除了几位本主和土主是相同人物外，大理白族到巍宝山祭祀三公主金姑时也同时祭拜细努罗和其他几位土主，同样巍山彝族在祭祀细努罗和其他几位土主时，也祭祀白族的三公主。不管是本主还是土主，都是大理白族和彝族祖先崇拜的体现，具有相似的功能。

5. 信仰区隔

彼此心照不宣在信仰客场表现出应有的分寸和礼节，不着痕迹地捍卫主场原有信仰的主体性。以"接金姑"活动为例。据《大理县志稿》记载："小鸡足一名保和山，在莲花峰之南山麓。三支向前，一支后挺，与洱海东鸡足山相似，故称小鸡足。中有一寺曰宝庆寺，地极幽静，寺之四周古木苍松，扶荣交荫。"保和寺就因保和山得名。保和山与相隔不远、位于大理州宾川县的中国西南佛教圣地鸡足山齐名。现今保和寺的寺门铭牌上都刻有"小鸡足保和寺"。保和寺门口的石碑上写道："保和寺始建于唐，现存建筑为近现代重建，坐北向南，一进两院，依山而建。前为照壁，沿中轴线由南向北依次为前殿（大门）、观音殿、大雄宝殿、玉皇阁。其中前殿（大门）、观音殿为民国时期所建。"保和寺有一个相关传说故事，说的是白子国三公主金姑与细努罗相爱偷偷成亲，但是白子国王不认这个女婿。后来阿嵯耶观音托梦给白子国王说，细努罗是上天选派的白子国王的王位继承人，于是白王承认了这桩婚事，派人去接金姑和细努罗，几天后到了保和寺，万民均到寺里庆贺，后来被尊为爱情之神，在保和寺接受祭祀，至今如此。保和寺是大理"接金姑"民俗活动最重要的一站。大理喜洲、湾桥一带，每年农历二月初八，前往巍山，迎接细努罗和三公主；三月初三送驸马爷细努罗回巍山，大理坝子的白族人云集保和寺，形成了三月三小鸡足山歌会。

在巍山彝族的南诏土主庙里修建了三公主殿，在南诏古都遗址垅圩图山修建了天摩牙寺供奉三公主。大理白族接金姑主场为保和寺和神都；在垅圩图山巍山彝族信仰的主场是太子殿。在信仰空间上也是有一定的区分的，如在垅圩图大型宗教建筑群中，仅有两处新老金姑殿，位置上金姑殿在偏殿，太子殿在主殿，面积上太子殿明显更高大、雄伟，年代上太子殿明显更悠久。

（二）表达民族共同体内部不同村落集团的信仰和谐与精神资源再分配

1. 绕三灵仪式及信仰

"绕三灵"，白语称"观上览"，是白族最重要的民俗节日之一。所谓"三灵"是指洱海西岸三个神灵象征，它们是白族特有的"本主"崇拜中的几位重要"本主"和传入大理地区的佛教神祇，供奉它们的庙宇分别称为"佛都"（大理崇圣寺）、"神都"（大理庆洞本主庙）和"仙都"（河涘江洱河神祠）。① 每年农历四月二十三日至二十五日，大理白族民众以村落为单位自发组成队伍，绕行上述"三灵"，向神灵祭拜祈福。

"绕三灵"节日活动每年都有相对固定的顺序。以村落为单位自发组织的"绕三灵"队伍于四月二十三日清晨在古城城隍庙举行送金姑仪式，然后沿苍山向北进发，依次前往佛都崇圣寺、朝阳村本主庙，最后到达神都庆洞"本主"庙，在此进行念经、祭拜、对歌等活动。神都本主庙是整个"绕三灵"

---

① 中华人民共和国文化部：《"绕三灵"国家级非物质文化遗产申报书》，http：//www. do-cin. com/p－592344996. html。

节俗活动的核心地点，是每个参加者都要到达的地方。当晚，参与"绕三灵"的村民留宿庆洞村。四月二十四日，队伍从庆洞出发，向东行进，到达洱海岸边河涘城村的洱河神祠，活动仍是念经、祭拜和对歌，晚上留宿河涘城。四月二十五日，队伍中的部分村落从洱河神祠出发，沿洱海向南进发，到达马久邑，祭拜马久邑本主张玉麟。整个"绕三灵"活动到此结束。

笔者在田野调查过程中观察到，除上述地点外，沿途经过的神圣空间，百姓都有可能前往一拜。如河涘城村头的八母庙。而且，前述提到的"绕三灵"文化空间的几个主要地点，除庆洞神都本主庙基本会"绕"到以外，其他地点并不是所有的村落都会前往。比如马久邑，一般是回家途中经过马久邑村的"绕三灵"队伍才会在此作短暂停留。

2. "绕三灵"的传说

笔者曾连续三年对"绕三灵"中的民间信仰及民间叙事进行了田野调查。调查地点涉及大理古城城隍庙、神都庆洞、仙都河涘城以及绕三灵终点站马久邑。[①] 调查对象以参与民俗活动的民众及各地莲池会、洞经会成员为主，此外还专访了两位"绕三灵"非物质文化遗产项目传承人。采访对象年龄集中在 60—90 岁，个别为三四十岁的年轻人。田野调查中主要采用了参与观察法和访谈法。着重考察了"绕三灵"文化空间中的活态传说，共计访谈 23 人，获得活态传说资料 14 则（不包含异文）。

从所收集的相关资料信息来分析，"绕三灵"节日中的本主传说群，主要呈现如下特征：传说群内部传说资源的分布并不均匀，传说资源主要集中在神都本主与洱河神祠本主段赤诚身上。这种传说资源分布的非均质性正好与"绕三灵"节日中绕行地点的重要程度相对应。"绕三灵"最核心的地点是庆洞神都，这是所有参与"绕三灵"节日的百姓必经之地。神都的传说，再加上百姓实际认可的中央本主段宗牓的传说，庆洞的本主传说资源是整个节日空间中最丰富的。此外，洱河神祠也是绝大多数百姓都会朝拜的地点。围绕洱河神祠本主段赤诚的传说也比较丰富，可以构成一个小型的本主传说群。"绕三灵"节日中的传说虽然涉及对象不集中，但主题相对集中。从图表

---

① 绕三灵申遗书中所说"佛都"崇圣寺，实际开展的民俗活动并不多，民众参与度不高，所以在田野调查中未把此地设为调查的重点。

来看，有接近三分之一的传说与节日起源有关①，另有三分之一的传说主要围绕神际关系主题展开。还有三分之一的传说与节日最核心的两个绕行地点庆洞村和河矣城村有关，这类传说承载了丰富的文化意蕴。传说群这种形式分散、主题集中的总体特征与传说群所依附的节日背景有直接关联。节日空间内的几位本主，仅从所处村落的地理位置来看，东西跨山脚海边，南北穿越银桥、湾桥、喜洲三镇。这样的地理位置，如果没有"绕三灵"将彼此串联，几位本主之间产生交集的可能性微乎其微。所以，"关系"成了传说群最主要的叙事主题之一。而作为一个历史悠久、影响力深广的节日，节日浓厚的文化底蕴必定也会渗透到节日的解释系统中。在"绕三灵"节日空间的核心地和主要本主神身上，这种文化的气韵尤为浓郁。

传说中体现了神际关系建构与信仰和谐。从对"绕三灵"信仰节俗的参与观察和访谈来看，该节日的时空范围与《"绕三灵"国家级非物质文化遗产代表作申报书》（以下简称《申遗书》）中的表述存在出入。鉴于此，笔者以实际田野调查为依据，删减了《申遗书》中有陈述但在实际调查中并未绕行或仅有极少数百姓绕行的神址，保留下核心神址以及通过调查确定有一定规模民俗活动存在的神址。据此，"绕三灵"文化空间主要的节日活动地点有：大理古城城隍庙、朝阳村、庆洞村、河矣城村、马久邑村。此外，河矣城村环海公路旁的八母庙也有不少百姓前往。圣源寺也有部分百姓朝拜。对应上述地点的主要神灵有：城隍、朝阳村本主抚民皇帝、庆洞村本主爱民皇帝以及百官、金姑父母、河矣城仙都洱河神祠本主、马久邑本主保安景帝。② 由此可见，"绕三灵"文化空间涵括了城隍、水神、本主等多种民间信仰。

3. "绕三灵"民间叙事中的信仰关系建构

（1）君臣关系叙事

去过神都的人们都会对本主庙大殿内的布局印象深刻。与其他本主庙一

---

① 节日起源传说可划分为自然起源说和社会起源说两种。前者以"水"为主题，后者以"王权"为主题展开。节日起源传说涉有关本主的篇目仅有《朝拜中央本主》与《接金姑》两则。《接金姑》在"金姑本主传说群"中已有分析，《朝拜中央本主》可放入神际关系（君臣关系）中来分析。

② 从实际田野调查来看，"绕三灵"的具体路线并不完全固定，可纳入"绕三灵"文化空间神灵体系的还有其他神灵。此处为确保分析的代表性，只列出主要神灵。

样，本主位于大殿正中，中央本主身形端严，头戴九旒冕，其装扮的确具有神王之气。中央本主旁侧立一本主像，据说这是试图造反未果，接受神王监管的上作邑本主荫民皇帝（又称铁捆将军）。主神像前方左右两侧各有五位本主，手持笏板，面对中央本主，作上朝之状。整个主殿的格局与人间帝王文武百官上朝之景极其相似。神都本主庙主殿的神灵空间布局形象地传递出中央本主与地方本主之间的君臣关系。神都的"神号曰福祚皇基清平景帝。乃南诏大将军段宗榜，后为大理国先祖，故为神中之神。庙号神都，各村本主，每年一朝，即绕三灵大会是也"。[①] 这里可见"绕三灵"是从等级秩序的角度来看待的。神都大殿的布局以及徐嘉瑞对各村本主朝拜神都本主的这一认识是有现实依据的，至今，老百姓仍旧认可这种君臣关系。对于君臣关系，传说又是如何体现的呢？在"绕三灵"节日起源传说中有一种说法，认为"绕三灵"实际上是各村本主到神都朝拜中央本主。从笔者掌握的文本资料以及田野调查来看，相关的传说并不多见。"绕三灵"期间，国家级非遗传承人赵丕鼎给我讲述过一则他们村落的本主传说《铁捆将军本主》，大致情节如下：

上作邑的本主荫民皇帝居功自傲，自称"三百神王"，从来不去朝拜庆洞村神都五百神王本主。不仅如此，有一天，荫民皇帝还提上宝剑前往神都本主庙找五百神王比试高低。在神都本主庙门口，他遇到一位闲逛的老人家。荫民皇帝口出狂言要求老人家传话五百神王，让五百神王到庙门口迎接他的到来。老人家谎称：想见五百神王需要在脖子上挂根布条。荫民皇帝不知是计，接过老人手中的布条系在脖子上。结果，布条变成了铁链把荫民皇帝从头到脚捆得结结实实。这时，老人家摇身一变，现出五百神王的原形。荫民皇帝这才知道了五百神王的厉害，老老实实认罪告饶。五百神王念他是初犯，让他继续回上作邑当本主。从此以后，人们都叫上作邑本主为"铁捆将军"。直到今天，荫民皇帝的神像还乖乖地立在神都五百神王的神像旁，随时接受神王的监管。[②]

在这则传说中，荫民皇帝的狂妄自大与中央本主五百神王的不露声色

---

① 徐嘉瑞著，李家瑞校：《大理文化史稿》，中华书局 1978 年版，第 195 页。
② 讲述时间：2012 年农历四月二十五日。讲述地点：庆洞神都。

形成了鲜明对比。中央本主轻而易举制服了犯上作乱，挑衅君权的上作邑本主，有效地整饬了本主神界的秩序，维持了自己在本主神灵阶序中的最高地位。传说的讲述人就是上作邑村的村民，连铁捆将军本主自己管辖范围之内的百姓都如此叹服中央本主，可见这种君臣关系在百姓心目中是得到普遍认可的。

（2）亲属关系叙事

事实上，对于地方本主与神都本主之间的关系，"绕三灵"的实践主体存在两套说辞。除了君臣关系以外，还有亲属关系。

本主间亲属关系的建立，在本主神系中并不罕见。一般而言，亲属关系的建立都有一定的现实依据。李宓本主与下关镇的关内本主、大庄村本主、大井水泉、二井水泉女神之间的家族神系是依据这几位本主生前的家族关系建立的。洱源县茈碧湖三位龙王本主之间的兄弟关系是依据处于同一"水系"这一客观事实建立的。段宗牓与南庄本主的兄弟关系是依据仪式圈内各村落"祈雨"的现实需求而建立的。"绕三灵"也不例外，与中央本主建立亲属关系的几位本主及所在村落同处于"绕三灵"节日空间这一地缘范围之内。

受结构主义的影响，20 世纪 60 年代，西方民俗学者对传说的形式产生了质疑，他们认为传说没有形式（formless）。更有甚者，认为传说是液体，随着容器的形状而成形。① 在田野调查中，笔者也感受到了传说形式的不确定性。在具体的节日语境中，讲述者对诸神亲属关系的表达就比较简略，有时甚至仅有一句话。因而，笔者采录到的该类传说资料呈现出形式片段化、表述零散化的特征。鉴于此，在具体分析诸神之间的亲属关系叙事之前，先尝试利用这些只言片语的零散表达梳理出亲属关系的实际面貌，以方便理解和论述。

从收集到的活态传说来看，"绕三灵"本主传说主要构建了如下亲属关系，见表 3 - 3。

---

① Linda Degh. *Legend and Belief. Dialectics of a Folkolre Genre.* Bloomington：Indiana University Press，2001，p. 37.

表3–3   "绕三灵"本主传说中的亲属关系汇总

序号	诸神	关系	
1	城隍（舅舅）、金姑（侄女） 注：金姑的父母被供奉在庆洞本主庙内	舅侄	血亲关系
2	庆洞本主（老大）、河矣城本主（老二）、朝阳村本主（老三）	兄弟	
3	上阳溪本主（哥哥）、庆洞本主（弟弟）	兄弟	
4	河矣城本主（大哥）、庆洞本主（二哥）、凤凰村本主（三哥）、金姑（妹）	兄妹	
5	下关本主（老大）、庆洞本主（老二）、河矣城本主（老三）	兄弟	
6	河矣城本主（老大）、庆洞本主（老二）、喜洲十隍殿（老三）	兄弟	
7	庆洞本主（岳父）、马久邑本主（女婿）	翁婿	姻亲关系

从表3–3梳理的七对神灵关系可知，在"绕三灵"传说系统中，诸神亲属关系的建构主要呈现以下特点。

首先，在"绕三灵"传说中，从文化空间看血亲关系与姻亲关系这两类亲属关系是地方次神与神都主神之间最常见的关系形式，具体有舅侄关系、兄弟关系、翁婿关系三种。其中，兄弟关系是诸神间最主要的类型。兄弟关系内部又体现出长幼有序，多数以庆洞本主为长，以本村本主为幼。①

其次，传说中诸神关系建构的终极指向多数朝向神都庆洞，传说的核心主题之一就是建构地方本主与庆洞神都中央本主的关联。此一现象表明："绕三灵"传说的重点与该节日的核心空间相匹配，如图3–3所示。

---

① 河矣城村除外，河矣城村在神灵的长幼关系上存在本村本主为长，庆洞本主为幼的说法。关于这种现象，文章后续有具体分析。

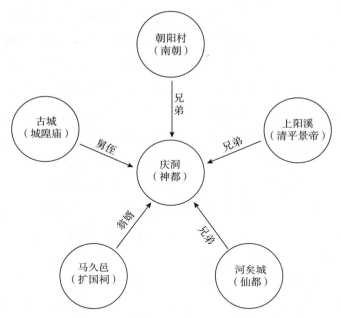

图3-3　"绕三灵"节日空间内神际关系构建

　　图中显示了"绕三灵"节日空间内的五组主要关系：城隍（城隍庙）→金姑父母（庆洞）；抚民皇帝本主（朝阳村）→爱民皇帝（庆洞）；清平景帝（上阳溪）[1]→爱民皇帝（庆洞）；洱河灵帝（河矣城）→爱民皇帝（庆洞）；保安景帝（马久邑）→爱民皇帝（庆洞）。从上述五组关系建构可知，排除各组叙事中具体的角色变动，单从功能来看，这五组关系建构的叙事模式如出一辙，即某村本地本主→庆洞本主。

　　再次，与上述关系勾连的清晰性和明确性不同，在涉及其他本主之间关系讲述时传说的表述常具有间接性和模糊性。所谓间接性是指在传说中，人们着力建构的是村落本主与神都本主之间的关系，而对村落与村落本主之间的关系会忽视，或仅仅是附带提及。神都本主往往是村落本主彼此建立关系的中介。图中河矣城村与朝阳村本主之间的兄弟关系就是以庆洞本主为中介由讲述者推测建立的。所谓模糊性是指讲述者在将村落本主与神都本主以及作为第三方的其他村落神灵进行关系勾连时，对第三方神灵的所在地、名号、

────────────

　　① 据上阳溪村民介绍，214国道未建成通车以前，"绕三灵"的队伍途经上阳溪时，要在本主段宗牓的庙前停留。而在该村搜集到的活态语料中段宗牓与庆洞本主是兄弟关系。

来历等都未作或难以作具体说明，面对访谈者的追问，被访谈者常常只能在努力追忆后作模糊的表述。这一点在河矣城村搜集的传说中体现得比较明显。河矣城村段赤诚本主与其他本主之间的三兄弟关系主要有四种叙述：第一，朝阳村本主（老三）、庆洞神都本主（老大）、河矣城本主（老二）。第二，河矣城本主（大哥）、庆洞神都本主（二哥）、凤凰村本主（三哥）。第三，下关本主（老大）、庆洞神都本主（老二）、河矣城本主（老三）。第四，河矣城本主（老大）、庆洞本主（老二）、喜洲十隍殿（老三）。上述四种叙事透露出如下信息：河矣城本主与庆洞神都本主之间的兄弟关系是明确的。而三兄弟之中的另外一位本主究竟是谁？说法并不统一。① 河矣城本主与庆洞神都本主之间的长幼之序也不确定。讲述的间接性与模糊性表明：平行村落诸神之间的关系建构不是传说的重点内容。

最后，传说系统所体现的诸神关系，存在整体和谐与局部矛盾。如前所述，"绕三灵"文化空间各点对村落神灵与神都主神的亲属关系具有较大的讲述热情，同一文化空间内部对神都普遍具有认同和归属意识。因此，在"绕三灵"传说中有关诸神关系的讲述在整体上呈现出稳固的向心力和凝聚力。这种向心力和凝聚力在文化空间之外的群体看来显得尤为强大。与此同时，少数传说则透露出文化空间内局部的矛盾信息。此类叙事，最有代表性的就是有关村落本主与神都本主地位之争的传说。这些局部的矛盾，非但没有削减诸神关系的叙述魅力，反而让神灵关系更显鲜活多元。当然，其中所透露出的文化信息也值得玩味。

4. "绕三灵"信仰群体内部村落之间的信仰认同

根据笔者观察，与庆洞本主庙同处于"绕三灵"节日空间的几个村落对于亲属关系的讲述最积极。他们一方面承认这种君臣关系，另一方面又利用传说积极建构村落本主与中央本主的各类亲戚关系，组成了以庆洞为核心的神圣家族集团。因此"绕三灵"的参与者所在村落的本主与中央本主的关系就有了进一步的划分。即处于"绕三灵"神圣链条上的几个村落本主是中央本主的亲戚（或亲属兼臣子），而其他村落本主则只是中央本主的臣子。如此一来，神圣家族集团的村民去神都就是"走亲"，而其他村民去神都就是"朝

---

① 存在朝阳村本主、凤凰村本主、下关本主、十隍殿城隍四种说法。

圣"，尽管本质上都是朝圣。

神圣链条上的村落为何要构建这种亲属关系呢？

对于"绕三灵"神圣链条上的村落共同体来说，这种小范围的亲属关系构建非但没有破坏整体的君臣关系格局，反而拉近了神灵间的距离，进而拉近了文化空间中的村村关系。在现实生活中，白族各村落都供奉有本主神，各村本主神不尽相同①，但其神职基本是满足村落内部村民的信仰和现实需求。因此，本主既是村落的保护神，也是村落的精神徽标和形象代言。传说中有关本主神灵之间关系的讲述，代表着传承主体对现实中村际关系的认知。白族各村落的本主神在行使神权之时存在明显的地缘性，具有相对明确的信仰范围和神职疆域，其神性主要被供奉他的村落所认可。而在传说中，老百姓打破了这种相对明确的地域划分，为诸神建立起舅甥、翁婿、兄弟等各类亲属关系。让原本分散于"绕三灵"文化空间中的诸神，以家族共同体的方式被统摄到"绕三灵"神族整体之中。这样做的结果是部分地弥补了神灵地缘划分所带来的村落间的陌生化，加强了文化空间各村落之间的内部认同，彰显出文化空间中村落整体形象的凝聚力。最终，借助传说，在现实和艺术的双重空间，村落之间既相互独立又彼此关联，在独立性与关联性之间保持了适度的张力。

与此同时，本主的地位就是村落的地位。对内，亲属关系的建构加强了"绕三灵"神圣链条上各村落彼此的认同感。对外，则以神圣家族集团的整体形象彰显了村落共同体在"绕三灵"文化空间上非同一般的身份和地位。这种彰显有时还会超越"绕三灵"节日空间本身，通过与空间之外其他大神建构亲属关系来体现。在河矣城村还有一种说法"李宓是老大，神都是老二，我们的本主老爷是老三"。我们要知道的是李宓为下关地区最有影响力的本主之一，以其灵验的神性特质，在老百姓中享有很高的神威。可以说，老百姓对神灵关系的叙述，在彰显信仰力量和勾连村际关系两个层面达到了双赢。

---

① 有时不同村落也会供奉同一本主，比如大黑天神、段赤诚等就是白族多个村落供奉的本主，但供奉同一本主的村落在地缘上常常间隔多个村落甚至跨越县市。

5. 绕三灵信仰群体内部村落之间信仰资源的再分配

传说中的部分情节传递出"绕三灵"文化空间内部次核心村落①的自强之声。文化空间内部诸村会借助传说来凸显个体村落在文化空间中的地位。如前所述，文化空间内部各村落之间的关系并非简单一致的对等和谐，在整体和谐的情形之下，村落之间关系的微妙博弈在传说中被形象地传递出来。具体体现在这样几个方面：

其一，在涉及诸神关系时，各次核心村落均以村落本主与庆洞神都本主之间的血亲关系为叙事重点，彼此之间缺少对话和直接关联。这种叙事重点选择的一致化倾向，体现了叙事意图的雷同性。该类传说的叙事逻辑在于：庆洞是"绕三灵"文化空间的核心地域所在，神都本主是"绕三灵"节日朝圣的主神。一旦村落本主与庆洞本主之间是亲兄弟关系，也就意味着村落本主也具有神圣的血统。进一步意味着村落在"绕三灵"文化空间中的地位也非同一般。可见，此类传说意在凸显讲述主体所在村落在"绕三灵"村落群体中的地位，尽管这种动机有时表现为非自觉性。

其二，原有的君臣关系为何在传说中取而代之以兄弟关系？背后的叙事动机值得深思。君臣意味着上下之别等级之分，而兄弟意味着平等同级，最多只有长幼之别。从该类传说的地理分布来看，处于文化空间核心地位的庆洞村，村民不需要依赖这类传说巩固其在"绕三灵"文化空间中的核心地位，所以对此类传说也缺乏讲述的热情和传承的氛围。兄弟关系的构想，主要集中在朝阳村、上阳溪村②、河矣城村等庆洞村之外的次核心村落。这些次核心村落改变不了节日原有的文化秩序，却可以在较为自由的民间口承叙事中传递自强之音。可见，这类叙事部分地应和了次核心村落试图提升村落地位的隐在意图。

其三，马久邑本主与神都本主之间翁婿关系的建立恰到好处，体现了次

---

① 相比较庆洞神都在"绕三灵"文化空间中的核心地位，佛都、仙都以及马久邑在该文化空间中的地位和影响力要小些，我们把这些神址所在村落称为次核心村落。

② 2014 年笔者在参与上阳溪与马久邑接送本主仪式时，上阳溪的百姓告诉笔者，以前绕三灵从上阳溪村子下面走，去庆洞的百姓及村落队伍都要先对着上阳溪本主这个方向磕头，因为他们的本主段宗牓在大理一带有一定地位，然后才再去"绕三灵"。后来百姓的行进路线改到车路（214 国道）上去了。采访对象：上阳溪杨姓村民。采访时间：2014 年农历五月初五。采访地点：上阳溪遗爱寺大殿前。

核心村落内部关系协调的民间智慧。马久邑是整个"绕三灵"的最后一站，是几个次核心村落中距离神都最远的村落，也是参与者相对较少的一个节日空间。参与到马久邑当天节俗活动的外村落，一般是回家途中需要取道马久邑的。① 当问及马久邑村民他们的本主为何会跑到环海路边的"后花园"② 去时，村民告诉笔者，他们的本主是"神都爱民皇帝的驸马，（绕三灵期间）肩负着的责任是迎宾送客。……来的他要迎接他们，把他们安排到神都去。（绕三灵）结束掉，……他就要送客了"。③ 马久邑本主与神都本主之间的翁婿关系起于何时，具有多大的建构自觉性，我们不得而知。我们只能对已然存在的这种翁婿关系做一番评价。马久邑在亲属关系的定位上极有分寸。一方面，作为"绕三灵"节日空间的一个站点，和其他次核心村落一样，马久邑享有与神都本主建构亲属关系的优先权；另一方面，无论是在与核心节日空间庆洞的距离上还是在节日场面的热闹程度上，与其他次核心村落相比，马久邑都略逊一筹。马久邑在"绕三灵"神圣链条上的地位就决定了马久邑与庆洞之间的关系既要"亲"但又不能亲过血缘，同时又不能"犯上"。而翁婿关系既不同于兄弟等平辈等级关系，又是除了直系血亲外最近的姻亲关系。同时，翁婿关系，较好地体现了亲属关系之中的长幼有别，进而很好地呼应了现实中的君臣有序。我们无意标榜百姓在这一绝妙的关系建构上的主观能动性，但我们不得不叹服这种翁婿关系之下掩藏的村落交际智慧。

其四，次核心村落力量的生发更突出地体现在"本主争位"的民间传说之中。笔者在调查中不止一次听百姓讲述该类传说。在访谈的过程中，被采录者常会主动讲述"本主争位"传说，无须提示和引导，讲述时还不时流露

---

① 在 2012 年"绕三灵"调查的过程中，笔者发现经由马久邑地界回家的村落，多数只是象征性地在马久邑村边环海路上本主的后花园停留、焚香，仅有下鸡邑村专程到村中本主庙内参拜了张玉麟本主，并表演了节目。这一天，最热闹的活动是马久邑村民把本主张玉麟从"后花园"的行宫接回本主庙。

② "后花园"是张玉麟本主的行宫，具体位置在村头环海路边。行宫是一个三开间的小型宗教建筑，内里供奉着本主张玉麟的照片。绕三灵的最后一天，马久邑张玉麟本主佑下百姓（凤上中除外，凤上中的本主是段宗牓）会全体出动到后花园行宫接本主回庙。

③ 采访对象：马久邑村赵姓村民，凤北人。采访时间：2014 年农历四月二十五。采访地点：护国祠本主庙。

出为村落本主鸣不平的情绪。现以笔者在田野调查中听上阳溪一位村民讲述的传说为例尝试勾勒该类传说的基本情节。①

> （段宗牓）在大理国时期（笔者注：段宗牓是南诏时期的大军将），朝廷官职最大的就是他。他是当时的统帅。一个国家的统帅，不简单！他到缅甸，援助缅甸，平叛，打仗。功劳相当大！回来以后，神荐、佛荐，把他封到绕三灵那个建国朝廷（笔者注：就是庆洞神都）里头，坐第一把交椅。当时，他骑着马准备去赴任，……哦，他哥哥（笔者注：多数文本写的是弟弟）呢抢先把那个位子占了。他一气之下，马一勒（做出勒马动作），喔，最后，回到我们上阳溪。回来以后就坐镇我们的上阳溪、上北阳溪两个村。上阳溪过去（笔者注：指往村子北边庆洞方向）有个鸡鸣江，再过去有一条堰沟，那个马呢，一勒，把那个堰沟，踩踏了一大口，到现在都无法修补。

"本主争位"传说在喜洲一带流传度非常高，特别是在奉段宗牓为本主的村落中，几乎是人尽皆知的村落知识。故大理的民间文学资料中也记录了该传说，内容与笔者的采录有细微差异。总体而言，此类传说基本情节为：

（1）村落本主与神都本主是亲兄弟关系（村落本主为兄，神都本主为弟）；

（2）弟弟用计（提前一天上任或把哥哥骗下神座）取代了哥哥的中央本主神位；

（3）哥哥作罢，成为本村本主；

（4）其他：相关的自然物候（修不好的堰沟）或背对神都的本主庙建筑格局。

有意思的是，这种出现在段宗牓身上的神界冤案，被整体搬迁到"绕三灵"节日空间内的另一位本主身上。2012 年农历四月二十四，"绕三灵"的第二天，节日空间在河矣城村。当天，在洱河神祠本主庙内值守的莲池会成员段奶奶，热情地带领笔者前往魁阁找当地文化人。在前往魁阁的小巷子里，段奶奶凑近笔者耳边压低了声音告诉了笔者这一惊人"内幕"。笔者至今还记

---

① 采访对象：上阳溪上届公益会杨会长。采访时间：2014 年农历六月初六上午。采访地点：凤上中本主庙段公祠。

得段奶奶脸上的无奈和不平。且看这则发生在河矣城村段赤诚本主身上的"冤案"传说《段本主让位》。①

> 庆洞那个（本主）跟这个（段赤诚）是三弟兄嘛。段赤诚是大哥嘛，庆洞那个的大哥呀。庆洞那点是二哥，三哥是凤凰山这点。……大哥下来，二哥是说给大哥，"大哥，外面请你，你出去一下"。他出去，二哥就是坐下去了嘛，在庆洞那点。大哥这个是固执（笔者注：在此意思应该是单纯），想着什么也没有。大哥就下来这点（笔者注：指到河矣城村做了本主）呢嘛（了啊）。

两相比较，两则传说的情节大同小异。从传说故事的研究来看，我们很容易识别这类"移花接木"的创作手法，无非是把发生在段宗牓身上的事移植到了段赤诚的身上。但老奶奶的不平和无奈，又让人难以简单地以"偷盗"定论，笔者甚至一时间还产生了"真的很冤"的情感共鸣。也许"移花接木"背后的动机才是我真正应当关注的。这则传说是想告诉大家两个信息：其一，段赤诚是长，神都本主是幼。其二，不仅如此，段赤诚才是真正的中央本主，而现在的神都本主是冒名顶替者。尽管在"中央本主究竟是谁"这一问题上，官方和民间一直含糊其辞。② 但多数百姓还是认为段宗牓是中央本主，河矣城村的部分百姓也这样认为。如此一来，原"本主争位"传说中被奸计所害的哥哥段宗牓，变成了河矣城版"本主争位"传说中使用诡计的弟弟，相对于简单的角色置换，这种颠覆性的改写意义深刻。

---

① 采访对象：河矣城村段姓村民，女。采访时间：2012 年农历四月二十四。采访地点：洱河神祠。
② 《申遗书》中在谈及"绕三灵"的路线时，对其他节日空间点的神祇名号都交代得清清楚楚，唯独对核心空间庆洞的表述为"再往北到庆洞村，祭拜佛教寺庙圣源寺以及被称为'神都'的庆洞'本主'庙，称为'北朝（拜）'"。此外，徐嘉瑞《大理古代文化史稿》中说"爱民皇帝（想系南诏帝王）"，"神帝建国皇帝（……五台峰神明天子庙又曰建国神宫）""神号曰福祚皇基清平景帝。乃南诏大将军段宗牓，后为大理国先祖，故为神中之神。庙号神都。"参见徐嘉瑞著，李家瑞校《大理文化史稿》，中华书局 1978 年版，第 195、197 页。而民间对此也有"爱民皇帝"，"建国皇帝"，"中央本主"，"五百神王"等好几种说法。对于具体神名也至少有"段宗牓""段宗堂""不清楚"等说法。愚以为，庆洞神都本主身份和神号的不确定性正好证明了庆洞原始神性的非本主性。但认定庆洞为神都，也表明庆洞在百姓心目中是信仰的核心地。

村民主动言说的叙事态度和"本主争位"传说的具体情节传递出这样的信息：村落本主与神都本主之间不仅是兄弟关系，而且在长幼顺序上村落本主是兄长。在"长兄如父"的中华文化背景烛照之下，本主易位情节的深层意味显而易见。这种大胆的超越性叙事，将次核心村落的自信与自尊彰显无遗。

借助于对节日空间内神灵间亲属关系的探讨，我们对"绕三灵"的逻辑结构也有了进一步的认知。在整个"绕三灵"节日空间内，隶属于神圣家族集团的村落共同体与其他朝圣村落之间构成了内、外关系。与此同时，共同体内各村落之间也构成内、外部关系。以河矣城村为例，在"绕三灵"神圣家族集团内部，该村与其他核心、次核心村落构成内外关系。作为神圣家族集团的一员，河矣城村又与其他核心、次核心村落一起与非神圣空间的朝圣村落构成内、外关系。正是这种相对性的内、外结构，让涵盖于整个节日空间内的各个村落彼此交会又彼此区隔。在整个节日的逻辑框架中，传说充当了调节这种内、外张力的润滑剂，使得这一框架既不至于干涩到彼此摩擦生隙，也不至于柔润到消融了彼此的边界。

总之，这些传说的讲述和流传强化了次核心村落民众的文化自信。老百姓善巧地运用传说力图为所属村落在"绕三灵"文化共同体中谋求更显赫的位置、更强大的话语权。在此，艺术化的故事情节早已超越了文学的层面，成了村落表达自我的途径和方式。

"绕三灵"本主传说群中大量的村落叙事，从一个侧面体现了处于同一文化空间内的百姓对本主神灵阶序的认知，以及次核心村落谋求神圣血统以提升村落形象的企图，彰显了处于同一文化空间的村落共同体协调内部关系的民间智慧。

二 民间信仰实用性的成因

（一）现实功利性是民间信仰存在的内驱力

民间信仰的生存有赖于诸多因素，但其中关键性的一条就是当信仰者需要之时，民间信仰能否为其及时有效地提供助力。多神信仰与老百姓对民间信仰的现实功利需求有关。笔者在接金姑的垅圩图一座小山头看见了大小几十座宗教建筑。也惊叹于百姓对自我与他宗的包容性程度。他们不仅惦记把金姑接回娘家小住，而且希望垅圩图山上那些有名无名知晓不知晓的神灵能给家庭带来一年的平安，能给自己老迈衰弱的躯体注入健康鲜活的元素。所以，一方面百姓们没有忘记接金姑的主要任务，另一方面也不忘记在不同的神灵之处以虔诚之心，跪拜之举，再加以几毛到几块钱不等的功德供奉以换取来年的顺遂，或在愿望实现后不辞辛劳奔波来此兑现酬神的承诺。

民间信仰传承者的人生际遇必定会有艰难坎坷，传承个体必定会有改变厄运和永葆平安的心愿，这就给相当一部分民间信仰提供了出现和生存的机会。而带有概率性的命运逆袭事件则振奋着信仰者的内心，并作为鼓舞信仰群体维护信仰的有利证据在信仰者之间口头传诵，进而加以神化，演变为与信仰紧紧捆绑在一起的信仰叙事。由此生成的真真假假，假假真真，既缥缈又真切的氛围则成了民间信仰最合适的生存土壤。

不仅如此，民间文学与民间信仰的集体性又决定了民间文学中的民间信仰不仅作用于信仰者个体，而且作用于拥有不同信仰的不同群体之间的信仰交流，而且作用于同一信仰不同群体之间的信仰认同。更奇妙的是能很好地调配一个拥有不同信仰的个体的信仰平衡。笔者跟随前往接金姑时，队伍中的一位老者就声称是保和寺的在家弟子，又虔诚地信仰金姑，同时还朝拜垅圩图山上的各类神灵。

（二）民间信仰与民间文学的互生性

民间文学中的民间信仰实用性的层面是立体的，既能满足信仰个体的需求，也能满足信仰群体的需求。满足的内容也是多样性的：求子、求学、求平安、求丰收。民间文学中的民间信仰实用性是灵活的，它取决于信仰对象的现实处境和现实需求。很多民间文学的创作都植根于民间信仰，民间文学中民间信仰的力量是持久的。

民间祭祀活动的各种神灵是民间文学创作的主要题材。大理市银桥镇磻曲村供奉的本主，传说是从西天来村的大仙，他来时骑坐的天青牛，各立、卧在庙门口左右。本主很同情百姓的疾苦，愿为百姓分忧解难。一天晚上，他扮成农夫，扛起木犁，吆喝起青牛，去为村民犁田。到了五更天，村民也陆续起来下地，一看，家家的田地都犁好了，百姓非常惊奇，后来看见本主驾青牛犁田，须发上都染上了白霜，大家感动不已，一齐跪拜叩谢。大理市喜洲镇和乐村、鹤阳村，大理市上关镇部分村庄，洱源县凤羽乡马甲邑村、庄上村、铁甲村、寺登村，丽江县九河乡龙登村、东河村，玉溪市元江县因远乡九个白族村，这些跨地区各村供奉的本主，相关的传说故事就和宋代大理国皇帝段思平有关。大理市挖色镇小城村本主为海神娘娘，又尊称洱河公主，传说海神姑娘和他父亲来自西域，因父女俩能为百姓谋取幸福，被观音封为洱海新君主。后来，海神姑娘的父亲为治理洱海水患而牺牲。海神姑娘继承父亲洱河河神之位，不辞辛劳，教百姓挖沟修渠，帮渔民拉网捕鱼，她与世长辞后，村里百姓为她建庙塑金身，尊奉她为本主，享受百姓的祭祀。只要本主崇拜存在，这些传说故事也会代代相传下去。

此外，在西南边疆少数民族民间信仰的一些神灵占据了民间文学作品中的大部分；民间文学中的鬼神信仰是民间文学创作的一个重要部分；民间的神人崇拜也是西南边疆民间文学创作的一个方面。神人主要指民间神话了的历史人物、地方人物，其不仅在民间传说中传诵其神异的功绩，而且还被民间所供奉或祭祀，使其享受人间的膜拜。① 大理市下关镇将军洞白族本主庙里供奉的就是唐代的历史人物李宓将军，当地有很多关于李宓的传说故事。他是唐朝天宝年间，带兵征伐南诏的唐将。天宝十三年（754），唐朝再派李宓率兵二十万攻南诏，不料被南诏军四面夹击于西洱河，结果全军覆没，李宓沉河而死。后来当地白族为李宓将军建庙，尊李宓为本主，每年农历八月十五日祭祀，流传有很多关于李宓将军的传说。大理白族把唐朝将军李宓奉为本主来崇拜，实现了从安抚亡灵到敬奉神灵的转化，民间信仰的发展促进了民间文学的发展。过去，老百姓都没有读书的机会，只有结合民间信仰，把一些重要的历史人物的故事在民间信仰活动中代代讲解并传承下去，由此体现出民间信仰与民间文学的互生性。

---

① 杨序：《试论民间信仰对我国民间文学之影响》，《洛阳理工学院学报》（社会科学版）2009年第5期，第33—36页。

附件一　　　　　　　　　　　　"绕三灵"本主传说资料汇总

传说	出处	备注	
寻找太子	《中国民间故事全书·云南大理卷》	节日起源传说	田野调查时间：2012—2014 年"绕三灵"期间； 田野调查地点：城隍庙、庆洞村、河矣城、马久邑等"绕三灵"主要节俗地； 田野调查对象：参与"绕三灵"的百姓以及莲池会、洞经会成员； 整个田野调查既有对国家级、省级非遗传承人的专访，也有对节日主体的随机访谈。各则传说的具体信息在论及时会详细加注
奔丧	《中国民间故事全书·云南大理卷》		
朝拜中央本主传	《中国民间故事全书·云南大理卷》		
接金姑	《白族本主神话》		
欢庆胜利	《中国民间故事全书·云南大理卷》		
洪水遗民	1964 年喜洲人赵嘉荣讲述，菡芳采录		
龙王布雨	参见《"绕三灵"的文化整合策略》一文		
兄弟关系 1	田野调查 2015 年农历五月初五上阳溪村	神际关系传说	
兄弟关系 2	田野调查 2014 年农历四月二十四河矣城村		
兄弟关系 3	田野调查 2014 年农历四月二十四河矣城村		
兄弟关系 4	田野调查 2014 年农历四月二十四河矣城村		
舅侄	田野调查 2013 年农历四月二十二城隍庙		
兄妹	田野调查 2014 年农历四月二十四河矣城村		
翁婿	田野调查 2012 年农历四月二十五马久邑村		
本主争位	田野调查 2015 年农历六月初六马久邑村		
铁捆将军本主	田野调查 2012 年农历四月二十五日		
苍浪峰祭天	田调 2014 年农历四月二十三庆洞村	"绕三灵"核心地点庆洞村的一组传说	
观音的传说	田调 2014 年农历四月二十三庆洞村		
金姑出走	田调 2015 年农历二月十二巍山大仓镇		
段赤诚斩蟒	《白族本主神话》	"绕三灵"文化空间内主要本主之一"段赤诚"的一组传说	
段赤诚寻妹	田野调查 2012 年农历四月二十三河矣城村		
段本主让位	田野调查 2012 年农历四月二十三河矣城村		
段赤诚的出生	《白族神话传说集成》《蛇骨塔》节选		
段赤诚托梦	《白族神话传说集成》《段赤诚》节选		

第三节　西南边疆民间文学中民间信仰的弥散性

一　民间信仰弥散性的表现

（一）信仰观念的模糊化陈述

1. 真实的信仰内核被虚构的文学情节所包裹

作为百姓最常用的表达手段，民间文学对信仰仪式的内核做了巧妙改装。我们仍旧以包含多元信仰因素的接金姑信仰与仪式为例，这种改装主要集中于信仰仪式最核心的两位神灵金姑以及驸马身上。

首先看看虚构了什么。一方面，传说不仅把金姑、驸马打造为一对恩爱和睦的夫妻，而且加入了一位婆婆形象。在《金姑出走》传说中，金姑生命垂危之时，驸马爷挺身而出，英雄救美。据保和寺的开口弟子们说，金姑对婆婆也极为孝顺。有一年，金姑临去大理的前夜还附体在一位开口弟子的身上哭泣，就是因为舍不得婆婆。但就是这样一个夫妻和顺、婆媳和睦的神仙美眷之家，却也出现了一些"违和"的信息——无论是在巍山婆家还是在大理娘家，金姑、驸马都没有生活在同一个屋檐下。在垅圩图，驸马与金姑分居两殿。① 无独有偶，在驸马落脚的大理湾桥保和寺，金姑与驸马也分别供奉在相背的两个院落。大理并没有男女神像不能同塑一堂的禁忌，本主庙中供奉夫妻神的现象也不在少数，甚至家族几代齐聚一堂的现象都有。这样一对有着恩爱之名的夫妻为何却上演了分居的事实呢？

另一方面，传说对于金姑和驸马的事实分居有多种说法。说法一：饮食习惯不同说。金姑茹素，驸马食荤。说法二：相貌丑陋说。驸马因生得黑而丑不好意思见岳丈，所以独居保和寺，等候金姑。说法三：女婿岳丈不和说。

---

① 在垅圩图，金姑和驸马分别有两处宫殿。位于观音殿南边的金姑殿、驸马殿和位于观音殿上方"斗姆"阁左右两边的老金姑殿、驸马殿。这两处殿宇都没有把驸马、金姑供奉在一起。观音殿旁的金姑与"斗姆"同处一室。"斗姆"阁处的金姑殿、驸马殿分立"斗姆"阁的两侧。

因金姑与驸马是私自婚配，所以岳父不愿见驸马。说法四：避免尴尬说。铁柱会盟，白王让位细努罗，并不知晓细努罗就是自己的女婿。细努罗怕见面后岳父尴尬而有意回避。这四种说法主要流传在大理百姓中。说法一主要用于解释在垅圩图和保和寺，金姑和驸马为何要分居两殿。后三种说法意在解释为何驸马没有陪同金姑同住庆洞娘家。说法一主要流传于莲池会、保和寺弟子等信仰团体中；说法二是百姓中流传比较广的说法；说法三是从《金姑出走》主体传说中张乐进求拒绝女儿归宁的情节衍生而来，也具有一定的普及性；说法四来源于部分地方知识精英对《铁柱会盟》史料与《金姑出走》传说的合理化整合，不具普遍性。

其次看看为何虚构。也就是说，我们可以想想传说为什么要对仪式信仰内核进行改装呢？当古老仪式的原初内涵为适应新环境而消失或被置换之后，原有的仪式部分会得以保存，但这样的仪式难以被新环境下的节俗群体所理解，解释的需要应运而生。解释性的节俗传说往往出现在这样的背景之下。虽然传说常常在仪式中扮演宣说仪式起源的角色，但它实际上并不能揭示仪式的真正来源。在节俗的演变史上它更多具备着起、承、转、合之功能，更多用于为古老仪式的存留提供合法性的依据，弥合仪式中原初因子与新环境之间的裂隙、矛盾。传说传奇性的情节背后隐藏着仪式的生命密码，它对于厘清仪式的生命史具有启发意义。具体到人们对于金姑、驸马分居事实的解释。这四种解释性传说的生成动机在于弥补家庭和睦与事实分居之间的悖论，其生成时间绝对在金姑、驸马分塑两殿之后。这种解释的行为本身提示我们，在最初的仪式中金姑与驸马原本是两个独立的神祇，夫妻关系的想象性建构是仪式受外在环境的变更而自发调整之后生成的。

上述解释行为的出现，一方面说明人们已经意识到并试图去修补传说与事实之间的缝隙；另一方面也说明，在仪式环节中金姑与驸马不能同堂供奉，一定有其存在的秘意。而传说情节与仪式事实之间存在的出入恰恰可以帮助我们探究这一悖论存在的真相。

我们结合田野调查，对今日之金姑信仰结构进行梳理，列出整个"接金姑"仪式所经过的宗教场所，并对这些宗教场所加以分类梳理，对整个仪式中信仰结构的整体把握，以期对金姑传说与信仰话题的探讨建立在更客观的基础之上。由于每年"接金姑"仪式的行走路线基本相同。现以湾桥保和寺李姓弟子①2015 年"接金姑"所走路线为基础，适当补充，来勾勒接金姑群体所经过的主要神圣场所为：各村本主庙→巍宝山（段思平）→天摩牙（金姑、驸马）→大仓（九圣殿或谢媒人）→七五村本主庙→城隍庙→保和寺（安置驸马）、上湾桥（本主庙）②→各村本主庙→庆洞神都本主庙（安置金姑）。

上述路线中的巍宝山仅有少部分人（喜洲人为主）会去。各队伍在大仓的落脚点不尽相同，有落脚个体家户的，有落脚村落公共庙宇的。在这些神圣空间中巍宝山、天摩牙、大仓、七五村、城隍庙是队伍需要住宿的。

先从空间的角度来分析整个仪式路线中的信仰构成。具体如表 3 - 4：

表 3 - 4　　　　　　　　　"接金姑"仪式信仰路线结构（1）

结构方式	信仰形态	仪式路线
单线式 A、B、C	佛教	A:天摩牙(起点)→保和寺(中点)→圣源寺(终点)③
	道教	B:巍宝山(起点)→城隍庙(终点)
	本主	C:村落本主庙(起点)→七五村本主庙(中点)→庆洞本主庙(终点)
复调式 （A + B + C）	多元混融	村落本主庙(起点)→巍宝山→天摩牙→七五村本主庙→城隍庙→庆洞本主庙(终点)

表 3 - 4 中三条单线结构并非分立存在，而是交互构成一个复调式的共同体。再从时间的角度来分析整个仪式路线中的信仰构成。具体如表 3 - 5：

---

① 笔者 2015 年全程参与"接金姑"，与保和寺弟子同吃同住同行。

② 据上湾桥领队介绍，上湾桥原来是把金姑娘娘接到谢家院子，由于修 214 国道，该院被占，故现在金姑就接回本主庙。"以前的话，我们有一个谢家院子，一大院嘛。金姑娘娘接回去的话要接进那个院子里面。到处的人都来烧香拜佛嘛。现在修那个 214 国道，把我们的那个院子就搬迁了。就拆了。现在就接到庙里面去了。"采访对象：上湾桥村谢姓村民。采访时间：2015 年农历二月十五（4 月 2 日）上午。采访地点：大理古城城隍庙。

③ 圣源寺，原名圣元寺。

表 3 – 5　　　　　　　　　"接金姑"仪式信仰路线结构（2）

时间	信仰形态	仪式路线	结构方式
初期	佛教	A：佛都（起点）→佛都（终点） 具体：天摩牙→保和寺→圣源寺	穿插包含式 B ∈ A
中后期	多元混融	B：本主庙（起点）→本主庙（终点） 具体：本主庙→道观→佛都→本主庙→城隍庙→本主庙	

接金姑仪式的初期仪式结构是：佛都（起点）→佛都（终点），属于纯粹的佛教朝圣仪式，其间并未掺入其他信仰成分。仪式发展至今演变为：本主庙（起点）→本主庙（终点）。原有佛教朝圣点被涵盖于本主信仰体系中。原有仪式的三个核心点除圣源寺被本主庙取代以外，天摩牙、保和寺仍旧是今日主要的仪式点。这一仪式结构的时间变更，同时还隐藏着其他的演变动向。包含着传统宗教向民间信仰的倾斜，官方主导向民间主导的变更，故国仪典向新朝节俗的迈进。

仪式之初纯粹的佛教朝圣路线被涵盖于本主信仰体系之中。原本单线的仪式结构却彼此勾连呈现出复调式的信仰现状。什么样的因素促成了仪式结构在时空二维的演变呢？其一，边疆民族政权的消逝与中原统治下地方话语权的式微，使得依托于故国的佛教做出让步或变身。其二，民间力量的崛起不容小觑。百姓在不自觉承载逝去王朝的政治历史知识的同时，也在以自己的方式参与地方宗教史的修补和建构。其三，原有道教因子，借助中原文化的强盛掺入其中。其四，中原王朝与民间力量的合谋最终促成了仪式结构脱胎换骨的改变。本主是中央政权和地方百姓都能认可和接受的信仰方式。中央通过官方敕封等形式让唐天宝战争将领以及明成边将领大量进入本主神系，以加强对地方百姓的精神统领。地方百姓在本主庙中能获得种种基于生存和生活的现实需求。这种官方与民间，外来与地方都认可的信仰方式自然比依托故国的信仰更能符合时势之需求。于是主退为次，后来居上的宗教变更悄然发生。最终地方百姓对本主的认可超过了对古老妙香佛国传统宗教的认可。原有仪式结构的终点圣源寺被处于同一空间位置的神都本主所取代。

综上可知，传说与信仰的真实内核之间还是具有一定差异的。在传说中我们很难了知仪式今日的信仰全貌，更难了知到仪式最原初的面貌。也就是说，传说利用文学虚构手段，对信仰的真相进行了包装，使得信仰以一种相对隐蔽的状态存留，以更为形象化的方式被信众表达。

2. 稳定的信仰观念与灵活的文学表述相适应

民间信仰一旦形成，就具有相对的稳定性，但相应的民间文学表述则具有时代性、地方性和个体性特征，比较灵活。例如，白族民间传说故事《望夫云》广泛流传在大理地区，有很多版本，仅是大理府志、大理县志记载的就有若干种，民间口头流传的有十余种。虽然版本各异，但是其中体现的追求自由、平等、幸福的爱情观则是比较稳定的。"神话的思维必然具有某种内在普遍性质。"①《望夫云》的传说在流传过程中，主要情节没有太多的变化，但是人物身份、人物关系、故事结局有很多表达形式。该故事的主要情节讲述的是南诏公主与猎人相爱私奔，被南诏王和罗荃寺法师拆散，猎人被罗荃寺法师打入洱海，南诏公主抑郁而死，最后化作苍山顶上的一朵云，被称为"望夫云"。这个传说反映的是女子对爱情的忠诚，主动选择殉情。《望夫云》的传说自明代以来被收录到地方志中，20 世纪 50 年代在大理地区收集过该传说的各种版本，60 年代有与之相关的各种剧本，八九十年代也有学者从神话传说的角度对其进行研究，例如赵橹的《悲壮而崇高的诗篇——论〈望夫云〉神话之魅力》②和《〈望夫云〉神话辨析》③，以及袁珂的《白族"望夫云"神话阐释》④。《望夫云》在大理地区广泛流传，60 年代郭沫若在考察大理时也写有一首同名诗："洱海真如海，罗荃塔尚存，石骡何处是，遥见望夫云。"⑤

《望夫云》在流传的过程中，经历了漫长的演变过程，与其相关的地方文献记载最先见于明代嘉靖年间。清代《康熙大理府志》中记载："俗传昔有贫僧者，遇苍山神授以异术，忽生肉翅，能飞。一日，至南诏宫，摄其女入玉局峰为夫妇，凡饮食器用；皆能致之，后问女：'安否？'女云：'太寒耳。'

---

① 叶舒宪：《结构主义神话学》，陕西师范大学出版社 2012 年版，第 275 页。
② 赵橹：《悲壮而崇高的诗篇——〈论望夫云〉神话之魅力》，《民族文学研究》1985 年第 2 期，第 99—105 页。
③ 赵橹：《〈望夫云〉神话辨析》，《山茶》1982 年第 2 期，第 18—21 页。
④ 袁珂：《白族"望夫云"神话阐释》，《思想战线》1992 年第 2 期，第 44—46 页。
⑤ 民毅：《喜看〈望夫云〉》，《中国民族》1981 年第 1 期，第 37 页。

其人闻河东高僧有七宝架楚，飞取之，及还僧觉，以法力制之；遂溺死水中。女望夫不至，忧郁死。精气化为云。倏起倏落，若探望之状。此云起，洱河即有云应之，飓风大作，舟不敢行，人因呼为望夫云，又呼为无渡云。"① 《民国大理县志稿》中也记载："俗传蒙氏时，有怪摄宫中女，居于玉局峰颠。女所改食，怪给之不绝。因山高侯冷，女苦之，与索衣。怪慰之曰：'河东高僧有一袈裟，夏凉冬暖，可立致。'遂夜至洱海之东罗荃寺，将袈裟盗出。僧觉之，以咒压，怪溺死寺西水中，化一大石坪，俗呼为石骡子。女望之不归，遂郁死；精气化为云，名望夫云。每每岁冬再现，即大风狂荡，有将海中之石吹出不止之势。"② 近代收录的版本更接近口头神话传说，例如张文勋的《白族文学史》中记载："大理有砍柴人，通晓魔术，变形为鼠，潜入王宫，复变为美少年，与公主相爱。公主惧事泄受祸，砍柴人乃负公主飞隐玉局峰崖洞中，南诏王求公主不得。砍柴人受公主嘱，变飞鸟入宫盗宝衣御寒。事为罗荃和尚侦知，罗荃以术变砍柴人为石骡，沉之于洱海海底。公主遂冻饿死于洞中。冤愤之气，化为朵云，升于玉局峰顶。每年冬腊，此云若现，海底石骡必叫，狂风骤起，吹开海水，现出石骡。行船赶街之人，必皆为之停航驻足，人因称此云为望夫云。"③ 这里有老百姓所熟知的"砍柴人""变形为鼠"等通俗易懂的日常生活元素。在口头流传的过程中，讲述者又会根据讲述和场域听众的理解能力或反应加上一些生动的细节，如在《中国民间传说全书·云南大理卷》收录的《望夫云》的故事④。

从前，大理城北门外有一个柴郎，家里只有一个母亲，生活贫困。他从小上山砍柴，喜欢唱歌，走出大门嘴边山歌不断。

有一次，他挑起柴担下山，一边走一边唱着调子。走到北门外，正遇着公主郊游。护卫吼道："公主在这里，你乱唱什么？"不容分说将他打了一顿。柴郎被打哭了。公主见了问道："你为什么哭呀？"柴郎说："我是砍柴的，下山来唱着调子，被你手下人打伤了。"公主听了，赶紧

---

① 黄元甲：《康熙大理府志》，《大理丛书方志篇》（卷四），民族出版社 2008 年版。
② 周宗麟：《民国大理县志稿》，《大理丛书方志篇》（卷四），民族出版社 2008 年版。
③ 张文勋：《白族文学史》，云南人民出版社 1983 年版。
④ 冯骥才：《中国民间传说全书·云南大理卷》，知识产权出版社 2013 年版。

取出十两银子，叫他回去养伤。

柴郎回到家里，没几天伤就好了，他又上山砍柴。他采了一枝鲜花，又挖了一些贝母，心想：别的我也买不起，就把这枝花和贝母送给公主吧。可是哪里去找公主呢？找不到公主，柴郎心里一直闷闷不乐，老是低着头走路，歌也不唱了。

有一天，他上山砍柴时，在山上碰见一位老人。老人问他："你为什么不唱歌了？"柴郎把心事告诉老人。老人说："你既然有这一片情意，我可以借你一棵腾空草，衔着它，你就可以飞进官里找到公主。"

那时候，诏王正给公主选女婿，选过许多将相子弟，公主都不喜欢。公主为此翻来覆去睡不着觉，心里正纳闷时，只见窗外飞进一个人来。这人正是柴郎，柴郎把鲜花和贝母献给公主，公主很高兴。两人谈了许多话，不觉已到天亮，公主怕被父王发觉，便与柴郎一齐逃出官去。

他俩逃到苍山玉局峰的一个崖洞里。公主与柴郎结为夫妻。日子久了，公主受不了寒冷，病了，柴郎听说海东住着一位法师，有一件袈裟，冬不冷，夏不热。柴郎就想把这件袈裟偷来给公主穿，为公主御寒。不料此事被法师发现，他施法术将柴郎打入洱海，变成了石骡。

从此，公主天天思念丈夫，日日哭啼，郁郁而死，变成一朵云彩，飘动在苍山上，这就是有名的"望夫云"。

以上这个口头传说版本中有故事发生的具体地点，主人公的家庭及情趣符合大理白族的特点，能与听众的日常生活联系起来，反映出当地淳朴的民风和所推崇的爱情婚姻观念。大理白族的《望夫云》各种传说版本在结构上相对固定而细节多变。民间文学《望夫云》还被改编成戏曲影视作品，包括白剧、滇剧、歌剧、实景演出、二胡协奏曲，以及电影剧本。"传说的情节尽管有虚构的成分，但其主人公生活的时代和历史背景、他们的基本性格、社会地位、人物关系等，则经常是符合历史真实的。"[①]《望夫云》中爱情观符合了大理白族人民的价值取向，女主人公的反抗精神体现了爱情的忠贞。其流行的广泛持久性和众多版本体现了民间文学稳定的信仰观念与灵活的文学表述相适应。

---

① 钟敬文主编：《民俗学概论》，中央民族大学出版社1999年版，第259页。

（二）信仰方式的随意性表达

1. 信仰的神圣性与表达的世俗性相得益彰

民间文学为神圣的信仰与世俗的百姓生活找到了恰到好处的平衡点。金姑传说以亲情化的手段来配合朝圣仪式，完成对诸种信仰关系的调和。

传说为仪式原有信仰提供支撑。正如前文对仪式起源的推断，佛教是"接金姑"仪式初期最主要甚至是唯一的宗教力量。在仪式的发展演变中，佛教由唯一的宗教力量演变为多种宗教力量之一。在仪式由单一的佛教信仰向多神信仰演变的过程中，佛教的力量虽有所削弱，但并没有消散殆尽。今日的朝圣活动仍旧以当年的朝圣地点为核心。佛教在"接金姑"仪式中得以续存，一方面与大理悠久的佛教文化底蕴有密切关联，另一方面与金姑传说对佛教力量的支持有关系。

在今日的"接金姑"仪式中，金姑、驸马是仪式涉及诸神中的核心神灵。反映在传说中，传说赋予两位核心神灵以最紧密的夫妻关系，金姑传说群中的核心传说更是创造出金姑出走、金姑落难、细努罗相救、喜结良缘等既具有传奇性又合乎生活常情的情节，以加强这一夫妻关系的逻辑合理性。如前述对金姑与驸马原型的探析可知，金姑与观音、驸马与大黑天神之间存在源流关系。也就是说在"接金姑"仪式初期最主要的两位圣尊观音与大黑天神，在今日之朝圣仪式之中仍旧保留着主神的地位。只不过原本独立的两位佛教神灵以夫妻的名义出现在后世的仪式之中。正是传说为金姑、驸马这两位脱胎于佛教的神灵提供了民间化、世俗化的易容手段，得以继续以主神的姿态存续于这一节俗活动中。

时至今日，仪式原初的三个佛教圣地，垅圩图已经演变为儒、释、道混杂的信仰场所，当年的天摩牙难觅踪迹。圣源寺也已让位于临近的本主庙。只有保和寺仍旧保持着佛教本色，由当家师牵头保和寺弟子组团，积极参与一年一度的"接金姑"，同时还承担着三月三"送驸马"的仪式活动。厘清了"接金姑"仪式的来龙去脉之后，我们知道：保和寺出现在今日之仪式路线上，完全是因为保留了仪式原初的佛教色彩。但传说是这样解答保和寺与仪式之间的关联的。以下是四次相关的实地采访。

采访一主题：保和寺避难、修行

采访时间：2015 年农历二月十一（3 月 30 日）中午

采访地点：驸马殿后保和寺弟子住宿处

采访对象：保和寺弟子陈阿姨①

采访内容：

笔者：为什么要接金姑？

陈阿姨：……（金姑嫁给细努罗后）回家，他爸不愿。到处派人去追杀她（笔者注：事实上指的是金姑和驸马夫妇俩）。她去到保和寺，保和寺有一位方丈。"师父，你收留我一下吧！""当然啦，出家人嘛慈悲为怀，我应该收留你。但是呢，你爸是国王，我惹不起他，他会把我的庙烧掉的。"……师父还是把他们收留了。

笔者：驸马是怎么成为将军的？

陈阿姨：就在那里（保和寺）修嘛。他修炼嘛。老妙（笔者注：指保和寺的当家师父妙慈师）说给我呢，原来是在……修嘛（笔者注：修，指在保和寺修炼、修行）。

采访二主题：保和寺落脚

采访时间：2015 年农历二月初十（3 月 29 日）晚上

采访地点：驸马殿后保和寺弟子住宿处

采访对象：上阳溪杨姓村民

采访内容：

笔者：保和寺怎么会参与到这个活动中呢？

上阳溪杨姓村民：参与这个活动有两个原因：第一个，保和寺本来就是小鸡足山。小鸡足山她的景点比较多，跟宾川的大鸡足山有对立的一面。那边是大鸡足，我们这边是小鸡足。两边基本上好像是平起平坐。早就有一个传说，来到小鸡足山朝拜三年，等于到大鸡足山朝拜一年。在我们整个大理，最出名的就是小鸡足山。另外有一个问题，比如说驸

---

① 陈阿姨是汉族，会说汉语和白语，表达流畅。同时，她是佛弟子，长期待在保和寺，多年参与保和寺弟子"接金姑"，而且熟悉相关的宗教仪式。

马公这一位呢嘛，我们去迎接驸马公，驸马公原名就是细努罗嘛，他原来就是巍山的。他就是想征服整个大理，他就装成一个放羊的，或者是打猎的。来我们大理就是考察地形呀，他就是在小鸡足山那里有一个落脚点。按照历史的嘛，就是在那里打猎呀，狩猎呀，放羊呀，有不同的传说。他就慢慢来考察我们大理的地形呀，军情呀，民情呀。以后呢他才嘛把整个大理收复掉呢嘛。他就是在那里（小鸡足山）落个脚。在那里落脚以后呢嘛，在那段时间，他就是瞧见金姑。

……

采访三主题：保和寺恋爱

采访时间：2015 年农历二月十二（3 月 31 日）下午

采访地点：垅圩图山观音殿前

采访对象：周城杨姓村民

采访内容：

笔者：驸马为什么到保和寺？

周城杨姓村民：他们两个谈恋爱就是在那个地方谈。在保和寺。

采访四主题：保和寺等金姑

采访时间：2014 年农历四月二十三（5 月 21 日）上午

采访地点：圣源寺前

采访对象：作邑村赵姓村民

采访内容：

笔者：驸马为什么在保和寺等金姑？

作邑村赵姓村民：三月三，她父母手下把她接回来以后呢，两口子都回来了，但是她的男人生得很丑陋，非常丑陋。他说："既然……你先回去喜洲，我到三月三什么地方我也搞忘记了（笔者注：保和寺），我在那个地方等你。那你先回父母家去。"

从以上采访中我们可以知道百姓对于接金姑队伍为何要到保和寺的解释。总的来说，保和寺是驸马避难、修行、落脚与金姑恋爱、等待金姑的地方。在仪式过程中，保和寺是驸马爷来到大理后的落脚点。仪式中如此，传说中亦如此。在接金姑的过程中，笔者跟随保和寺弟子把驸马送上保和寺。保和寺是沿途停留地点中位置最偏远的一个。很难想象，如果没有传说给这一站点编织了充足的理由，一般老百姓怎会翻山越岭把驸马送上苍山的半山腰。保和寺之所以能在这一仪式链条中占有一席之地，根本上是因为该寺是佛教寺庙。但是对于后世百姓来说，与仪式的原初意义相比，他们更需要一个合理的、浅显易懂的理由。也就是说，如果没有传说为这一坐落偏远的寺庙提供世俗化的解释，保和寺这一环节很有可能会消失在仪式的演变过程中。

传说给新的信仰力量提供生存助力。"接金姑"仪式在后续演变中掺入的主要宗教形态是道教和本主信仰。正如前文分析，道教与本主信仰的掺入与大理整个宗教信仰演变的历程相关，深受政治文化变迁等外在力量的影响。因而，从某种意义上说，掺入是仪式生存的策略和必然趋势。即便如此，百姓也需要运用自己的逻辑来解释、评价新近吸纳的宗教力量。来自百姓的支持和解释同样是依托各类传说来体现的。以下采访和相关的民间故事中可以看出传说是如何解释金姑与城隍的渊源的。

采访主题：城隍阿舅

采访时间：2014 年农历四月二十二（5 月 20 日）下午

采访地点：城隍庙门口桥头写表摊位前

采访对象：凤阳邑杨姓村民①

采访内容：

笔者：今天接金姑为什么在城隍庙呢？

凤阳邑杨姓村民：城隍是金姑娘娘的阿舅呢嘛。这种传下来嘛。她的舅舅，她要在这边来闲，休息呢嘛。明天又把她送回那边（庆洞）呢嘛。

《城隍托梦》② 的传说：

---

① 采访对象凤阳邑杨姓村民，80 岁。笔者还随机问过喜洲沙村和湾桥北庄的村民，他们也认为城隍是金姑的舅舅，可见这种说法在民间比较普遍。

② 大理市文化局编：《白族本主神话》，中国民间文艺出版社 1988 年版，第 64—65 页。

　　有一天晚上，洱河灵帝给张乐进求托了个梦说："金姑找了个好姑爷，这个姑爷的福气比你的还大，你应该把金姑接回来。"张乐进求醒来以后，以为是自己想女儿才做了这个梦，所以并不当回事。第二天晚上，城隍老儿又来给他托梦，说的话与洱河灵帝一模一样。张乐进求感到奇怪，心想："怎么会有这么多的神灵来托梦！难道是真的？"于是他也就回心转意了……

　　自明代以后，城隍在大理人精神层面所占据的位置日趋显著。因此城隍信仰被吸纳入"接金姑"仪式最有可能发生在明代。正如百姓会用自己的知识对金姑、驸马的佛教身份加以改头换面一样，城隍之所以能出现在"接金姑"仪式之中，势必需要一些恰如其分的理由。上述两则传说一则试图在金姑和城隍中构建一条血缘纽带，一则试图给予城隍以金姑恩人的身份。不管怎样，老百姓想要强化这些新的宗教力量的意图比较明显。

　　另外一个后来居上的宗教形态是本主信仰。根据前文的分析可知，今日的仪式结构是由本主信仰涵盖之下的多神教信仰结构，即穿插包含式结构。本主力量的崛起，表现在仪式中就是对仪式终点的置换。圣源寺在南诏时是著名的佛教密宗道场。而仪式原本就是一个纯粹佛教的朝圣仪式。但明以后，佛教密宗的力量迅速削弱而本主信仰因得到中央王朝和百姓的双重认可而呈现出更兴盛的态势。因此神都本主庙最终取代了圣源寺成为仪式的收官之处。金姑传说一方面借由张乐进求与金姑的父女关系来表达百姓对仪式终点重要性的认识。毕竟，夫妻、父女是整个金姑传说中最紧密的两对亲情关系。前者赋予了佛教力量，后者赋予了本主信仰。另一方面，传说又做了一些模糊化的处理。笔者所见到的金姑传说中都没有明说金姑的娘家具体在哪里。只是说把金姑接回了喜洲。关于金姑的父亲就有三种说法。即"一位王"、张乐进求、神都本主爱民皇帝。神都本主庙中塑有金姑父母的小型雕像，这应当是金姑娘家的象征表达。笔者以为父女关系的建构是对本主信仰在仪式之中地位的肯定，而对"父亲到底是谁？娘家到底在哪儿？"的模糊表达，又是百姓对仪式终点被置换的一种不置可否。

　　2. 信仰者为我所用的功利心态促使信仰对象缺乏稳固性

　　民间文学中惯有的文学母题和文学传统常被具有信仰者、民间文学传承者双重身份的民俗文化精英用来弥补这种随意性带来的明显缺憾和由此引发的怀疑，捍卫信仰的神圣地位。

民间信仰出现杂糅混融——见神就拜的现象普遍。"接金姑"仪式中多元宗教混杂的状况，笔者有深切的体会。以垅圩图为例。历史上垅圩图因佛教寺庙天摩牙寺而闻名。现如今，垅圩图的入口处虽然还写着"天摩牙"几个大字，但寺庙早已荡然无存。到达垅圩图的第二天，笔者曾跟随保和寺弟子用了大半天的时间走完了整个垅圩图的主要寺庙，发现整个垅圩图仅有云隐寺、观音殿、西天教主殿等三处佛教殿宇，其他还有"无极老母殿"、孔子殿、伽蓝殿、十隍殿、土主殿、五佛殿（实际供奉着道家神灵）、龙王殿、将军殿、救苦殿、魁星阁、桥神路神车神殿、九圣殿、灶君殿、财神亭等大大小小几十座神殿。各路神灵来自不同的宗教背景，甚至不同宗教的神灵被供奉于同一个殿堂，俨然一个儒、释、道多元宗教场所。老百姓也不追究殿里供奉的是何方神圣，而是见殿就进，见神就拜，见功德箱就捐。

接金姑中出现的这种见神就拜的现象在西南民间信仰中极为普遍。这与百姓在认可、接纳民间信仰过程中的功利心态有密切关联。客观而言，这种杂糅性带来的副产品也是显而易见的，导致民间信仰稳固性的缺失。

传说对信仰稳固性缺失问题进行弥合。利用文学虚构建构为众多的信仰对象建构起多元人情格局。为配合仪式开放的多元信仰格局，传说也形成了以金姑为核心的多元人情关系格局，具体如表3-6所示。

表3-6　　　　仪式多元信仰力量与传说多元人情格局对应表

仪式:多元信仰力量	媒介	传说:多元人情格局
佛教:垅圩图保和寺	金姑	夫妻:金姑、驸马
道教:巍宝山城隍庙		兄妹:金姑、段思平;舅侄:金姑、城隍; 婆媳:金姑"斗姆"
本主:庆洞本主庙		父女:金姑、张乐进求（五百神王）
……		……

表3-6显示，"接金姑"仪式与金姑传说共同构成了一个以金姑为中介、以金姑和驸马夫妻关系为核心而无限开放的动态结构。金姑传说给仪式原有的宗教力量以合理的说辞，给新加入的宗教成分以解释的空间，甚至给仪式未来发展过程中正在或即将加入的新的宗教力量留有空白。在这样一个开放的动态结构中，金姑传说通过构筑人情网络的方式为仪式中各种宗教力量之间的和谐共生贡献着自己的力量。

利用文学虚构建构为新增的信仰对象找到合理的解释。在这一开放的动态结构中，笔者注意到，还有新的宗教能量进入该系统，而传说也正源源不断地给予这些新的宗教能量以支持和诠释。笔者在田野调查中，听闻保和寺弟子讲述了这样一则灵验传说《金姑舍不得婆婆》①。

> 去年的今天晚上（笔者注：农历二月十一，公历3月30日），妙玄被降上了②。她就在楼上走来走去，走来走去，她就讲一些些话。有个就呜呜地哭。她们就来叫我"陈师兄，快点，楼上几个是哭的哭，叫的叫，你去瞧瞧"。我就上去瞧，叫人去叫杨师傅。我说："杨师傅，快点爬起来，有事情了。"杨师傅上去就敲着她的脊背上几下，就说"不要伤心，你回去大理只是去几天，你舍不得你的老婆婆，可是？"这几句说完，她不哭了。好好睡去了。金姑附体了，她舍不得她老婆婆，因为她老婆婆对她好嘛。紧哭紧哭，哭了好一阵了，她们才下来这点叫我嘛，我又才去叫杨师傅（笔者注：一位开口弟子）。不可思议。

构建金姑和与金姑同堂而塑的女性神灵之间的关系，是金姑传说另外一个新的增长点。上述灵验传说，以近乎时事新闻的方式，传递着金姑神灵的真实性和婆媳关系的真实性。在驸马殿旁的金姑殿里，除金姑外还塑造着另外一位女性神像，巍山人称她为"斗姆"。笔者以为，这可能是塑像真正的身份所在。而大理人称其为金姑的婆婆。这一原本让人觉得荒唐的角色配对却因为发生了具有时事新闻效应的灵验传说而变得亦真亦幻。笔者以为，因

---

① 采访对象：保和寺弟子；采访时间：2015年农历二月十一（3月30日）中午；采访地点：驸马殿后保和寺弟子住宿处。

② 指一位叫妙玄的开口弟子被金姑附体，为金姑代言。

"斗姆"在垅圩图现有的宗教格局中享有很高的地位。① 一种可能就是，前往垅圩图的大理人试图让金姑与垅圩图现今的主要神灵之间建立某种关联。而在现有的传说人情图式之中，符合女性与女性关系建构而且还未被别的神灵用过的就只有婆媳与姊妹两种关系了。而"斗姆"之名很显然更适合当婆婆。无独有偶，巍山百姓中真的有关于三姊妹的说法："巍宝山是大公主、二公主在永建、三公主在垅圩图。"② 在西天教主殿前也有村民说"观音老母三姊妹同锅吃饭、各修行"，"金姑就是观音了"。③ 可以预见，在这一开放的系统之中，未来还可能有新的力量新的传说得以生成。古老的金姑传说树将会不断地添加新的枝丫与绿叶。

（三）组织结构松散性的呈现

从上述对接金姑仪式中的多元信仰与民间叙事的梳理可知，西南民间文学中的民间信仰具有松散性的特征，具体来说，体现在以下几个方面。

1. 地域共同体是信众组建朝圣团体常见的先决条件

与中原固有的家族等稳定的、以血缘为标准的社会组织不同，西南边疆少数民族的民间信仰常以地域为参照组建信众团体，特别是在进行朝圣活动之时。本节中的主要案例接金姑的朝圣团体就具有这样的特征。

首先，从朝圣团体的整体构成来看，每年前往巍山接金姑的朝圣团成员主要集中在南至大理镇北达喜洲镇之间，地域范围涉及大理镇、银桥镇与喜洲镇三个行政区划范围。其次，从小的朝圣团体来看，小的朝圣团体基本以村落为单位构成。笔者在垅圩图山所见，每一个小的朝圣团体的成员几乎来自同一个村落或附近几个村落。成员彼此之间没有必然的血缘关联；除了极个别团体以外，成员彼此之间也不具有相同的宗教背景。可见，让朝圣者结伴而行的最核心条件是成员彼此间在地域上的毗邻。梁永佳的《地域的等级：一个大理村镇的仪式与文化》对大理市白族文化名镇喜洲的地域社会组织进行了深入研究。④

---

① 垅圩图山光"斗姆"阁就有至少3处之多，在整个垅圩图山的最高处就是无极老母殿。

② 采访对象：巍山大仓村民。采访时间：2015年农历二月十二。采访地点：垅圩图山驸马殿。

③ 采访对象：巍山大仓村民，佛弟子。采访时间：2015年农历二月十二。采访地点：垅圩图山西天教主殿。

④ 梁永佳：《地域的等级：一个大理村镇的仪式与文化》，社会科学文献出版社2005年版。

2. 相应的民俗节日是信众集会的便利时空条件

定期的集聚也是民间信仰保持存在感的重要方式。与传统宗教相对频繁的信众聚集不同，民间信仰的聚集往往借助相应的民俗节日。民俗节日为信仰者的集会提供了便利的时空条件。例如，大理地区的主要民俗节日是三月街民族节、火把节、绕三灵、石宝山歌会、耍海会、葛根会等，这些民俗节日都是民间信仰的演义场所，为信众集会提供了便利的时空条件。

大理白族三月街在每年的农历三月十五日至二十日举办，是大理地区最盛大的民族节日和滇西各族人民最大规模的物资交流盛会，也是独具风格的白族文化娱乐盛会。三月街源于唐代南诏国的观音市。《白国因由》记载："年年三月十五日，众皆聚集，以蔬食祭之，名曰祭观音处，后人于此交易，传为祭观音街。"明代白族史学家李元阳的《云南通志》中记载："观音市，三月十五日在苍山下贸易各省之货。自唐永徽间至今，朝代累更，此市不变。"三月街期间大理州各县市的代表队参加的大型文艺表演，演出霸王鞭、八角鼓、双飞燕、龙灯等富有民族特色的舞蹈，还有赛马、洞经音乐演奏、龙舟赛等文体活动。

大理地区的火把节在农历六月二十五举行，有拜火把、点火把、耍火把、跳火把、观赏火把、跑马、绕火把等活动，也是信众集会、演义与火崇拜相关仪式的重要时刻。石宝山歌会于农历七月的二十七日至八月一日在位于剑川县城西南约 25 公里的石宝山举行。石宝山歌会期间来自剑川、洱源、大理、丽江、兰坪等县市的白族歌手会聚在一起对歌弹弦唱曲，也有很多观众参与。石宝山歌会不仅是白族人民抒发情怀、赞美生活的盛大聚会，而且是进行传承民间艺术和交流民间信仰的重要场所。耍海会于农历八月初八在大理镇和下关镇举行，七月二十三日在上关和喜洲一带举行。葛根会于正月初五在大理三塔寺内举行。这些民俗节日是信众集会的便利时空条件。

3. 组织成员内部日常联络稀疏且仪式程序规范性不强

民间信仰的成员内部联系并不紧密。以大理白族老年妇女之中普遍存在的莲池会为例。莲池会常以村落为单位构成。以年为单位来看，成员绝大多数时间并未聚集一起进行信仰活动。成员更多扮演的是家庭角色，从事的是日常生活活动。只有在本主诞等节俗上，在成员或村民家突发状况需要莲池会出面助阵之时，成员才拿起装备从各自家中临时赶往聚集地点开始信仰活动。

古老的民间信仰常有祭师等相对固定的精神领袖，但是如今民间信仰的主持者主要负责团体内部的管理，有些活动甚至没有较为稳定的主持者，而是村社成员轮流主持，其职责、能力以及威信难以与巫师、祭师等相比。他们更多的是作为地方或组织内部相对权威者管理信仰团体。民间信仰活动的开展具有一定的随意性，缺乏相对固定的、规范的、权威的仪式程序。主持者在带领成员进行相应仪式活动的时候，有时甚至是以个人的好恶和判断为标准的，随意增、删仪式程序。这一点，表现在信仰的解释系统中。笔者在问及信仰成员，甚至成员公认的信仰权威关于信仰对象的事迹、信仰的由来时常会得到不同版本的答案。有些信仰成员甚至并不了知信仰对象的丰功伟绩，只是以随大流的心态来参与到信仰活动中。

二　民间信仰弥散性的成因

西南边疆民间文学中的民间信仰呈现出弥散性的特征，是因为民间信仰存在方式具有自发性，民间文学表述具有可变性，民间信仰仪式具有非正规性，民间信仰解释权具有分散性。

（一）民间信仰存在方式的自发性

绝大多数民间信仰的形成及发展具有自发性。因信仰者不是专门的神职人员，所以信仰者欠缺维护和壮大信仰的主动性、自觉性。民间信仰在民众中自发产生、自然传承，其自发性体现在无组织性、非官方性。无组织性是指民间宗教信仰在产生和流传过程中具有群体性特征，大多是群体自发形成。非官方性是指民间宗教信仰是在民众之间产生发展而非官方推动的，是深植于民众之间，带有松懈性质。[①]民间信仰在信仰群体中传承，是一个集体无意识行为，没有组织性。在封建时代，官方为了达到稳固其统治和麻痹群众的目的，会利用民间信仰，出于阶级者的既得利益，而不是为了推动民间信仰的发展。现今国家虽然保障公民的信仰自由，但没有特意去推动民间信仰的

---

① 吕大吉：《宗教学纲要》，高等教育出版社 2003 年版，第 37 页。

发展。由于人口的流动和社会经济的发展，人们的观念转变较快，民间信仰的自发性存在面临诸多挑战。

民间信仰有时会受到乡规民约或是习惯法的影响，但不具有强制性，基本上是民众自觉自愿的行为。民间信仰的代际传承也是在潜移默化中进行的。很多自发性活动的道具、服装、车马都是自筹自配，组织者和重要角色人物都是无偿的，由于经济观念的原因，越来越多的年轻人不愿参与，自然也感受不到民间信仰的神圣性。另外，各种仪式装扮、绘制技艺都没有形成专门的师门流派，代际传承问题比较突出。而对于信众而言，现代社会给他们提供的精神食粮比较充足，对民间信仰的依赖性不强，除了在特定的仪式和场景外，基本上沉浸于手机、电视和互联网世界中，信仰者个人和其所在的社区组织与外界的联系不断增强，民间信仰的自发性受到更多因素的影响。民间信仰存在的自发性决定了其相应的活动或仪式没有统一的时间、规模和内容，体现弥散性。

（二）民间文学表述的可变性

作为民间信仰的表述系统，民间文学最主要的外部特征在于集体性、口传性与变异性。以集体性而言，民间文学往往是以集体创造、众人添枝加叶的形式完成的，这就难免掺杂着个人的或多元的表述方式主题。口耳相传的流动方式更是难以保证表述的一致性。笔者在调查中时常遇到信众在表达、传递信仰内容时不自觉地加入自己的评判、改造、推测等行为。民间文学的集体性和口头性就会导致变异性成了民间文学最主要的特征之一。既然会变动，就难免弥散。

西南边疆民间文学的表述主要通过口语、文字文本和仪式活动三种方式，其中口语在较长的历史时期一直处于主导地位。语言本身随社会历史的变化而变化，民间文学的内容、情节、主题、形象也随着讲述者和听众的不断变化而变化。讲述者的心理动机是民间文学变异的内在因素，听众的接受能力、反应、疑问、评论是其变异的外部条件。在内在因素和外部条件的相互作用下，民间文学的内容得以增减或修整。传承者的主观性带来了民间文学表达的随机性。此外，历史的发展、时代的变革、环境的变迁是民间文学表达变化的外围条件。例如前述的《望夫云》从明代到现在不同流传版本的变化就是无数个讲述者、无数位听众在各种外围条件下的不同表达。

一些民间文学一旦被载入地方史志，就会出现士大夫文学与民间文学二元并存的情况，又增加了变异的可能性。例如，关于壮族歌仙刘三姐的传说，广泛流传于广西的宜山、罗城、恭城、柳州、融水、容县、岑溪、贵县、桂平、扶绥、平南、梧州，以及广东的梅县、翁源、兴宁等地，各地的地方史志和民间传说中刘三姐的生长年代、出生地和情节内容都不尽一致。民间文学的变异性特征使刘三姐的故事在传承中变异、在变异中传承，经历了千百年的发展变化。明代孙芳桂在《歌仙刘三妹传》中说刘三姐"甫七岁音律，才思敏捷，时呼为女神童"。清代屈大均《广东新语》说刘三姐"年十二，淹通经史，善为歌，千离内闻歌名而来者，或一日或二三日，卒不能酬和而去"。清代张尔翮在《古今图书集成》也说刘三姐"年十五，其父受聘于林氏，和歌者仍终日填门，无一较胜。至其貌羞花掩月，光彩动人，见之者无不神怡意荡，但授受之礼甚严，终不可犯"。广西的《浔州府志》《宜山县志》《苍梧县志》等也有不少关于刘三姐传说的记载。各地流传的民间版本更是数以千计。

此外，民间信仰仪式具有非正规性和民间信仰解释权的分散性也是其弥散性的成因。如前文所述，民间信仰仪式很难有严格的仪式程序。这就导致信仰组织者在举行相应的仪式之时掺杂个人的见解，来微调甚至改变仪式的程序。信仰者即便对仪式也因缺乏权威的固定的仪式程序作为参照而收效甚微。民间信仰解释权的分散性也主要与民间信仰缺乏固定的组织和缺乏频繁的仪式来强化彼此之间的认同有关。由于没有权威的文本指导仪式的非正规性，每个信仰个体对信仰的内容有自己的理解，也有自己的解释权，针对不同的对象，会给出不同的解释，加大了民间信仰的弥散性。

第四章 西南边疆民间文学中民间信仰的功能和价值

民间文学作为反映社会生活的一扇窗口，民间信仰自然也是其表达的内容。西南边疆民间文学植根于边疆民族地区，民族文化和民间信仰是其生存和发展的沃土；其中民间信仰内容更是丰富多彩，反映着各族人民对宇宙、自然、社会、人生的观察、认知和思考。从一定程度上说，民间文学中的民间信仰是一种地方性知识，与地方社会的风物、风貌息息相关，同时也表现出群众社会文化生活的各个方面。如果要持续而深入地认识和了解一个社会和民族，可以从其民间文学中解读民间信仰内容。也正因为如此，探讨民间文学中民间信仰的功能和价值具有重要的意义。

第一节 民间信仰的历史记忆与文化传承功能

民间文学在维系民族文化的绵延和繁荣上功不可没。作为人民群众创作和传承的非物质文化，民间文学承载着一个民族的历史记忆。史诗，这种古老的韵体叙事文学是西南边疆民间文学中的一朵璀璨之花，产生在特定的社会历史条件下，具有厚重的文学价值和审美价值，也是特定时代社会文化生活的整体反映，是了解一个族群生活方式及思想观念的有力载体，它最能真实反映各族人民的社会文化生活，反映人民对自然的认知以及与自然作斗争的经验。它本身就是一种集体智慧的产物，是一个民族特殊的知识总汇，具有百科全书式的功能。① 因此，史诗中所反映的民间信仰内容也是各族人民的生存和发展史，承载着民族的历史记忆，实现着民族文化的传承。这里我们以彝族创世史诗《天地人》为例进行分析。

一 民间信仰的历史记忆功能

每一个民族发展的历史都极为曲折、坎坷。在无文字社会，这些历史被创作成民间文学作品保存下来，成为该民族共有的文化记忆。彝族创世史诗《天地人》向人们展示了一幅远古社会的历史画面，通过对这些内容的解读，能遥观彝族社会发展的历史线索。

首先，史诗表述了对天地万物及人类社会存续发展的历史记忆。"天为人之父，地为人之母。在家佑人安，出门保人吉。六畜天所降，五谷天所予。"人群、牲畜、五谷都是天地所生，天地的顺序排在人的前面，先有天地才有人及其他一切。天是怎么来的呢？诗中提到霹雳一声响，天就被生出来了，之后隆隆一声响就有了地。天地生成之后没有人来敬献天地，天地觉得过于孤单，便用老虎生出人及万物。这样看来，天、地、人三者产生的先后次序被明显地凸显了出来，先有天，再有地，之后有了人。可以说，天、地、人三者的先后次序也就是史诗对天地起源的认识。

史诗也讲述了人类的起源。有了天、地，天地再造出人之后也并非一种无序的状态。人的产生、成长也遵循一定的次序。"人群无夫妻，男女不分时，人饱心无事，神饿人不理。"这里所说的就是人类在产生之初，没有夫妻概念，男女之别，没有季节时间观念，人们的生活处于一种混沌自由的状态，也不敬天地、拜鬼神，很多时候神反而要来服侍人，甚至人们日子太轻松随意滋生了很多坏毛病。有的人很娇气，富贵的则奢侈，还不懂珍惜幸福生活，随意糟蹋粮食。因此就有"荞粑帽子戴，饵筷凳子坐。肥肉下耗子，米面糊刷墙。糍粑塞水洞，苞谷填路坑"。这样的生活让天地颇为愤慨，下了决心惩罚人类，不惩罚他们，人类永远不知理，永远长不大。于是，一场铺天盖地的洪水席卷了人类生存的世界，淹没了房屋，淹死了庄稼和牲畜，淹死了人。

---

① 李子贤：《从创世神话到创世史诗——中国西南地区产生创世史诗群落的阐释》，《百色学院学报》2010年第4期，第15—21页。

最后，只有两兄妹借助葫芦的庇护得以存活下来，成为繁衍人类的始祖。经过这一场惩罚之后，人们学乖了，不再像以往那样不懂理，而是脱胎换骨，知道了生存在世间的次序。从此，人类进入了一种有序的生存状态。

同时，史诗讲述了人类社会的起源。人类社会进入一种有序的状态后，便遵循一定的秩序生活。人们各司其职，用自己的方式过活。如砍柴的、盖房子的、打猎的、种荞麦的等。汉人盖瓦房，穿锦缎衣，读书做官。罗比多织布盖房，做木活。白夷住山打猎。傈僳住在崖洞，挖山药。拉祜住在江边，编竹子。罗罗即本地的彝族盖茅草房、织麻布、种庄稼，一代一代地生息繁衍，才有了人烟，形成了今天所看到的村寨。村寨形成后，经历了兵祸匪患。贼兵来到村子里烧杀抢掠，把人们吓得到处躲避，极大破坏了当地秩序。族长在林边、箐旁四处找人，人们团结一心打跑了贼兵，换来今日村寨的安宁。

可以说，史诗明确地解释了天地万物及人类社会的生成，告诉了人们这世界是怎么形成的，先有天，再有地，天地生出了人。人生存在天地间，按照一定的社会秩序生活，才能保证世代的生存延续，若违反了这种秩序便有可能受到惩罚，遭遇灭顶之灾。从史诗《天地人》可以看到当地彝族民众对宇宙起源、结构、人在宇宙中的位置等的看法，这些信仰内容怪诞却有趣，负载在民间文学作品中成为一种历史记忆被保存了下来。

火与人们的生活息息相关，西南地区火把节在讲彝语支语言的民族中流行，主要源于对火的崇拜，有关于火的起源传说，充满了神秘色彩，有传承历史记忆的功能。例如，哈尼族有相关的民间故事《阿扎》①。哈尼族主要生活在滇南哀牢山区，火塘是他们传统生活的中心，长辈们在火塘边上给晚辈们讲关于火的故事，代代相传。"在老林里度过寒冬的人，最知道火塘的温暖。"这是哈尼族一句古老的谚语。火给人们带来了光明和温暖。可是，火种又是谁送来的呢？

《阿扎》首先描绘的是先民们没有火的时候，居住的地方被冰寒笼罩着，黑暗的夜晚没有光明，没有炊烟，人们只得将采来的野果生吃，打来的兽肉生嚼。听到这个开场情景，坐在火塘边上的听者容易联想到屋外的寒冷和黑暗，生吃食物的日子令人无法想象，而备感火塘的温暖和用火煮熟食吃热饭

---

① 杨利先主编：《云南民族民间故事》，云南人民出版社 2009 年版，第 112—119 页。

的幸福，都是因为有了眼前火塘里的火。听故事的人或许会问，火是从哪里来的？或是谁把火带到了人间？此时，讲故事的人就会把英勇取火的主人公"阿扎"引出来。讲"阿扎"小时候的生活，没有父亲，与母亲相依为命，生活十分清苦。这里提到"阿扎"没有父亲，可以从两个方面来理解。一方面，他从小独立自强，更需要温暖，渴望火的光照；另一方面显现出他的神圣性，是神的化身到人间。故事中也提到他膀阔腰圆、结实健壮，是哈尼族社会中对男子的审美观念的表现，也寓意为完成特殊的取火使命需要有强壮的身体。

"阿扎"从小与母亲相依为命，最听母亲的话，像取火这样的特殊使命还是要由他的母亲托付。女人思念丈夫，儿子思念父亲，起始母亲要"阿扎"完成的特殊使命就是寻找父亲，这也是人之常情，听众也容易接受。至于最终的使命是取火，在随后故事情节的发展中逐渐显现出来。为什么要去找父亲？父亲在哪里？在父亲身上发生了什么而离开他们母子？这些或许是"阿扎"的疑问，也会是听众中小孩子的问题。所以接下来就引出"阿扎"的母亲讲他父亲的事，主要的目的是树立一个勇敢能干的哈尼族青年形象：打猎的猛士，从鹰爪下救出别人的羊羔，从狼口中救出别人的孩子，受到乡亲的爱戴，最大的愿望是取到火种。因为"阿扎"的父亲异于常人，能得到特别的启示，知道火的秘密：火种是一个魔怪头上的一盏眉心灯。要想获得稀缺的东西，都是非常艰难的。故事中说到火种在魔怪的头上，意味着不是一般的人可以去取，要有勇气和能耐。"阿扎"的父亲作为哈尼族人民的英雄，为了解救哈尼乡亲的苦难，决心历经千辛万苦找回火种。但是"阿扎"都已经十八岁了，父亲还没有回到家乡。"阿扎"母亲的推测是可能已经变成石头了。这里"变成石头"是对死亡的一种委婉说法，也更容易让听众和阿扎相信。哈尼族住在山区，石头是最常见的自然物。石头不会死亡，可以永存，意味着"阿扎"母亲对杳无音讯的丈夫永存的愿望。

关于父亲变成石头，也引起了"阿扎"的疑问。母亲的解释道出了魔怪施行的魔法，凡是去取火的人都会变成石头，"阿扎"的爸爸可能也不会例外。听到母亲这样说，"阿扎"坚定地表达了找到父亲、带回火种、除掉恶魔的愿望，可以说是铁石心肠了。母亲已经失去了丈夫，不愿意让唯一的儿子

"阿扎"去冒险，当然也不会答应去取火的请求。"阿扎"还是坚持救父亲、给乡亲们带来火种为理由百般请求母亲。"阿扎"坚定的意志终于打动了母亲。"阿扎"的母亲鼓励他勇敢地去，赐予他神秘的武器，告诉他"阿波"是可以得到指点的人，也嘱咐不要牵挂她。甚至就在"阿扎"面前吞下最毒的孔雀屎自杀。"阿扎"母亲生命中最后的话语让"阿扎"坚定意志去完成救父取火的神圣使命，她的自杀行为更是让他死心，不要有后顾之忧。这个悲剧性的情节不仅塑造了一位伟大的哈尼族母亲的形象。"有其母必有其子"，也衬托出"阿扎"必将是一位伟大的哈尼族英雄，完成神圣的使命。

要完成一项神圣的使命，除了需要决心和勇气之外，还要得到智者的指引。这个故事中的智者就是"阿扎"的母亲临终前提到的"阿波"，是村里的长老，是"阿扎"临行前咨询的对象。得道多助，为乡亲们取火，肯定会得到大家的支持。送野果和干肉是乡亲们表达热情和支持的方式；长老"阿波"提了一葫芦象征智慧的箐沟水交给"阿扎"并给"阿扎"很多鼓励和有效的指南。有了智者的帮助，英雄的事业可以圆满完成，也给了"阿扎"极大的信心，因为有了象征智慧的圣水，即使是"阿扎"的父亲真的变成石头，也可以重新化成人，只要不走错路，神圣的使命可以在三个月内完成。

"阿扎"选择的是一条不寻常的路，崎岖而充满惊险，跨过九百九十九道坎坷，攀过九百九十九堵峭壁，走很多路，渡很多江，越过很多箐，翻过很多岭。意味着走一条别人没有走或不敢走的路，选择的是异样的艰辛。故事中讲到，"阿扎"还遇到了一个岔路口，暗示了艰难的路也会出现困难的选择。智者"阿波"只是提醒他不能走错路，走错了路就得走九年，没有说要如何选择才能不走错。说明人生的路只有靠自己来选择，没有什么人来帮助，选择就是意味着风险，此时就是需要选择的勇气。他想问路人，可是也未见什么过路人，完成神圣的使命的时间就仅剩三天。最后在关键时刻，是善良让上天派来一只小白鹿给"阿扎"引路。这里讲的就是一个善有善报的道理，是哈尼族社会普遍崇尚的美德。"阿扎"把乡亲们给他带的最后一块干巴丢给小白鹿，白鹿吃完干巴就从一条路上走去，"阿扎"在没有任何其他选择依据的情况下，只好跟着白鹿，终于在最后一天来到一座立满成千上万奇形怪状的石头山，也就是有可能存在他父亲变的那块石头的地方。哈尼族社会相信善良能够带来好运，再难的时候也会有转机的时刻。前面所讲的这些情节反映了这一点。

接下来所讲的是"阿扎"到达目的地后所面临的各种挑战。只要他带的智慧圣水洒在任何一块石头上，就会有生命出现。他第一个看到的是一位美貌的女子，向他献媚，甚至直接说她愿意跟着"阿扎"走，愿意嫁给他，但始终也没有让他心动。英雄难过美人关，"阿扎"作为一个英武青年，面对美貌女子的诱惑，也没有忘记自己的神圣使命。这里也透露出佛教中正定的修行要做到色空的道理。然而，哈尼族社会认为，仅能做到色空抵挡住美色的诱惑也不能修成正果。因此，"阿扎"遇到的是狼虫虎豹，他还是奋力抵抗，即使是被猛兽活吞下去，也能凭机智划开兽皮钻了出来。这个情节反映的是哈尼族社会所崇尚的另外一个品格，就是勇敢。好事多磨，"阿扎"历尽诸多磨难，也没有找到他父亲变的那块石头，陷入了无尽的迷茫之中。

后来发生的故事告诉我们，转机还是出现在"阿扎"的善良引来的那只小白鹿身上。小白鹿用后腿蹬了一下，出现一声巨响，山摇地动，裂开了一条石槽，小白鹿跳进去，"阿扎"也毫不犹豫地跟着小白鹿跳进了石槽，见到一扇石门，白鹿蹬开了石门，"阿扎"也闯了进去，一直跟着小白鹿在大山洞里摸索。哈尼族人的想象力丰富，他们把小白鹿视作一个精灵，能化成一个美丽的少女，并且能指点"阿扎"走出谜团。原来小白鹿也是魔怪的受害者，需要有人来搭救她，这个人就是眼前的"阿扎"。这样，他们团结起来，各自发挥各自的特长，齐心协力地战胜魔怪，取得火种。"阿扎"按照从小白鹿变来的美丽少女的指点开始行动，和美丽少女一起合作行动。由于少女的机智和"阿扎"的勇敢，他们成功地从魔怪眉心上夺下火珠，但难以逃出魔怪的反击，"阿扎"急中生智把火珠一口吞下肚里。在搏斗中，智者"阿波"带给"阿扎"的葫芦被砸烂了，恰好"阿扎"的父亲变的那块石头，只是不能变成人，而是化为一团烟雾。这里也反映出佛教不要执着的道理，即使是苦苦寻找的父亲，也会有化为一团烟雾的时候。可是，在故事中我们也得知，在关键时刻"阿扎"父亲变成的迷雾也将阿扎裹着飞向了天空。火团在阿扎的胸中熊熊燃烧，最后飞到家乡，一刀扎进自己的胸膛，火珠滚到地下，是一团燃烧的火，火苗送到家了，给乡亲们带来温暖和光明，"阿扎"却因此付出了宝贵的生命，故事以悲剧结尾，在听众心中反应热烈。其实，在哈尼语中，火被称作"阿扎"。哈尼族在温暖的火塘边上讲"阿扎"的传说，成为一代代哈尼人的历史记忆。

民间故事曾被一些研究者称为历史记忆的传承场，认为其普遍具有文化记忆的功能。在时间的长河中沉淀下了一些集体记忆的成分，将过去与未来勾连起来。民间文学作品借助文化记忆的功能，建构上千年的时间视域，把遥远的过去与现代社会联系起来。在这则民间故事中，故事主题叙述了哈尼人寻找火种的艰辛历程。以民间文学常用的神话手法勾勒了哈尼族寻求火种的艰难。少年英雄阿扎一家都为找寻火种献出了宝贵的生命。阿扎的父亲是当地最勇敢的小伙子，为了替乡亲们找寻火种，毅然与恶魔搏斗，最后被变为石头二十一年。留下阿妈一人含辛茹苦地将阿扎抚养长大，阿扎长大后也要为乡亲们找寻火种，阿妈为避免阿扎牵挂自己，毅然服毒自尽。阿扎在寻找火种过程中历经艰辛，不仅付出了身体上的疼痛折磨，几次处于危险的境地，还受到精神上的创伤，阿爸再也不能变成人了。故事的结尾，阿扎带回了火种，也牺牲了自己的生命。这是一曲悲情的旋律，并没有像传统民间故事常用的方法一样皆大欢喜，而是以主人公的毁灭讲述了人们得到火种的艰辛。这其实是历史记忆的文化表述。人类社会学会用火，烧煮食物经历了一个艰辛漫长的过程，人们在寻找火种的过程中付出了不少代价，无数英雄为此牺牲付出血的代价。虽然这个过程已经渐行渐远，但文化总有它记忆的方式，民间文学作品以它独特的方式发挥了记忆历史的作用，让后人读到之后还能触摸历史的温度。

二　民间信仰的文化传承功能

任何一种民间文学都是世代相传的，民间文学作品并非一种孤立的符号，更多时候它的每一种故事、情节，都在传承一定时期人民的生活状况或思想情感。在笔者收集到的彝族创世史诗《天地人》中很明确地传承了彝族人民的信仰观念。史诗中明确说出了虎是人类的始祖，天地生了虎，虎才生了万物。

天地又思量，天地出主张。下遣黑白虎，责其变万物。黑虎那里落，黑虎落高处。几山它最高，太阳这里出。白虎那里落，白虎落低洼。坝子它最宽，江水这里出。白虎循音找，七天见黑虎。虎气变云雾，虎血变雨水。虎眼变星辰，虎泪变甘露。虎毛变草木，虎肉变泥土。虎骨变山梁，虎肠变江河。虎肚变大海，虎胆变湖泊。虎虱变走兽，虎蚤变虫蛇。虎耳变蝙蝠，蝙蝠成飞禽。黑虎是公虎，白虎是母虎。黑白生一仔，成龙回天庭。风雨由它司，江河由它管。子孙遍天下，处处有龙潭。欢欣流清泉，狂怒洪水横。伤感雨绵绵，悲愤暴风雨。虎生第二仔，本是山大王。啸啸出没林，百兽由它使。一山归一主，弟兄不往来。七年巡回山，跨过七条江。虎生第三仔，田地交他管。黑牛如乌云，黄牛如晚霞。管地万万倾，天天有劳作。日下写地皮，日落舌写皮。皮毛写个字，牛身万卷经。虎生一么儿，让他伺神仙。要吃随风到，要穿随水来。

鬼神观念是彝族民间信仰的重要组成部分。史诗中突出反映了彝族民众对鬼神的信仰，鬼、神无处不在，人们生活中的很多不顺、灾难都是鬼影响所致，要求神给予消除。在天、地、人的宇宙层次中分成几层世界。天上有九重天，是神仙的居所，每一层都有不同的神仙掌管。地上分成三层，最上面一层由人类居住，人们在这里生息繁衍。中间一层由蛇等爬行动物居住，最下面一层是阴曹地府，是鬼魂的居所。鬼魂还分为善魂和冤魂，善魂可以上天居住，冤魂入地狱。

当地彝族相信万物有灵，世界上各种生物都有灵魂，时间长了可以有自己的思想意志，从而对人类行为产生一定程度的影响，很多时候这些影响是不良的，需要采取措施防范。例如，被猫精抓到，小儿要夜生疮。被狗妖缠住，孩子会拉肚子。被树鬼抓到，就会丢了魂。满身长红痧疗，就是冲撞了龙王爷。遇到这样的事就要在深夜扎个草人送妖出门，或是三更天煮好鸡蛋，四更天出门去叫魂。

神灵也有很多种类型，各司其职。火神主管火事，得罪了他会引起火灾。蚩尤神，主管战争，避兵匪就要去求他。山神王，管理上山下山的一切事务，山中险恶就只得找他。拜虎兽王，豺豹才不侵人。拜龙王爷，人畜都会平安。

不幸的事在发生之前，自然界中会有一些反常的现象，人们借此预测祸福。不同的民族预测方式有不同的特点，从而形成不同的预兆观。从史诗所反映的内容看，当地彝族认为看见蜂抬虫子，树林里见到锦鸡做窝，母鸡下软蛋，母猪下独仔，蟒蛇房梁横，蛛网室内织等这些日常生活中的不常见现象都是凶兆，预示家里要有不好的事发生。

除了看见一些不常见的现象外，生活中的偶然事件也成为一种不祥的预兆。鸡蛋打进碗，白丝缠蛋黄。杀鸡看鸡头卦，鸡头上黑影太多。女人梦见找鸡枞，或者蝈蝈在院子里叫，鸡头上掉下来一个小鸡，都是不祥的预兆，表示家中有人将不久于人世。乌鸦在院子里叫，则预示有亲朋好友死亡了。路上遇野鸡不会出大事，若蟒蛇在路上拦路则将有不幸的事发生，不能再往前走了。在路边露宿，梦见流血，则是好兆头，会发财。路上遇出殡的人，会倒霉。遇到迎亲队伍也会运气不好。

不同民族对道德伦理有不同的判断标准，形成了各具特色的伦理观。伦理观，是人们是非判断的准绳，在信仰观念中支撑着人们的行为和价值评判。史诗中体现出当地彝族的伦理道德观念。如待人要谦和，要尊敬老人，爱护小孩，做人要本分，要孝敬公婆，待妯娌如亲姐妹。做事要利索，持家要勤俭。妇道要严守，对儿女的教养要倾心。除此外，要烧香、拜佛，常常施舍，常常助人。不能杀生，不能捕捉动物，不说狂言壮语，不鞭打虐待牲畜。

史诗展现了当地彝族神灵崇拜、虎崇拜、自然崇拜等丰富的信仰内容，这些信仰观念的外化形式就是各种仪式，而这些仪式多要借助神职人员作为人神沟通的中介来完成。

史诗中出现了当地彝族社会的一类神职人员毕摩（当地彝族称"阿毕"），是彝族社会主要的仪式专家，在法事活动中以念诵经文为主。毕摩是彝族古代巫师群体遗留下来的宗教职业者，一般以家族传承为主，讲究家族血缘传统的延续性。他们拥有完整的传承谱系，在当地社会享有很高的声誉，村落里的大型仪式几乎由他们主持完成。毕摩的传承制度一般是传男不传女，职业的传承要严格限制在本家支的男性成员中。一些地方，非家族传承的毕摩也可以向世传的毕摩家族成员学习而取得当地人的认可。毕摩所主持的仪式一般来说有占卜、祭祀、治病、丧葬等类型。法器主要是经书、神签、神铃等。

可以说，信仰及活动是彝族社会生活的一大部分内容，细化在人们的具体行为实践中。信仰观念作为一种集中体现社会大众存在的思想意识，是了解地方社会的重要窗口，能体现出一定层次的大众心理与行为，其形成与传播离不开特定社会的生存环境及时代特点，因而成为了解地方、民族不可缺失的视角。民间文学中的民间信仰发挥了文化传承的功能，用人们耳熟能详的方式通过一次次的传唱、一代代的传承把这些远古时期的文化信息保存了下来。

第二节　民间信仰的社会整合与心理调适功能

民间文学及其所蕴含的民间信仰是对社会及环境的一种适应，这种适应也是民间信仰发挥其功能的一个过程。无论是民间文学还是民间信仰都是社会的有机组成部分，受到社会大环境的影响，相应地也能对社会系统具有一定作用，社会整合功能即是其中之一。"所谓社会整合就是将分散在社会文化生活中零散的文化元素凝聚起来，使之按照某种规则凝聚之后成为一个整体，共同维系社会系统的团结和平稳。"① 民间文学中的民间信仰所具有的这种功能主要是凭借民间文学作品的演绎、传播，通过其中的信仰内容凝聚社会成员成为一个统一的整体，从而促进社会的团结。一般来说，这种凝聚作用主要是用信仰的力量唤起社会成员共同的认同感而达成目标及行动的一致。而对社会成员个体而言，民间信仰具有心理调适的功能。

一　民间信仰的社会整合功能

（一）民间信仰的村落社会整合功能

张云霞曾以大理庆洞神都本主庙信仰体系为例，专题探讨了民间信仰多样性对村落社会的整合功能及价值意义，认为神都本主庙的神灵体系不仅满足了所辖地域内民众的不同心理需求，同时也是村落内部加强联系、增进交

---

① 孙雄：《圣俗之间——宗教与社会发展互动关系研究》，黑龙江人民出版社 2006 年版，第 20 页。

流的平台；神都本主段宗膀的供奉整合了更大地域内的村落社会关系；神都因"朝里"地位成为大理地区朝拜民俗活动的中心，具有承载地方社会"集体记忆"的功能，进而概括出民间信仰多样性对村落社会中人与人、人与社会、人与国家关系的整合功能，对当今中国各民族团结进步、社会和谐稳定繁荣、民族民间优秀传统文化的传承仍具有重要的价值和意义。①

在大理白族本主的故事中，自然、人情、风俗、宗教有机地融为一体。人们借助本主的传说、故事增添本主信仰的真实性、生动性，凭借本主信仰同一社区的人被整合起来，形成相同的宗教情感，同一本主座下子民的生死祸福都由本主掌控。此外，围绕本主信仰，同一社区的民众在行动上也实现了整合。每一位本主都有被子民定期祭拜的本主节，在本主节这天，不同的人从四面八方赶来，围绕本主举行朝贺、祭祀活动，将对本主的信仰表达得淋漓尽致。平日里大家相互往来的时候极少，共同出力举办本主节却是大多数白族村落里不成文的规矩。这样的聚会能使同一社区的人共同体验一种集体感、责任感、荣誉感，认同心理得以强化，凝聚力不断增强。

丧葬仪式能集中而稳定地梳理和调节村落社会关系，其中体现以祖先崇拜为核心的民间信仰也最能体现村落社会的整合功能。在丧葬仪式中产生了数量丰富的民间文学作品，其中不少表达了祖先崇拜的信仰内核。如流传在云南楚雄彝族中的《祭祖歌》："人死三个魂，一个随祖去，随祖这个魂，供在香案上，用草做祖身，马樱花做手脚，山竹作骨骼，涂上黄颜色，敬供灵台上，儿子来敬酒，女儿来献饭。人死三个魂，一个在守坟，守坟这个魂，住在高山上，大石作坟柱，小石垒坟堆，草皮盖坟上，片石作门板，盖好打不开；青石板刻碑文，墓碑黑颜色，刻上祖先名，子孙各列名，碑文字齐整，碑文亮铮铮，过了百年后，碑文字不蚀，过了千年后，石碑仍垂青。年年祭祖灵，祖灵守坟墓，你的儿孙们，烧纸又献饭，祖灵来吃饭吧，祖灵来喝酒吧，年年祭祖灵，祖灵保儿孙清洁，保六畜兴旺，五谷丰登。"② 还有《报丧歌》："五谷之中苦荞大，世上人中阿嬷大，阿嬷死了舅为大，寨头倒了一棵

---

① 张云霞：《民间信仰多样性对村落社会的整合功能及价值意义——以大理庆洞神都本主庙信仰神灵体系为例》，《大理大学学报》2017年第3期，第7—13页。

② 王丽珠：《彝族祖先崇拜研究》，云南人民出版社1995年版，第65页。

乘凉树，家中灭了一塘火，特向舅舅来报丧。请宽让啊，亲亲的舅舅！阿嬷不是冷饿死，老母不是跌摔死。冬天到了叶要落，人到老来发病多。挖来山上百样草，吃了不见好起来；找来林中百兽药，吃了不见病减轻。听说石头脑髓是良药，相传龙的口水是灵丹，不怕药价值千金，不怕债务重如山，卖掉门前的大耕牛，卖掉厩里的大骑马，赶了猪街赶羊街，串了瑶村到苗寨，寻遍九村十八寨，问过蚂蚁一样多的好人，可是没有救命药，有钱难治老死病。儿子姑娘为母亲祝过寿，孙子孙女为奶奶拜过年，祝愿老母多活二十年，祝祖奶奶活到一百岁。可是到了今天啊，天昏地暗老母合眼断了气，拿来十支吹火筒，子子孙孙拼命吹，接不起老母断了的气。请宽让啊，亲亲的舅家，砍到麻蛇没爬过的松柏树，请来高明的师傅做棺木，到通海买来绸缎做寿衣，剪下刚染好的青布做寿鞋，敬请舅舅来跟阿嬷盖面布，敬请舅家来钉棺木板。"①

彝族创世史诗《天地人》也用了大量篇幅描述当地人的丧葬仪式。人断气后，要往死者嘴里塞一点银器，使他灵魂与身体分离后，身躯不会很快腐烂。之后再吹三口气，灵魂和身体就彻底分离了。断气后要为死者洗澡，换上新衣裳，让他来去一身洁。要杀一只指路鸡，在灵魂上天的时候为死者领路。上天的路非常陡，全是沙子铺成的，走三步会滑下来两步，走不动停下来喘气就会被无常用荆条抽打。有只指路鸡领着，方向就大概不会错了。还要杀一只找水猪，口渴了能有只猪帮忙找水喝。上天的路要走三十三道弯，九十九道坎，磨破百双草鞋，脚板磨成杵，才走到一座桥面前，这座桥叫回首桥，过了这座桥就可以直接上天了。上天的时候要准备好足够的买路钱和摇钱树，另外制备一个新家。这个新家在天上，是不能随便离开的，否则老鼠和狐狸会进门毁了新家，连土锅都会被掰成两半去。在新家生活后，和亲人们已经阴阳两隔，除非活人烧香否则就不能再回原来的家了。身体还是埋在黄土里，让儿孙有个纪念意义，或者思念的时候有个盼头。杀了领路鸡和找水猪后，在大门外树一个招魂幡，鸣放三响礼炮。四邻八舍听到礼炮响就会来家里帮忙，嫁出去的女儿也要赶回来奔丧。孝子在旁边守灵，见人就要磕头。为父亲守灵要九天，母亲则守七天。孝布也是区分亲疏的标志之一，

① 王丽珠：《彝族祖先崇拜研究》，云南人民出版社 1995 年版，第 65 页。

有直接血缘关系的一代要披长孝，穿麻布衣服，隔代亲的则在头上包孝布。女儿在灵前守孝，哭诉父母将自己从小养到大的艰难。孝子也哭诉父母养育的艰辛，倾诉离别的不舍。人去世后要请毕摩为亡者念经，细数亡者生前的功过，功过是非明了后，上天的路才轻松。丧事也是由毕摩主持的，先开棺清理随身物件，不能少了东西，再用桃枝扫三下，把活人的魂赶走，防止逝者把活人的灵魂带了去。丧事办理期间，亲朋好友来吊唁，为亡者送行。逝者出门的时候，要请唢呐手吹出殡调，孝子在灵前端碗，拿香，低头向前走。走的时候要低着头不能回头看，若回头看一次，人的魂就会被摄走一个。逝者是男性的话，在送灵过程中要歇九次，是女性就歇七次，歇的时候要拜四方，请神。走的过程中要一路撒纸钱，为逝者买路。来到山上后准备埋葬，由孝子先捧九次土，孝女捧七次，感谢逝者的养育恩，之后棺木下葬。三天后亲朋好友来复山，拜谢山神，请山神照顾好逝者。七天以后，模仿逝者的样子做一个约三寸三长的小木偶供在家堂里，一个月祭拜一次。孝子孝女要守孝三年，守孝期间不做娱乐活动，不嫁娶。

丧葬仪式是人们生活中举办频率较高的仪式，各民族的丧葬仪式中都产生了数量丰富的民间文学作品，这些民间文学作品围绕祖先崇拜的信仰观念将同一家族、同一亲族的人整合在一起。文学作品反映出灵魂不灭的观念，逝者的亲人、族人齐心协力为逝者营造良好氛围，让逝者仿佛还生活在生前的人际关系中。操办丧事需要多人的齐心协力，亲族、邻里的整合作用在此得到较充分的展现，平日里的矛盾、摩擦等都被搁置起来了，有纷争也能很快达成一致，完成丧葬事宜。可以说，这种集体性的活动就是一次小型的社会聚合，是传统农业社会中十分必要的联系方式。

（二）民间信仰的族群社会的整合功能

西南边疆地区一些民族分布较广，彼此山川阻隔，由于战争和迁移等原因，出现了大分散的族群分布格局，比较典型的例子就是彝族。彝族人口近900万，广泛分布在云南、四川、重庆、贵州、广西"三省一市一区"，支系较多，方言复杂，不能互通，但各地彝族共同的一些民间信仰起到了族群融合功能，保证了基本的身份认同。例如，西南地区的彝族群众普遍崇拜竹子，在彝族聚居区流传着许多关于竹子的传说。贵州省西北一带流传着竹子是人类始祖的神话①：

　　　　洪水滔天之后，有一女子抱着一棵竹子，随波逐流向下漂流。这女子用口弦奏道："我不是天上的神，人间独剩我一人，骑着青牛过海，牵洪怪访天庭。天为父，地为母，竹子呀，你若有意救彝族，搭座天桥让我登上岸边去！"姑娘唱罢，竹子若棒棒蛇，插进两边岩缝，姑娘上了岸。姑娘十分高兴，在清明雀、画眉鸟、花菁鸡、孔雀的帮助下，她用石头砸竹子，从竹子里跳出五个儿子。这些儿子，吃一滴泪，止哭；吃两滴泪，会笑；吃三滴泪，挣着下地，跳上两跳，就长大成人，成了彝族眼摩、哪苏、兔苏、纳苏、沟哉苏的祖先。他们砍竹子，编家具，搭起叉叉房，安居乐业，母亲高兴得哈哈大笑，爬上通天的竹子升天去了。

　　　　在洪水泛滥时，洪水把地上所有的人都淹死了，只有彝族的先祖不死，彝族的先祖坐在一个木筒里，木筒在水上漂来漂去，漂了二十多天遇到一个山头，山头上长满了竹子，装着先祖的木筒扒在竹子上停了下来，先祖才得救。

　　　　在很久以前，山坡上长着一株金竹，有一天，金竹突然爆开，从里面飞出一对有手脚、有眼睛的男人和女人，以后这对男女婚配生下了孟获、孟优、孟玲和孟达四个儿子，四个儿子长大成人各居一方，其中的孟获就繁衍了彝族。

　　彝族毕摩经《作祭献药供牲经》中讲道："古昔世间尚未设祖灵，山竹节疏朗，生长大箐间，箐间伴野竹。生长玄崖间，玄崖伴藤萝。灵未设牛食，灵未设禽栖。今日设灵祖所依，设灵妣所寄，设灵保子媳，护佑诸子裔。设灵子孙昌，子孙其发旺。设灵牲畜吉，稼穑其清利。古昔木阿鹿皋海，天鹅孵幼雏，鹳雁生幼子。散至平松端，松端请灵魂，山竹培谷中。麻勒乌夏，狗变狼黑口。猪变长胡牛，牛变散尾鹿，鸡变美翼雉。彼变非其类，祖变类亦变，祖变为山竹，妣变为山竹。人若一节兮，缚以三节竹。竹若三节兮，缚人六节处。人若六节兮，缚以九节竹。人若九节兮，上由天宫白头仙来缚，

────────────

① 王丽珠：《彝族祖先崇拜研究》，云南人民出版社1995年版，第2页。

中由天宫弯腰仙来缚。下由天宫黑脚仙来缚。……"①

彝族对于竹子的信仰遍布于民间文学作品中，各民间文学形式虽表述方式及文字不一，但信仰竹子却是统一的。他们相信竹子创造了人，是人类的始祖。很多彝族地区都把竹子作为祖先来供奉。广西、云南彝族地区还有祭祀竹子的跳公节。跳公节时间是每年农历的四月初八至十一，以村为单位参加。首先要祭祀祖先以及天地各方的神仙。祭完神后，人们一起到村里的广场上尽情地跳舞娱乐。接下来的一天，人们到各家各户跳舞，祝福平安快乐。人们也会在跳舞的过程中进行一些当地的民俗活动。第三天是做"三朝"，主要活动是祭拜山神，祭拜结束后，不是本地人的按规矩就要离开了，若不离开会很没礼貌。客人离开之后，全村人都要干一天活，这样才能获得神灵庇佑，来年有一个好的收成。

跳公节是彝族人民围绕竹子信仰所形成的隆重节日，节日之所以能年复一年地持续下去，与彝族民间文学作品中的竹信仰有很大关系。可以说，竹信仰在此起到一种社会整合的作用。围绕竹信仰，社区的人们在节日时间从四面八方聚集起来，通过举行一系列的仪式将不同层面的人，即个人、家庭、村落、社区、区域联系起来。人们共同出资备办节日用品，共同参加祭祀神灵活动，共同祭拜祖先，共宴宾客，等等，在这些具有共同行为的活动中，人们的民族认同感、信仰认同感、身份认同感等都得到了整合。

二　民间信仰的族群认同功能

民族认同基本上属于一个民族共同体的人们在心理和情感上共有的归属。它强调了同一民族以某种精神财富为自我认知的共有心理归属。而组成民族认同的精神财富中民间文学和民间信仰就是不可缺少的重要内容。

（一）民间文学中的民间信仰体现了一个民族共有的精神信仰

以大理白族为例。在大理白族地区，观音信仰是非常普遍的现象，有庙的地方就有观音，与观音有关的民间文学作品数不胜数。我们收集到一个观音负石阻兵传说：

---

① 佟德富等编：《中国少数民族原始宗教经籍汇编》（毕摩经卷），中央民族大学出版社 2009 年版，第 375—376 页。

  大理古时叫白子国。那时外族经常侵扰，一次强敌又来进犯，一直打到七里桥，正准备大举进攻。观音巡天出行，到白子国上空，见民不聊生，美丽的国土就要变成废墟，于心不忍，随即施法，化身为一个八十多岁的老妇人，用草索背着一块巨大的岩石，轻松地朝敌兵走去。敌兵见此情景，向她问道："哎！你这个老太婆干什么？怎么能把这么大一块岩石背起来？"老妇满不在乎地说："我老了，不中用了，比起在我后面的年轻人差多了。我听说你们要来攻打白子国，先来看看你们有多大本事。"敌兵又问："后面的年轻人有多大本事？"老妇人回答："他们背的石头比我背得大多了。像我背的这块岩石，他们一只手就轻轻举起来，一丢就能丢到百步远。每个人还有一把百斤重的大刀，杀人就像砍瓜切菜！"敌兵听了，吓得面如土色，相互之间合计："这里的一个老妇人就已经这么厉害了，如果是年轻人，我们肯定打不过"，于是赶紧落荒而逃。观音见战事平息，就把大岩石往地上一放，变回真身，返回天界，那块大石头就丢在七里桥。从此，敌兵不敢再来攻打白子国，人们过上了幸福安定的日子。人们为了纪念救苦救难的观音，于是就在七里桥兴建了观音塘，在观音背来的那块大岩石上建造了观音阁，塑了她的像。

  民族认同往往是通过共有的精神信仰得到体现和传播的，在观音负石阻兵的民间传说中，充分体现了白族人民对观音的崇拜、依恋之情。天是观音给的，地是观音给的，敌兵来了也是观音吓退的，对观音的信仰激起群体成员共有的态度、行为和精神归属感，使人们围绕共有的文学作品及信仰形成统一的精神共同体。

  （二）民间文学中的民间信仰体现了民族团结互助精神

  祥云大营七宣村是目前哑巴会传说最丰富的地区。七宣村村民对哑巴会的来历有两个解释：一个是为了纪念为缓解村落旱情而献出生命的小伙子，另一个是为了纪念解除村民疾病与饥饿的善良的哑女。解释的情节完全不同，但背后体现的七宣村人的心态是一致的。小伙子与哑女都是七宣村的英雄，传说中的小伙子和哑女都是七宣村成员，他们的善良与勇敢无疑代表着七宣村人的性格形象。所以在讲述传说和过哑巴会的时候，七宣村人心中充盈着自豪感。而传说所赋予七宣村人的正能量也吸引了周边其他的彝族人主动向它靠拢。从行政区划来看，七宣是它所属的大营村委会唯一的彝族自然村寨，大营村汉族居多。七宣的哑巴会成功地吸引了周边散居的彝族村民甚至邻县的彝族人前来参与。

白族的本主节与本主神话成了两个互补的本主崇拜具象表现形式。数量众多流传广泛的本主神话有不少篇目都勾画了白族本主之间的和谐互助的故事。马久邑村本主张玉麟就曾经为解决马久邑的旱情向中央本主段宗牓请求降雨。白族地区多村供有一个本主的现象也很常见，大黑天神本主就是大理市和洱源县不少村寨的本主。传说中本主间的和谐关系也必然影响到本主信仰的传承主体白族民众。所以，白族人普遍具有乐善好施、宽厚善良、不喜争执的民族传统美德。

三　民间信仰的心理调适功能

（一）民间信仰的缓解焦虑功能

在各民族的发展历程中，都曾受过自然与社会的各种威胁与压力。民间文学中的民间信仰在其中的一个重要作用就是缓释这种压力，对社会群体和个体进行心理调适，用神灵信仰激发一种宗教情感，为人民群众提供心理安慰与调适。尤其在社会生产力低下的古代，人们对自然、社会的认识、了解能力都有限，人类生活在一个不安定的环境中，更需要借助信仰的力量来安抚这种焦虑和不安，以缓解心灵的痛苦。民间文学和民间信仰让人们在想象中获得精神的满足，从而补偿现实社会带来的焦虑和不安。例如，以下就是《大理丛书·本主篇》[①] 中记载的一个关于本主的传说，就是达到这种心理效果。

> 大理海东下秧村有一农民，饲养了一条膘肥体壮的老水牛，后来老水牛年老病死，农民将它很好地埋起来。当晚梦见老水牛对他说："我苦苦为你耕田耙地十几年，死后你不吃我的肉，不剥我的皮，将我好好地埋起来，我是感激你的。但你埋时将我的尾巴露在外面，我对这点很有

---

① 大理州白族文化研究所编：《大理丛书·本主篇》，2004 年，第 68—69 页。

意见，你如果重新很好地将我埋葬，我保佑你们村清吉平安，否则我要惩罚你们。第二天，农民赶忙邀集三亲六戚，对老水牛重新礼葬，并盖庙祭祀，奉为本主。明朝时期，相传有一员明朝大将遗孀化一老太来到下秧村，用手杖戳一"老太井"，为下秧村供水，也被下秧村人奉为本主。老水牛不答应，双方几经苦战，不分胜负，后经观音调解，老水牛居正殿，老太占厢房，同受一堂香火。

以上故事体现了人们对自然和社会的双重焦虑。牛在农村中不可缺少，农民种庄稼耕田都有赖于牛的帮忙。若牛年老病死，对家庭的损失不是个小数目。在人民群众心目中，对牛的年老死亡是深深恐惧的，该则故事就用了神话的笔触表达了这种焦虑，提出了解决的办法。只要善待死去的牛，它依然还能为主人服务，变成神牛护佑村落的安全。除了自然环境的威胁外，平静富饶的村落最怕的是陌生人的闯入与掠夺。故事中就闯入了这样一位陌生人，还具有很强的势力，是明朝大将的遗孀，村民没有人是她的对手，村里也经不起她的占领。在这种焦虑的处境中，老水牛义无反顾地捍卫村落的平安，与老太太大打出手。但事情总要有一个解决的办法，观音菩萨出面调解，通过将二位奉为本主的方式化解了危机。村落重归平静，焦虑得以缓解。

（二）民间信仰的心理平衡功能

民间信仰也能够让信仰者在现实生活中不公正的现象中找到心理平衡的理由。例如，在封建时代，妇女地位较为低下，被人轻视、侮辱是常见的事。受了气的妇女们也无力反抗，只能忍气吞声，这种情况可以在民间信仰中找到心理平衡点。例如，我们在洱源小营村一带收集到一个相关的传说故事：

　　在洱源苤碧小营村，人们一谈起本主薛仁贵和花姑娘龙的事迹总是那么绘声绘色。相传小营地方有一年久旱无雨，无法下种栽秧。全村男女老少在本主庙里做斋七天七夜，祈求本主薛仁贵能帮助大家，结果毫无反响。薛仁贵吃了大家的斋供，又帮不了子民的忙，只好显化成人，带领大家去找水。走遍东南西北，水还是看得见引不来。后来一老者出主意说："听老辈讲，有一年干旱缺水，有一个小伙子去黑谷山偷来了一位花姑娘龙，请她兴云布雨。大家盖庙奉祀她，好日子不知过了多少辈。

后来，我们地方搬来外地人，把薛仁贵奉为本主，本主庙里又塑了唐天子李世民的像。据说这位薛本主是老虎转世，武艺高强，又自恃对唐王有功，就看不起花姑娘龙，常借故欺负她。花姑娘龙本事也不小，但碍于薛本主旁边有个唐天子，想着李世民是人间帝王，再跟薛本主斗下去自己能有什么好结果，干脆走为上策，忍着一肚子气回黑谷山去了。自从花姑娘龙走后，我们地方常闹旱灾，十种一收，光景又不好起来了。唉，花姑娘龙要是不走该多好啊！"人们问："花姑娘龙能回来吗？"老者说："照理说花姑娘龙是我们的祖宗，会回来的。只是怕她想起往事，不愿回来。"

晚上，薛本主托梦老者，承认自己对不起花姑娘龙，希望大家想办法将花姑娘龙请回来。后来几经周折，人们又把花姑娘龙从黑谷山偷回小营。顿时天上下雨，龙潭冒水，人们高高兴兴栽秧下种。栽秧过后，小营人礼送花姑娘龙回黑谷山，结果看见位黑黝的头发辫拖到脚跟，穿一身雪白的衣裳，上套深蓝色的领褂的姑娘，牵着一只老虎，笑盈盈地向大家鞠躬，把大家从黑谷山偷来象征花姑娘龙的石头挟着一阵风回到小营。从此花姑娘龙就在小营长期住下来。花姑娘龙施行雨点的时候，薛本主就助风，风云会合，雨润年丰。①

这则民间传说讲的是本主信仰，实则反映了农村社会妇女的生活境遇。现实的痛苦在故事中被表现出来了，花姑娘龙常被薛仁贵本主欺负，薛本主身后还有个唐太宗坐镇，一个比一个硬的靠山使花姑娘龙根本不敢反抗，只能忍气吞声回家去了。现实生活中，女人回娘家了，婆家一定闹得不可开交，家里没有个女人怎么行呢。故事中也同样，花姑娘龙回家去了，当地就大旱，十种一收，光景好不起来了。人们现在知道花姑娘龙的好处了，可欺负她太多，怕她记仇不愿回来。骄傲的薛仁贵本主也主动认错，请人们接回花姑娘龙。花姑娘龙也不记仇地回来为人们行云布雨。故事到此，调适了那些在现实生活中忍气吞声的妇女的心里痛苦。

通过以上例子不难发现，民间文学中的民间信仰能让人虔诚地笃信超自

---

① 大理州白族文化研究所编：《大理丛书·本主篇》，2004 年，第 73—74 页。

然的神秘力量，通过信仰进行一种心理治疗，摆脱现实生活中的焦虑与痛苦，消除愤怒与怨气，从精神上来补偿现实社会的委屈和不公，使人超然于现实之外，这正是民间文学与民间信仰不可替代的功能。

第三节　民间信仰的民族文化教育价值

西南边疆民间文学中的民间信仰既是特定民族精神和民族心理的反映，也必然承载了该民族的文化，具有独特的民族文化教育价值。它融入民众的生活之中，反映民众生活的方方面面，在民间的影响是任何形式的文学作品所不能企及的。可以说，不了解民间文学及民间信仰就不了解民族文化，也就难以真正了解民族社会。从这点上来说，考察西南边疆民间文学中民间信仰的价值为了解边疆社会提供了一些信息和启示。

一　民间信仰是民族文化的核心

（一）民间文学中的民间信仰体现了民族的核心价值观

民间文学中的民间信仰是民族集体智慧的体现。民间信仰是一种社会文化现象，是在这里出生和成长的民族对自身生存环境、生活条件、历史文化的全面审视与思考，也是该民族对自身及外界关系的认识与适应。民间文学中的民间信仰虽以灵魂、神灵等超自然力量的信仰观念为核心，但本质上都是人民群众的精神和心理诉求，是反映人民大众心灵轨迹的成长史。它植根于民众生活中，渗透在民众生活的方方面面，是民族文化的核心所在。

以西南地区白族为例。白族主要聚居在云南西部大理地区，在长期生息繁衍过程中产生了数量丰富的民间文学作品，其中本主故事占据了很大一部分内容。在白族民间文学作品中，龙的故事占着很大篇幅，体现着白族对龙的信仰与崇拜。而白族民间文学及民间信仰中之所以大篇幅地展现龙的故事，与白族文化的生成环境有关。白族大部分聚居在大理一带，大理的地形背靠苍山，面朝洱海，多数白族民众居住在洱海边，靠打鱼、撑船为生。洱海成为白族人民敬畏、依赖的对象，是生活中不可或缺的重要部分。如何围绕海，获得幸福安宁的生活是白族民众长期面对且必须解决的问题。于是龙的故事被充分想象与建构出来。纵观大理白族的龙故事，总有着恶龙与正义之龙的决战，最后正义战胜邪恶。恶龙代表着恶劣的生存环境、自然灾害，人类无力战胜的自然力量，正义龙代表的是征服自然的信心和力量。因此，在故事中小黄龙有一个不平凡的来历，由其母误吞神果而孕育，又在神奇动物的呵护、照料下成长，仿佛天生就是为除暴而来。最后也完成了它的使命，与黑龙决斗，打垮了破坏人们生存环境的力量后就再也不回来了。它的母亲，在故事中似乎只为完成她的使命而来，生下这神奇的孩子之后轻易地就被吓死了。

故事中的龙信仰真实地反映了白族人民的生存环境，展示出白族民众在恶劣的自然环境面前的勇气和智慧，突出了人们战胜自然的信心和勇气，是一种民族精神的展现。而民族精神则是民族文化最本质、最集中的体现，是一个民族所共同认可、信守的品格。一般来说，民族文化具有形式和内容两个面向，数量丰富的民间文学及民间信仰是负载它的形式，而支撑其中的一直就是长期积淀磨炼所形成的民族精神。这种民族精神负载在民间文学作品中，激励、鞭策人们奋发向上，也使民间文学及民间信仰一直流传，成为民族文化的核心内涵所在。

（二）民间信仰是民间文学的核心思想来源

民间信仰是民间文学思想的活水源头，是部分民间文学样式或题材存在的基础和前提。民间信仰能为民间文学提供大量的文学形象。民间文学中呼风唤雨的龙、争风吃醋的山神、残酷的太阳神无不来自信仰的世界。以彝族为例，彝族崇虎，他们以虎族自称，彝族人相信彝族是虎变的，人死之后火化就成了虎。这样的观念渗透到民间文学中，彝族的民间故事里就有大量的虎故事。而且虎多为正面的形象。

民间信仰能丰富民间文学的题材内容。大理地区如果没有本主信仰的存在，围绕本主信仰而产生的各类解释本主来历、讲解本主性格、讲述本主相互关系和神奇能力的本主神话根本没有产生和流传的可能。而在白族的民间文学中，本主神话是其中最有地方特色的组成。

民间信仰能增强民间文学的审美意蕴和思想内涵。彝族的创世史诗在中外民间文学史上都享有盛名。彝族史诗之所以引起中外学者的关注其中一个重要的原因就在于其情节的丰富性和丰富的想象力。彝族史诗《梅葛》中这样来讲述老虎化身万物：天神的五个儿子造好天之后便用雷电来试天，结果天裂开了。天神认为世界上的东西虎最威猛，于是天神又派五个儿子去把虎制服，然后用虎的大骨做撑天柱。又用虎头做天头，虎尾做地尾，虎鼻做天鼻，虎耳做天耳，眼睛变成太阳和月亮，胡须变成阳光，牙齿变成星星……史诗的描述何等壮观，让人不禁想起了化生万物的盘古。

二　民间文学促进民族文化的传播

（一）民间文学是民间信仰的重要传播方式

民间信仰与民间文学在一定程度上是密不可分的，但二者在传播方式上也有一定区别。民间信仰更多地属于观念形态的范畴，它的传播更多地依赖于民间文学作为载体。民间文学不同于作家文学，是人民群众集体创作、集体完成的，它的传播也具有集体性的特征。作品完成之后由人民群众口头传播，被接受传诵后又可根据自身的情况或特点进行再传播。这样的例子不胜枚举。只要人群密集的地方都可能成为民间文学及民间信仰传播的舞台，各种仪式活动中、劳动场景中、休息娱乐之地、客栈、茶馆、集市、田间地头等，民间文学作品一旦上了这样的舞台，便能一传十，十传百，远去万里，到达万人的心口间。口头性与集体性是民间文学的主导特征。正是民间文学的口头传承方式和集体创造方式使得民间文学具有很强的变异性。

历史上绝大多数民间文学作品都湮没在时间的序列中，而留存下来的民间文学精品多半具有一定的信仰内涵。信仰内涵的切入为善于变异的民间文学植入了稳定性的因素，一定程度上确保了民间文学的传播。比如洪水神话。洪水神话是世界性的神话类型，在我国西南少数民族中也有过神话流传。在西南少数民族的洪水神话中有一个核心的情节就是"葫芦生子"：在人类灭绝的危难时刻，葫芦或类似于葫芦中空而质轻的物件保留了最后一对人种，使得洪水过后，人类得以延续。该情节就具有葫芦崇拜的信仰内涵。葫芦外形神似怀孕的妇女，葫芦本身有多籽的特性，所以自古以来，葫芦都被赋予了生殖崇拜的意义，被西南众多少数民族视为吉祥之物。"葫芦生子"的情节是洪水神话中的关键情节。没有葫芦保留人种，人类再次繁衍的事实就无法得到合理的解释。而保留人种的方式有多种，人们偏偏选中了葫芦，是葫芦信仰催生了神话中"葫芦生子"的情节。而这一情节，即便是随着社会的发展，人们已经认为是非常荒诞的情节，但在口头流传的过程中并没有被抛弃或改编，原因就在于民间文学巧妙地借助了民间信仰的力量，成为民间信仰的一种传播方式。

（二）民间文学体现民间信仰的文化娱乐性

绝大多数的民间文学作品产生在娱乐的环境中，是劳动人民为了娱人、娱己所进行的改编和创作。娱乐，自古以来就是民众生活中不可缺少的一部分。从这一点上来说，民间文学是民间社会娱乐的产物，必然带有文化娱乐的性质。很多民间文学与民间信仰作品生动地记录或解释了民间社会的娱乐活动。例如，我们在田野中采集到彝族哑巴会传说：

> 很久以前，七宣村遭遇了严重的旱灾，一年到头都没有一滴雨水，人畜都快渴死了。有一个善良的小伙子就到仙逸寺去口头求神仙保佑，寺太远了，他走了两个多月才走到，身上的粮食都没有了，只有一个荞麦粑粑。但是小伙子求神拜佛的诚心一点也不减。拜完神在庙门口，小伙子遇到了一个白头发的老头儿，伸手就跟他要东西吃，小伙子见老人家很饿，就把自己的粑粑给了老人家。老人家见这位小伙子非常善良，就送给他一个盒子，并且告诉他盒子里有一条黄鳝，要回到村口才能打开。这样全村人就有用不完的水了。不照着这样做，小伙子就会变成石头人。老头儿说完就消失了。小伙子看着老人消失的背影又看见自己空空的口袋里忽然装满了干粮，才知道老人就是神仙，他连忙朝老人消失的地方叩了几个头，就急急忙忙地赶回村里。在路上，小伙子想，遭到干旱的村子太多了，不止是七宣村啊，就把盒子打开放黄鳝出来，瞬间就有泉水涌了出来，小伙子别提多高兴了。可是他并没有按照老者的要求做，他慢慢地变成了石头人。那流出的泉水有三个泉眼，龙王箐、大龙树箐和出水箐。村里人为了纪念善良的小伙子，每年都给他送来好吃的东西，奇怪的是他居然能把东西都吃完。村里人认为小伙子还活着，

只是变成哑巴，不会说话了，于是在每年的正月初八举行聚会，庆祝龙聚会，称为"龙华会"。既感谢神仙的赐水之恩，也感谢小伙子的求水之义，龙华会就一直流传到现在。后来又改成了哑巴会。

这则传说为当地举行的娱乐节日哑巴会提供了一个生动的注脚，解释了哑巴会的来源，为节日的娱乐狂欢提供了理由。民间文学及民间信仰成为某种仪式或节日来源的解释方式是很多民族常用的方法，人们为仪式及节日不同于日常的狂欢娱乐留下了阐释的空间，也恰好说明了民间文学及民间信仰的文化娱乐性。哑巴会的故事解释了哑巴节的来历，人们便在节日这天举行各种娱乐活动。祭拜密枯神、制作阴阳卦、选出哑巴神、栏门歌、宴飨、装扮哑神、人神互娱、驱逐哑神等，每一个环节都尽情热闹、歌舞助兴，充分体现出民间文学及民间信仰的文化娱乐特征。

三 民间信仰的民族文化教育价值

(一) 民族历史文化传承价值

匈牙利学者阿格尼丝·赫勒（Agnes Heller）指出，东方文明中一个很有意思的现象，历史记忆和过往的回忆在文化中扮演着重要角色，它们能够保存在故事、传说和符号中，故事传说中的每一个符号都可能具有特别的意义，是人们行动的记录。[1] 说明民族文化中的思想精髓有其历史起源及发展过程，民族历史文化必定会在人们的口头及行动中得到传承，民间文学便是传承历史文化的一种有力载体。

段宗牓是南诏劝丰佑时期（823—859）的大军将。有一年，狮子国（今斯里兰卡）出兵进犯骠国（今缅甸），缅甸国王向南诏求援。南诏王劝丰佑派段宗牓统率二十万兵马奔赴缅甸。缅甸之危解除后，缅甸国王和臣民十分感激，用8000两黄金铸成六尊佛像，分别送给南诏王和段宗牓。段宗牓凯旋回到金齿，忽然有人从南诏赶来禀报南诏王驾崩，幼主世隆继位，清平官王嵯巅摄政。王嵯巅篡位之心路人皆知，段宗牓决定赶回护驾，先下手为强。于

---

① 黄晓红：《民族精神的历史传承与时代张力》，《北京工业大学学报》（社会科学版）2009年第3期，第37—41页。

是，他派人回到国都阳苴咩城，请王嵯巅亲自到金齿迎接金佛。王嵯巅听说自己能得到金佛，满心欢喜，答应前来。待他到金齿，刚到军营，就被早已埋伏的士兵抓住。段宗牓杀了王嵯巅后，消息传到了阳苴咩城，新王世隆大喜，大臣们拍手称快。回国后，段宗牓升为清平官，尽心辅佐世隆。他在任期间，正直无私，忠心耿耿，协助世隆把南诏治理得井井有条，国泰民安。人们感念他的功绩，便在家中供起了他的长生牌位，祝愿他长寿安康，多为国家和百姓做好事。段宗牓去世之后，世隆追封他为"灵镇五峰建国皇帝"。白族人民在喜洲庆洞建了一座庙，把他的金身塑在里面，尊奉他为中央本主、"五百神王"之首，定期进行祭祀供奉。

段宗牓是白族地区供奉的本主，他的传说故事在白族地区可谓家喻户晓。这些传说故事便体现了一定的历史文化脉络。隋末唐初洱海地区小国林立，互不役属，其中有六个实力较强的小国，分别被六个国王统领，被称为六诏，分别是：蒙巂诏、越析诏、浪穹诏、邆赕诏、施浪诏、蒙舍诏。蒙舍诏在诸诏之南，称为"南诏"。在唐王朝的支持下，南诏先后征服了其他诸部，灭了其他五诏，统一了洱海地区。故事中所说的南诏政权，就是由蒙舍部落首领皮罗阁于开元二十六年（738）建立的。关于南诏国的故事、史料较多，对普通民众而言并不能获取多少有利的信息，反而从民间文学的民间信仰中获得历史文化的传承是民间普遍采用的方式。

（二）民间文学是民族历史文化形式的体现

民间文学作品讲述民族历史文化，是民族历史文化形式的体现。这是因为民间文学本身就是民族文化的叙述系统，这种叙述话语在长期的社会实践中必定沉积下了民族历史与文化。并且作为一种社会集体观念的呈现，民族历史文化离不开前后代际的传承，其传承方式却不一定是正版的教科书或历史书籍，是可以在民间通过口耳相传的方式被改造和传承的。

白族人为自己的本主大黑天神拟写的一篇"诰文"："人间天上，化现多般，镇乾坤，正直无私，降邪怪，威灵有赫。三头六臂掌宗门，无愿不从，有求皆应。大悲大慈，敕封伽蓝本主五谷大黑天神。"每当白族人到本主庙祭祀大黑天神时，就要诵念这篇诰书，请本主大黑天神护国佑民，让人间风调雨顺，五谷丰登，六畜兴旺。大黑天神据说是一位来自印度的神仙。可是，与其他神仙不同，他长着一副凶神恶煞的形象。白族的保护神怎么会是这样子呢？原来是为"救民于水火"而留下的"后遗症"。以下是我们收集到的关于大黑天神本主的民间传说：

> 据说大黑天神是玉皇大帝身边的侍者，长得眉清目秀，心地十分善良。有一天，玉帝找人议事，发现好些神仙都跑到人间去了。玉帝查问之后，才知神仙们认为地下比天上好。他拨开云头一看，看到了人间的美景，就开始嫉妒了。于是派了身边的侍者大黑天神到大理散布"瘟丹"，让大理坝子遭受瘟疫而灭绝。
>
> 大黑天神接受了这残酷毒辣的圣旨来到美丽的大理坝子。他满面愁容地走着，遇到了一个妇女背着一个小孩，牵着一个小孩。大黑天神一看，背着的小孩约有五六岁，牵着的那个只有三四岁。他觉得很奇怪，就问这位妇女怎么回事。妇女说，背的是前娘生的，小的孩子是自己生的，她不能亏待了前娘生的孩子。大黑天神觉得这位妇女心肠太好了，不忍心让她毁灭，就告诉她回家时在家门口插上白杨柳枝。女人回家把消息告诉了村里人，家家都在门口插了白杨柳枝，大黑天神去撒"瘟丹"的时候简直没有办法分辨。他不忍心把这些善良的人毁灭，又无法回天上复旨，只好自己吞下了所有的"瘟丹"。瘟疫的毒性发作，把他全身上下烧得青黑。玉帝派人去救他，他还是死了。

大理的很多白族村寨都把大黑天神奉为本主。从剑川、鹤庆到洱源，再到巍山、云龙，甚至在四百公里外的滇池地区，只要有白族的地方，到处都有大黑天神。仅滇池周围的 132 座本主庙中，供奉大黑天神的竟达 130 座之多。①

大黑天神的故事在白族民众中间一直口耳相传，供奉大黑天神为本主的白族村落也不胜枚举。白族民众通过对大黑天神的信奉，潜移默化地传承着民族的历史文化。认真解读故事不难发现，大黑天神并不是白族地区土生土长的神仙，他来自遥远的印度。为何印度来的大黑天神能被白族人民奉为本主？这不能不提白族地区的文化交流史。白族所生活的地区被称为"亚洲文

---

① 施珍华、何显耀主编：《中国民间故事全书·云南大理卷》，知识产权出版社 2005 年版。

化的十字路口"，中原汉文化、藏文化、印度文化等各种文化形式在这里交相融会，南诏大理国时期，佛教文化又得以在大理广为传播，印度文化元素来到大理后与本土文化融合，形成新的文化模式。大黑天神故事就是这样一种文化交流历史的隐喻表述，探究故事中的文化内涵不难发现其间隐含的民族历史文化形式。

（三）民间文学是民族知识文化传播的手段

民族文化是一个开放的系统，具有较强的包容性。其间所承载的民族文化知识可以说是包罗万象。对于这些民族文化知识，人们都能按照自己的理解来加以解释，在民间文学的融合过程中，人们会按照自己的观念更改其他文化元素，从而留下该民族对于自己文化知识的传播痕迹。例如，我们在巍山采集到一个彝族传说故事：

> 巍宝山是南诏政权的建立者细努罗的发祥地。相传细努罗原居住于哀牢，为了躲避仇人，迁居到蒙舍诏。细努罗躬耕于巍宝山，家业逐渐壮大，由于他胆略超群，才智过人，家人又乐善好施，颇得民心。一天，细努罗正在山上耕田种地，他的妻子前去送饭，路上遇到太上老君化身成的一位美髯长须老者坐在石头上，只见老者头带红莲冠，身披鹤氅，两个童子随侍左右。细努罗的妻子经路上过，老人连忙装出一副很饿的模样，细努罗的妻子见老人如此可怜，想都没想就把饭菜全给了老人，自己回家重新做了饭菜送给丈夫。没想到第二次路过时，老人还没有走，有气无力地坐在石头上，又向她要吃的，她也没问为什么，依然毫不犹豫将饭菜全给了老人，然后重新回家做饭。第三次做好饭送来，又遇到了同样的情况。饥饿难耐的细努罗久等不见妻子送饭来，于是下山一看究竟，刚巧遇到老人与妻子，细努罗问清原委后没有抱怨妻子，反而夸赞她做得对。太上老君见他们夫妇为人善良诚实，便用手中玉杖对着细努罗的犁头连敲十三下，然后就变成一朵云彩飞走了。细努罗没有想到，老人这么敲了几下就给了他家一脉十三代的王运，预言他的子孙后代将成为统治这里的王，果然后来细努罗家当上了国王，他就是南诏第一代王，南诏国沿袭十三世。

该民间故事讲述的是南诏开国的过程，用神话的形式讲述南诏王权的由来，故事虽是神话，却传播了南诏开国的文化知识。南诏王皮罗阁统一六诏，建立南诏国时是在唐王朝的支持下取得胜利的。这也说明南诏与唐王朝交往频繁，接受较多的汉文化形式，故事用神话的方式讲述南诏立国的过程，显然也是受汉文化"君权神授"观念的影响。读到这个故事，关于南诏的历史及对外联络交往知识便在不知不觉间被普及。

（四）民间文学体现民族文化生态教育观

美国学者斯图尔德（Julian Steward）倡导文化生态学，强调人与环境、文化、技术之间的相互关系，阐释不同地域环境下文化的特征及类型的起源，人类用何种文化方式适应自然环境与人文环境。[1] 自此之后，人类生存环境与文化的关系一直被学界按各自的方式演绎。虽然研究者们从不同的视角出发都会得出不同的结论，但也有共识性的意见。表现在文化是人与自然的契合点，文化影响并制约人们的生产方式，且以之为基础成为构成地域特征的重要因素。从一定程度上说，人类在环境中形成的行为习惯和思想观念形成特定地域的文化生态，体现在民间文学作品之中。

人与环境的关系是各个民族常思不倦的问题。人与自然为一个统一的整体，人与自然在生态系统中具有平等性与相互依赖性，人类不仅要尊重生命的个体，也要尊重自然界的一草一木。人和自然只有相互协调，才能实现永续发展。自然生态观的提出，得到了人们的广泛认可，而这些，在西南边疆民间文学作品中已有体现。

例如，大禹治水的故事之所以能在西南少数民族中广为流传，与其契合当地少数民族群众的自然生态观有重要关系。对当地的少数民族群众而言，山川河流自有其流向与路径，治水只能遵守自然界的规律，找寻水流疏泄的渠道，而非不顾自然规律，一味堵住。人不能仅凭自己的兴致，破坏生态系统，不能用统治、征服、控制、支配的心态对待自然环境。如何应对洪水，要考虑人的需要是否适合自然的特性、法则和规律，所以面对洪水泛滥，大禹迎难而上、实地调查、因地制宜，疏通河道，肆虐洪水终被治理，这具体

---

① Steward, Julian H., *Theory of Culture Change：The Methodology of Multilinear Evolution*, Champaign：University of Illinois Press, 1972.

而生动地体现了西南少数民族的自然生态观，大禹的美名才得以在西南边疆少数民族地区广为流传。

第四节　民间信仰的民族道德与审美价值

一　民间信仰的道德价值

（一）民间文学中民间信仰是民族社会伦理观念的表达

每个民族都有自己的社会伦理观念，民间文学就是人们表达这种伦理观念的有力武器，它能用通俗易懂的语言告诉一个社会的道德伦理要求。例如，以下传说故事就说明了大理白族地区的孝道观念：

明永乐年间，大理有位被传为神仙似的人物叫杨黼，《明史·隐逸传》有他的传。他深入民间用白文写就的《山花碑》，数百年来脍炙人口。杨黼一生生活在民间，除写了《山花碑》，还留下好几首典雅的汉文格律诗。年轻时，除了继承白族耕读传家的习俗，杨黼也常常外出，游山玩水、求神拜佛，要去四川峨眉山。历经千辛万苦，他终于上了山。他顺着石级来到山顶的寺庙，叩开大门，向迎出来的一位仙风道骨的老僧恭敬地说：“我是叶榆（今大理）人，贱名杨黼，特地从点苍山步行到这里求神拜仙。”老僧听后哈哈大笑说：“施主你糊涂啊，你家乡明明有一位活神仙，何不去拜，舍近去远干什么！”杨黼急忙下拜问道：“不知我家乡的那位神仙是什么模样？”老僧说：“反穿衣，倒穿鞋，你回去找吧！”

杨黼将信将疑地拜别老僧，往回走。一去一回，整整用了三年。一天深夜，他终于回到了家。“咚咚咚”地敲了几下门后不见反应，有些不高兴地用嘴对着门缝叫：“阿妈，我回来了。”母亲自他走后，天天挂念着他，无时无刻不在担心着他的安危冷暖，盼望着他能早日回来。这时听见儿子的声音，只顾着高兴，忙把衣裳一披，鞋子一蹬就奔出来开门。

月光下，杨秀才看见母亲反穿着衣，倒穿着鞋，眼里满是又喜又惊的泪，他顿时明白了老僧的话，原来老僧说的神仙就是自己的母亲！是啊，慈母不就是世上的神仙吗？杨秀才不禁暗骂自己糊涂。从此，他再也不出去求神拜仙了，一心在家侍候老母亲。他在自家门口的一棵大桂花树上用板子搭了一座楼，在楼上著书立说，注释《孝经》，人称"桂楼先生"。他在自家的院子里种了一棵桂花树，在树上搭一小间木板房，整天在里面吟诗读书。

"桂楼先生"在白族地区的名声越来越大，他上峨眉访仙的故事也被传得很远。后人评价说他的诗、文如此受人欢迎，就是其间所表达的感情有动人心弦的力量。很多时候，是否被神、佛保佑谁都不知道，父母的牵挂关怀却一直都在。"父母才是该孝敬的活神仙"，"桂楼先生"峨眉访仙所得的真谛，希望让世间那些"子欲养而亲不待"的遗憾能少些，再少些。

这是在大理白族地区流传较广的桂楼先生的故事，表达了白族人民对"孝"的追求和赞美。"孝"历来是中华美德内容的主要方面。明末白族理学家"二艾"（艾自新和艾自修兄弟）在《二艾遗书》中说："孝为百行之原，论孝道而友、悌、忠、信俱在其中。"当然，孝道的内容也随着时代的进步而有所变化，但作为责任和义务，孝的基本精神不会变。而民间文学及民间信仰就用了充分的篇幅来反复表述这些民族社会的伦理观念。大理白族地区具有浓厚的孝敬父母、尊老爱幼的社会风尚。孝道能在白族的个人、家庭和社会中发挥重要作用，因为他们在传承孝道时遵守"诚"的原则，体现在其民间文学之中。传统的孝道观念不仅规范和调节家庭成员之间的关系长幼有序，保证家庭和睦，而且把这种家庭和睦关系扩大到处理人际关系上，起到了稳定社会的作用。"大本曲"在大理白族人民生活中具有重要的地位，白族民间谚语说："不放盐巴的菜肴吃不成，不唱大本曲的日子过不成"。在大理地区比较流行的"大本曲"作品有《放羊调》《上坟调》《逼情调》《祭奠调》《问魂调》《思乡调》等，其中也反映了白族人民的大孝、中孝、小孝观念；大孝是国家的忠义，中孝是对家庭和睦的维护，小孝是对婚姻恋爱的忠诚。

除了孝道以外，大理白族地区也把谦让视为一种美德，在民间文学中代代相传。大理喜洲是著名的白族聚居乡镇，传统文化和商业道德历来著称三迤。本来商业提倡竞争，但喜洲商帮力主"信义为本""利之所至，义必随之"，反对损人利己的竞争。能够充分反映喜洲人依靠谦让成功的因素，我们在喜洲调查收集到"让解桥"的故事：

> 让解桥在喜洲坡头村，建于明代。解，是解元的简称，科举乡试的第一名举人。杨士云 1477 年出生在喜洲街大界巷，杨宗尧 1476 年出生在离喜洲村 4 里的中和邑，他俩都是镇上的秀才，聪明伶俐，人才出众。据说，当他们 20 多岁的时候，恰逢明弘治戊午科（1498）云南乡试。有一天，他们二人相遇在两村之间的石桥上。杨士云先开口说："今科乡试，我不去了，最好你一个人去。"杨宗尧问："怎么了，两人结伴不是更好吗？"杨士云回答道："咱俩都有争夺解元的志气，可惜名额只有一个。你年长我，长者先入席，我下科去也不迟。"这样，两人就在桥上争来争去，争持不下。最后，还是杨士云说服了杨宗尧。行前，杨宗尧送给杨士云一枝丹桂作为下科中榜首的吉兆。结果，这一科杨宗尧真的夺得全省解元。到了 4 年后的辛酉科，杨士云也如愿以偿中了解元，皆大欢喜。接着，两人又先后赴京中了正德丁卯科（杨坛）和辛巳科（杨宗克）的进士，传为佳话。他们先后捷南宫（在礼部胜出，即中进士），不忘互以宫花（皇帝赐宴时所戴的花）相赠。后来，他们都进入皇宫任职，并都成为理学家。
>
> 喜洲人据此将这座桥誉为"让解桥"，并在桥头立碑称，"事之奇，为振古所仅见"。

在大理白族人看来，谦让是一种美德，是一种修养，更是一种做人的境界。白族生活在苍山、洱海之间，在明山秀水的自然环境中养成温良敦厚的民族性格，不好斗尚武，而崇尚谦虚忍让。在白族发展的历史上，白族人民与周边民族和睦相处是主旋律，喜洲的让解桥正是白族文化生态观的生动体现。

（二）民间文学中民间信仰是民族道德规范的表述

任何一个民族都有对真、善、美的追求，有一个衡量道德规范的标尺。

这些道德规范也被标注在民间文学及民间信仰中，体现出该民族的道德情操。例如，以下是我们在田野中收集到的关于大理白族本主信仰故事，体现了大理白族人民对道德规范的表述：

　　从前大理城南门有个姓王的皮匠，他手艺精熟，为人和善，还时常接济穷人和遇到困难的乡亲。他收入也不多，经常是饥一顿饱一顿，连媳妇都没有娶上，一把年纪还是孤身一人。尽管如此，大家还是很喜欢他，都亲切地叫他王皮也。

　　有一年中秋之夜，王皮匠正为自己的艰难生活伤心难过之际，家里忽然进来一位云游道人。王皮匠很高兴，热情邀请道人陪自己过节。王皮匠告诉道人他做皮匠已十五年，因家贫没有姑娘肯嫁他，只靠手艺勉强度日，有时候遇到朋友有困难，帮助别人后自己也只得挨饿受冻……王皮匠和道人说了很多知心话，从那晚上起道人就在王皮匠家里住了下来。住了一个多月，道人要走了。告辞前道人对王皮匠说："这一个多月来你待我亲如家人，我无以报答，就给你写三个字，日后会有用。"说罢，他叫王皮匠拿来三张黄纸，写了"王""皮""也"三个草书字。王皮匠看后，有点不高兴，说："你我亲如家人，别人嘲笑我叫我王皮也，你怎么也这样呢！"道人神秘一笑，告诉他说："你莫小看这三个字，它是三件宝物，一定要好好保存着，到时候你就知道了。"话音刚落，那道人一闪身就不见了。这时，王皮匠才知道他是个仙人，赶忙把三张黄纸小心地装进柜子里珍藏起来。

　　十年后，王皮匠老了，手脚也不灵便，生活越发困难了，生病也无钱医治。恰好此时官府在大理城北修一个大池子，招募了许多能工巧匠，费了一年多的时间，终于把池子修好，取名"玉波池"。官府还发出命令，"玉波池"三个字，必须选用天师——张三丰的亲笔字以增添神采，流传后世。王皮匠听到消息，顿时恍然大悟，想起了十年前道人留下的字，便从柜子里找出那三张黄纸在桌上展开，然后执笔饱蘸浓墨，在"王"字的右下边添了一点，变为"玉"字，又在"皮"字和"也"字的左边各加上三点水，便分别成了"波""池"二字，连起来就成了"玉波池"三个字。拿到官府衙门，官府仔细辨认了一番，确认是张三丰的手迹，就赏给了王皮匠六百两银子。"玉波池"三字送去刻在石碑上面，立在新修的池子旁边，近着看是"玉波池"，远望还是"王皮也"。

王皮匠得了六百两银子，不仅请来医生治好了病，日子也过得比以往富裕，常常接济贫困的朋友和乡亲，得到了人们的尊重和赞扬，一直活到了八十八岁。为了纪念王皮匠的恩德，他去世后人们就把他奉为大理城南门本主。

故事中王皮匠被选为本主并不是偶然的。白族人选择本主往往有现实的标准，最重要的一点就是有功于当地人民。孤苦的王皮匠在困境中仍不忘接济、帮助有困难的朋友和乡亲，不仅得到仙人的帮助，得了善果，也受到乡亲们的爱戴，被立为本主。民间文学作品借助人们对本主的信仰表达了这样一种民族道德规范：对别人常伸无私援助手的人，即使时运不济，也能得天人共助。以下也是我们收集到的一则相关传说故事。

从前，苍山脚下住着一位老汉，有三个女儿。大女儿懒惰，二女儿贪吃，只有三女儿勤劳又聪明。一天天刚亮，老汉要上山砍柴。他去敲大女儿的房门，想让她起来煮早饭。他对女儿说："爹爹上山去砍柴疙瘩，摘给你一朵山茶花。"大姐懒得起床，说："金花银花我不要，哪个要那山花。"老汉又去敲二姐的房门，说："去砍柴陀陀，摘给你一束茶花朵。"二姐听了，把头伸出被窝说："金花银花我不愁，哪个稀罕野花朵。"老汉没法，走到三妹房门前，说："爹上山去砍柴，摘给你一朵茶花来。"三妹听见，连忙起床煮早饭，并再三嘱咐爹爹，要他摘一朵最美丽的山茶花。老汉满心欢喜，吃了三妹煮的饭，便上苍山去了。

老汉来到苍山上，砍一会柴，挖一会疙瘩，把柴捆好，想起三妹的嘱托，便在漫山遍野的山茶丛中寻找那最美丽的山茶花。寻了一会儿，他看见一丛山茶花间开着一朵艳丽无比的红山茶，正伸手要摘，突然脚下花丛里"沙"的一声窜出一条大白蛇，吓得他后退了五步。老汉定神一看，蛇却没了，面前站着一个头包白汗巾、身穿白汗褂的英俊小伙。这小伙笑着对老汉说，他叫"蛇郎"，守着这朵山茶，哪个姑娘要戴这朵花，就得嫁给他。老汉看小伙子长得英俊不凡，爽快地说："这朵山茶花，咋个说也要摘，你若不嫌弃，我家三个姑娘随你挑一个。"就这样，老汉摘了山茶花，下山回家。蛇郎请了蜜蜂做媒，蜜蜂绕着山茶花飞下苍山来说亲。

老汉到了家，放下柴，抽出那朵山茶花，来到大姐房中。他对大姐说明许亲的事，蜜蜂接着唱"嗡嗡嗡，嗡嗡嗡"飞到大姐闺房中。"牛驮胭脂马驮粉，问问大姐肯不肯？"大姐说："不肯，不肯！你快飞开，再不飞开，我就要拿扫帚打你啦！"老汉又捧着那朵山茶花，领着蜜蜂来到二姐房中，对二姐说明许亲的事，蜜蜂接着唱"嗡嗡嗡，嗡嗡嗡"飞到二姐闺房中。"牛驮胭脂马驮粉，问问二姐肯不肯？"二姐"呸"地吐了一口，嘴皮一翘，说："飞开飞开快飞开！若不飞开，我就拿绣花针刺你，把你扎死丢到屎塘里！"老汉没奈何，只好捧着那朵山茶花，领着蜜蜂来到三妹房中，向三妹说明许亲的事，蜜蜂接着唱"嗡嗡嗡，嗡嗡嗡"飞到三妹闺房中。"牛驮胭脂马驮粉，问问三妹肯不肯？"三妹听了，高兴地说："若是蛇郎不嫌弃，我爱戴花儿愿嫁他；若是蛇郎嫌弃我，就请蜜蜂转回家。"辛勤的蜜蜂终于做成了媒。

三妹接过山茶花，把它插在鬓角上，辞别了爹爹和姐姐，跟着蜜蜂走了。蜜蜂在前面引路，三妹跟在后边。三妹登上山坡回头一看，明镜般的洱海好像在挥手跟她告别；抬头一瞧，翡翠似的苍山好像在招手迎接新娘。穿过环绕苍山的玉带云，越过皑皑雪峰，来到一个繁花似锦的山间平坝。这里麦苗绿油油，菜花金灿灿，山茶红彤彤……真是个好地方。三妹跟蜜蜂到了蛇郎家，拜了天地，小两口恩恩爱爱，辛勤劳动，日子越过越快乐。

同样是白族民间文学作品，其间的民间信仰神奇而有趣。三妹得到了幸福美满的姻缘，人人羡慕，而美满的好姻缘似乎不是谁都可以拥有。大姐懒惰，二姐贪吃，幸福来敲门的时候也抓不住，只有勤劳善良的三妹寻得好归宿。故事清楚地表达了一种道德规范：与其羡慕别人得到了美好的事物，不如低下头来审视自己是否能力、品行还有不足处，致使所求事物与自己擦身而过。少一些羡慕与抱怨，多一些自察与勤勉，谁都可以拥有那朵"山茶花"。

二　民间信仰的审美价值

(一)　民间文学是民族审美形式的体现

民间文学不仅是一种文学或者艺术，它还是一种美的存在。一个好的民间文学作品总能给人美的享受，具备美的内涵。什么是美？每个民族都有自己的理解，不同民族有不同的审美形式和审美意识。李泽厚先生把审美形式排列为四种因素：感知、想象、情感、理解。[①]这四种因素组合在民间文学作品里，赋予了民间文学作品一种灵动的审美样式，使民间文学作品具有了丰富内涵。以下是我们收集到的一个体现大理彝族审美形式的民间传说故事：

> 很早以前，朵祜、瓦哲、高坪（属弥渡寅街）一带遭到罕见的旱灾，数月不见一滴雨，河流干涸，山泉断流；牛马一群群无精打采，口喘热气在河边草地上躺；绵羊一对对伸长脖子，低头吐舌往树林里钻；牧人们悠扬的笛声、高亢的歌声消失了；树叶是干瘪的，庄稼是焦黄的，百姓的心是揪紧的……百姓们一百次的祈求，换来的是一千次的哀叹。
>
> 朵祜村有个青年人名叫李清，从小心地善良，乐于助人，人们都认为他挺有出息。这年，他见村里遭受这么大的旱灾，就与父母商量，同长辈合计，决心走遍万水千山，寻找水源。他做好了十五个荞粑粑，编好了十五双草鞋，背起弓箭，出发了。
>
> 出家门不远，就遇见了一位满头白发的老奶奶，穿着破渔网般的麻衣，踏着一双半旧的草鞋，黄瘦的脸庞，无神的眼睛，颧骨突起、皱纹满布。她手里提着一个篮子，篮里装着些黄鳝。李清恭敬地询问老人："奶奶，您从哪点来？"老人回答："从东边来。"再问："您到哪点去。""到西边去。"李清便从布袋里掏出个荞粑粑递过去："奶奶，您可能饿了，这荞粑粑您别嫌弃，就拿着吃吧。"老人没道声谢，接过来就吃，干硬的荞粑粑被老奶奶嚼得脆响，不多一会儿就吃完了。李清又递上一个，老人又快速地吃完了；李清再一个个递上，老人仍不客气地一个个吃了；转眼间十五个荞粑粑被老奶奶吃得一干二净，而老人却似乎还没吃饱。

[①]　李泽厚：《李泽厚哲学美学文选》，湖南人民出版社1985年版。

李清干脆把老奶奶领回家，亲自给她做饭。他在三角架上架起土锅，煮进芹麻，再做了又软又香的荞面汤圆，老奶奶美美地吃了一顿。吃完后，老奶奶问李清："小伙子，刚才你好像要出远门？"李清回答："奶奶，您有所不知，我们这一带遭遇了天大的旱灾，父老乡亲眼看没法过日子了。我想到远方寻找水源。"老人问："路上豺狼虎豹多，你不怕吗？"李清答："我有弓箭背在身上。"老人又问："坡陡山高路途远，你能走吗？""能走，我有双从小练就的铁脚板。"老人再问："水源茫茫，你能找到吗？""能，只要心诚，一定能找到。为了父老乡亲，就是双脚走出血泡，我也要找到。"老人说："好，小伙子有志气！"说完，只见老奶奶想了想，从筐里拿出一条黄鳝，递给李清说："今天我送你条黄鳝，你不必出远门了。"李清接过黄鳝，正要道谢，老奶奶却突然间消失了。

原来，那老奶奶是观音菩萨变的，那筐里装的不是黄鳝，而是大理地区的九十九条龙，送给李清的正是小黑龙。

李清小心翼翼地把黄鳝拿回家，并请来长辈们，虔诚而又默默地面向黄鳝祈祷：祈望圣物普降甘霖，拯救民生！话音刚完，西边雷声大震，如山崩地裂，浓云如墨，滚滚而来！黄鳝霎时化为一条黑龙，腾空而去，落入村子西边约一里开外的山脚下，即现在的龙神祠。紧接着，绵绵细雨便一直下了三天三夜……没过几天，满山遍野一片碧绿；山坡沟壑到处郁郁葱葱。那一年，粮食丰收，六畜兴旺，生活安康。

据说黑龙是正月十五升天的，朵祐人民为了纪念它，盖了龙祠，每年正月十五，都要耍龙玩灯，烧香祷告，求其保佑。这个风俗，直到今天还保持着。

故事无一不体现出彝族人民对美的感知、想象、情感和理解。什么是美？对彝族人民来说，水是万物之源，生命之本，青山不老，绿水长流，爱水惜水的行为便是美的一种形式。故事中的青年人充满仁爱之心，哪怕双脚走出血泡，也要为民众解决难题，这是百姓心目中美的代表，终于以真诚的心换来了上天的恩赐。穿着破旧的老奶奶竟是大慈大悲的观音菩萨的化身，老奶奶篮子里的黄鳝竟是能降下甘霖拯救百姓于苦难的小黑龙，这是劳动人民超常想象力的表达，更是劳动人民对美的表述渴求。

（二）民间文学中的民间信仰民族审美意识的体现

民间文学作品包含着人们对美的感知，体现着各民族的审美价值。审美价值中审美意识是较为关键的环节，是人们面对美的事物时所自然生发出来的对其美学属性的能动反映。这主要指人的方面，包括人对美的感知、判断、认识等，各民族的审美意识总与所生活的环境息息相关，总是源于人和环境的相互作用。人由生存环境激发各种美的想象，并把它表现在民间文学作品中。以下是我们收集到的一个体现大理白族审美意识的民间传说故事：

> 苍山应乐峰下有个绿桃村，村里有个美丽的姑娘。姑娘有一天在溪边洗衣服，见到溪中漂来一个绿桃，她捞起绿桃吃下不久就怀孕了。之后生下一个儿子，取名叫段赤诚，段赤诚长大后成了一个英武的石匠，力大无比，好打抱不平。当时马龙峰下出现了一条硕大无比的巨蟒，到处兴风作浪，吞食人和牲畜，人们提心吊胆，惶惶不可终日。蟒蛇危害百姓的消息传到南诏王宫，大家惊慌失措，毫无办法，只好张榜悬赏，寻找能人义士前来除害。段赤诚见此皇榜，决心为民除害。他手执两把利刃，身捆二十四把钢刀，只身来到蟒蛇洞前。大蟒张开血盆大口，他趁势跃入蟒蛇口中，在蟒蛇肚子里上下翻滚，把巨蟒的五脏六腑搅得稀烂如泥。经过一番殊死搏斗，巨蟒被杀死了，段赤诚也英勇牺牲了。人们剖开蟒腹，取出他的尸骨，把他隆重地安葬在苍山马龙峰下。为了永远纪念这位为民除害、以身殉难的英雄，人们把蛇骨烧成灰后和泥烧制成砖块，在他牺牲的地方建起了一座灵塔，这就是阳平村的蛇骨塔。

这是大理白族地区家喻户晓的民间传说，以生动的情节解释了大理蛇骨塔的由来。一般来说，每一个民族的审美意识往往起源于人与环境的相互作用中。蛇骨塔是白族地区的标志性建筑，千百年来是白族人民智慧和想象力的集中体现。对白族民众而言，蛇骨塔外形的美激起了他们丰富的想象力，它是怎么来的，为何出现在白族民众所生活的地方？而这对一般老百姓而言，很少有人能清楚地解释。于是，人们创造了优美的民间传说，用少年英雄段赤诚斩莽的故事解释它的由来，把民众对美的感觉、观点和理想赋予在蛇骨塔的外形上，让它有了美的意识和内涵。而什么是美，什么是丑？传说作了生动的诠释，为群众利益而斗争的行为是美，危害百姓的做法是美的对立面，终要被美的力量所打败。民间文学赋予了民间信仰一种审美意识，并形成一种情感的动力，陶冶着人民的情操，提高了人民对自身及环境的认识和感知。

第五章　西南边疆民间文学中民间信仰的现代传播与时代意义

第一节　西南边疆民间文学中民间信仰的现代传播

西南边疆民族众多，信仰多元。古老的民间文学与丰富的民间信仰年复一年在西南边疆这片土地上生存和传承。随着时代的发展，西南边疆民间文学中的民间信仰在当下的时代背景下又有着怎样的传播现状呢？总体而言，西南边疆民间文学中的民间信仰呈现出传播意识自觉化、传播途径多元化、传播主体老年化、传播内容拣择性的态势。

一　民间信仰传播意识的自觉化

无论是民间信仰还是民间文学，抑或二者的结合，民间是此类文学和信仰的主要传播空间，除非特殊情况，它们很少被官方或外力干扰。由于来源于民间并主要生存于民间，民间文学中的民间信仰常常以绵力、暗力的方式隐含而持续地作用于百姓生活。每一个生活于斯的生命个体不可避免地受到民间文学、民间信仰的浸润、感染。用一个不甚恰当的比喻，民间文学、民间信仰，一如林中木，因自由的生长而活力十足，也因自由的生长而缺乏姿态。西南边疆民间文学中的民间信仰更是如此。西南边疆，这一政治版图的边缘性客观上保护了自有文化生存的自为性和纯粹性。换言之，西南边疆民间文学中的民间信仰长期以自发、小众、低调的方式代代相传。

时代的助力主要体现在人们对文化多样性尊重，非物质遗产的保护（经济的、更重要的是文化自信力上的），以及民族自觉。然而，文化生存的自发性与纯粹性也只能是相对的。在信息化的大时代背景下，地球可以变村。西南边疆民间文学中的民间信仰也不可避免地受到时代的影响，以前所未有的频率与新的时代背景交融、碰撞。影响西南边疆民间文学中的民间信仰传承的力量主要有两种。一种影响来自网络信息等。发达的网络覆盖与高科技的表现手段扩大了民间信仰传播的受众面积以及传播频率。简言之，近年来，笔者在田野调查的过程中时常看到民间信仰年轻一代的传承者常以手机自拍的方式，实时报道信仰活动的进程和现场。笔者也会不时在朋友圈中看到朋友参与本乡民间信仰活动时的微信。有时游客与摄影爱好者也会借助电子产品参与到民间信仰活动的现场报道之中。且不论这些传承者是自觉还是无意，是猎奇还是兴趣，是来自信众还是来自他者，是刻意还是偶然，客观事实是，他们真的有参与到信仰传播的链条中。与这种影响力相比，另一种因素对西南边疆民间文学中民间信仰传播的影响力更自觉也更深广。这种影响力就是来自自我与他者的文化觉醒。远到国际上长期对文化多样性保护的倡导，近到国内有识之士对有形和无形文化遗产的保护的呼吁与行动。20 世纪 80 年代至今，民间文学、民间信仰以书面等多种形式得以保留、传承。21 世纪初的非遗保护，来自官方、学者等精英、上层力量有效地改观了民间文学、民间信仰日渐萎靡的传承状况。非物质遗产保护不仅切实改观了民间文学和民间信仰传承者的经济状况和社会地位，更重要的是增强了西南边疆少数民族的文化自信力，唤起了主体传承民族文化的积极性。民间文学中的民间信仰作为地方文化、民族文化的重要组成，其传承状况一定程度上得到了改善。

最终，在主位与客体、民间与官方、文化与产业多维力量的共同作用下，民间信仰传承的自觉性有一定程度提升。就这一点来说，我们在田野调查中有较为深刻的体会。在田野调查中，大家明显感觉到多数情况下，被访谈对象都乐于承认自己的信仰者身份，并在言谈举止中坦然表露出对被信仰对象的崇拜之情。除少数个体之外，多数人对外来者参与、了解、跟踪整个信仰活动持开放、包容、欢迎的态度。在参与“接金姑”“接本主”“绕三灵”“哑神节”等民间信仰活动的调查过程中，信众很少表现出对调查组成员的防范、回避，他们甚至乐于向外界展示调查者的存在。这一方面，得益于调查组成员的态度和调查技巧，另一方面，来源于信仰传承者对信仰的自信力、自豪感。他们对调查组成员的接纳，甚至主动靠近，有很大一部分原因是他们觉得调查组成员有助于信仰的传播。

二　民间信仰传播途径的多元化

现代社会，西南民间文学中的民间信仰在传播途径上呈现出多元化的特点。除了传统的自发传播、亲缘传播、地缘传播、师徒传递以外，当下西南民间文学中的民间信仰出现了新的传播途径。

第一个途径是来自文化主体的自觉传播。在文化主体内部自觉传播民间信仰的主要来自以下五类力量。

其一，非遗传承人。笔者在对"绕三灵"的国家级非物质文化遗产传承人赵丕鼎进行访谈之时，原本是围绕"绕三灵"节日空间中的民间信仰展开调查，老人家却饶有兴趣地给笔者讲述了发生在他们村本主身上的逸闻趣事。并自豪地告诉笔者，他已经将这些本主传说部分改编成了大本曲。

其二，信仰倡导者。民间信仰虽然整体呈现弥散性的状态特征，但这并不妨碍一种民间信仰在一定区域拥有一个或几个相对权威的信徒。民间信仰活动的开展，常常得益于这些信徒的组织、谋划、主持。比如功德会的会长、莲池会的经母等。笔者在"接金姑"的过程中，跟随的信仰团队中有一位男性成员。在参与观察的过程中，笔者发现，这位男性成员是该信仰团体的核心成员。团体成员在遇到有关信仰程序等事务时总是请教这位男性成员。也正是这位男性成员，在金姑殿旁给笔者讲述"金姑出走"传说之时，音调高昂、脸颊绯红、异常投入。

其三，地方行政官员。笔者在对"绕三灵"民间信仰习俗与口头叙事进行调查的过程中，受到神都所在村落庆洞村党委书记的热情接待。他不仅欣然接受了调查组的访谈，还积极主动地介绍了中央本主段宗牓的有关传说。客观而言，党委书记的行为一方面代表着地方政府近年来对民间信仰的普遍姿态，另一方面，在地方百姓眼中此举无异于是官方对民间信仰的首肯，极大地鼓舞了信仰者的自信力。

其四，地方文化名流。地方民俗精英谙熟各类民俗事项，也常常是民间文学和民间信仰的积极传承人。无论外在环境如何，他们对地方民俗饱含热情。利用一切机会传播讲述民间文学，传播民间信仰。而地方文化名流、乡贤等因与时代或主流文化的步调比较一致，因而在相当长一段时期，有意避免与民间信仰发生牵连。随着主流文化对民间信仰定位的改变，地方文化名流也乐于将民间信仰作为地方文化的重要组成加以传播。调查组在参与马久邑与上阳溪接送本主信仰活动的途中，遇到一位中年男子主动前来攀谈。从言谈举止中，笔者能够感知到男子的文化水准和眼界不同于接送本主队伍中的普通村民。交谈中进一步得知，这位男子姓那（那姓是马久邑的大姓），拥有一份体面的工作，文笔和文化功底不错。平日里并不在村里生活，这次参与接本主是专门为马久邑村的地方志拍摄图片和增添内容的。原来，马久邑村请村里走出的地方文化名流来撰写一本村落志书。这些地方文化名流普遍认为接本主是村落一年一度最重大、最隆重的仪式活动，本主是村民最主要的信仰对象，所以为慎重起见，多年未参与这类民俗活动的地方文化名流又委派这位年轻一些的文化人专程来体验感受这一仪式。据说，这本村落志书，马久邑人家一本，此外还有少量志书供外来者参阅。

其五，地方文化工作者也是民间信仰的传播者之一。调查组在对南涧"哑神节"进行调查时发现，当地文体局专门成立了民俗研究的团队。团队成员调查、撰写论文来推介地方民俗。其中就有对哑神信仰的研究与推介。围绕着南涧地方信仰之一的哑神信仰，这些文化工作者拍摄了碟片，汇编了文本，主动联系学者合作推介研究这一地方信仰。此外，地方媒体也是民间信仰传播的途径。大理州电视台曾效仿"百家讲坛"，开设"大理讲坛"聘请地方学者讲解、介绍大理的地方文化。其中就有学者讲述民间文学、民间信仰。作为当代人了解外在世界的主要手段，媒体的受众面积较广，客观上参与了民间信仰的传播。

第二个途径是来自文化客体的主动宣传。近年来，调查团队在对地方民间信仰等展开调查的过程中，时常能遇到跟我们一样的外来者，包括研究人员和外地游客。仅以"绕三灵"为例，"绕三灵"期间，笔者在庆洞遇到了国外民俗学的调查团队，大理本土高校民族文化研究所的师生，还遇到了云南大学民族学、中央民族大学宗教学的博士。听当地人介绍，此前还有武汉大学的博导带领社会学的学生前来调查这一信仰。这些外来者一般具有较为专业的学术知识，较为完备的调查设备。作为高知阶层，他们的在场，一方面鼓舞了信仰传承者对自身信仰的传承热情，提升了百姓对自我精神对象的认可度；另一方面，他们的论文、课题也客观上对民间信仰起到了对外宣传的功效。外地游客也会利用自媒体对他们从不同的角度观察到的民间信仰进行宣传，扩大受众范围。

综上所述，西南民间文学中的民间信仰其现代传承从传承对象来说既有来自信仰集团内部的成员也有信仰之外的成员；既有热衷于此的民俗精英也有兴致浓厚的外来学者；既有普通民众也有学术精英。这样多位的传播队伍也许初衷不同，但客观上都构成了传承途径结构中的一环，共同推进民间文学中的民间信仰在当下的时代背景下传播。

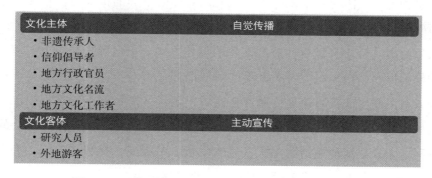

图5-1　西南边疆民间文学中的民间信仰传播人员结构

三　民间信仰传播主体的老年化

虽然在新的时代背景下，西南边疆民间文学中的民间信仰能以多元化的途径和手段得以幸存、传播，但是民间文学与民间信仰的弱势地位还是难以忽略的事实。笔者感受最明显的地方在于，通常情况下，民间信仰活动场所多半是年过半百的老者，其中又以女性居多。以"接金姑"为例，笔者参与的湾桥的团队成员有23位，其中男性仅有4位。在大理古城城隍庙会上，来自大理周边村落的信仰者或个体家户的信仰代表几乎清一色的老人。他们带着对家人的美好祝愿虔诚地叩拜、焚香、捐功德。偶尔有年轻的身影飘过，在他们的神情中也难以找到如长辈一般的虔诚、神圣。在城隍庙来来往往的香客中,笔者仅仅看到一位年轻小伙。这样的现象课题组其他成员在进行田野调查时也有类似感受。

当然,也并非所有民间信仰活动参与和传播的成员主要是老人。在接送本主的信仰活动中,马久邑参与接本主的队伍中有很多年轻人。这与年轻人在接本主仪式中扮演着重要角色这一原因分不开。本主轿由当年村落中当了爸爸的年轻人来抬,接本主时的各类牌匾、仪仗用具、锣鼓家什由年轻人来扛。仪式鲜明地突出了年轻一代。队伍中老人不多,村里的老人或轻装上阵行走在接回本主的路途中,或干脆坐上车图个轻松。仪式队伍中的年轻人也乐于接受仪式活动分配给自己的角色。不知不觉中,对于仪式程序和民间信仰增添了认同感。

这种传播主体的老年化趋势当与人们对民间信仰的价值定位有关。年轻人对外部世界充满好奇,往往会忽略了自身的精神财富。只有在经过了一定的人生阅历之后才会懂得回归到文化的母体之中。更何况,与当下时髦、炫酷的外部世界相比,作为内在世界的民间信仰显得老土而生机匮乏。不仅是年轻人对民间信仰普遍缺乏传播责任意识,笔者在田野调查的过程中也遇到对这些民间信仰毫无兴趣的老人。在洱河神祠,笔者结识了一位莲池会的老奶奶。老人家热情地邀请我中午去她家吃饭。午饭间,在和老人的丈夫交谈的过程中,这位老者明确表示这是迷信,自己从不参与,很多老人也不参与。

四 民间信仰传播内容的拣择性

西南民间文学中的民间信仰整体呈现传播内容具有拣择性。当今民间信仰的传承者对于传统的民间信仰对象和信仰内容并未表现出均衡的重视程度。对于信仰个体来说,在传播民间信仰的过程中,信仰个体会依据传播当时所处的人生处境和所求所愿来有倾向性地讲述信仰内容和功效。对于群体来说,对民间信仰功效和内容的宣扬也会受到社会整体价值取向的影响。

笔者在对将军洞李宓诞辰日的民俗活动进行调查时发现,李宓诞辰之日前来上香的信众非常多,其中不乏外地人。通过对这些信众的随机调查,笔者发现这些信仰者中相当部分是前来求李宓将军保佑生意兴隆的。此外,笔者纵向比较后发现，在大理地方的民间信仰中，近些年来香火比较旺的当属财神庙。相比之下，土地庙就显得冷清而破落了。更有意思的是，笔者在垅圩图的宗教建筑群的山脚下发现了一座比较新的庙，走近一看才发现，正殿中心的神灵手中握有一方向盘，殿门口的牌匾上赫然书着"车神"二字。笔者发现前来上香跪拜的信众还很多。这与当今社会，车辆作为普及性交通工具有关。

导致传播者对民间信仰加以拣择的根本原因还是来源于民间信仰者的现实功利性。传播者更乐于选择与自己的现实状况相应，为己所用的信仰对象。

在民间信仰的现代传播中，民间文学在其中又扮演着怎样的角色呢？概而言之，它利用自己的亲和力帮助唤醒民俗主体对民间信仰传播的自觉意识。它以文学性的手法辅助传递民间信仰的要义，辅助民间信仰在新的时代背景下站稳脚跟。它在民间信仰的受众群体普遍萎缩的情况之下，利用自己接地气的表达方式来弥合信仰与时代的差距，为民间信仰争取尽可能多的信众。它为信仰群体所用，成为强化民间信仰功能的重要手段。而这一切，都是以隐蔽、温和的方式展开进行。

第二节　西南边疆民间文学中民间信仰的时代意义

一　民间信仰对历史文化继承与批判的意义

以漫长的时间和广袤的空间为参照系，任何一种文化都处于特定的时间链上和空间网中。从这个意义上说，任何一种被文化传承主体选择、留存下来的文化必然具备继承和批判的特质。作为西南民族历史文化的重要组成，西南边疆民间文学中的民间信仰自然也具备这两种特质。

（一）继承

著名民俗学家钟敬文先生曾尝试将文化分为三个层次——民间文化、通俗文化以及精英文化，并进而构筑了文化的金字塔。在所构筑的文化金字塔中，民间文化处于整个金字塔最基层的位置。构筑这一金字塔的目的之一就在于让人们对民间文化的根基地位有一个最直观的认识。简而言之，民间文化是一切文化的根基所在，它常常被人们所忽视，但其存在的价值和意义却非同一般。没有了它，整个自有的文化体系将成无本之木，面临坍塌之危。这一点，在全球化、现代化的当今时代背景下显得尤为重要。显而易见，西南边疆民间文学中民间信仰属于民间文化的层面。同理，在漫长的历史进程中，西南边疆各民族民间文学中的民间信仰也参与建构、维系了本民族本地区的文化根基。

西南边疆疆域绵长，民族众多。无论是民间文学还是民间信仰都是百姓自我抒发，自我认知，自我完善，自我形塑的方式、手段、体现。作为民间信仰的载体、组成，民间文学巧妙配合民间信仰宣说信仰理念，解答信仰疑惑，扩大受众群体，平衡信徒关系。例如，在大型民间信仰节俗"绕三灵"上，金姑回娘家的传说有力地支撑了庆洞作为整个节俗链条上的核心地位。流传于同一信仰文化圈内诸多村落中的本主争位传说则巧妙地平衡了信仰圈内部因信仰实力的差距带来的信徒之间的心理落差。反过来，民间信仰又为民间文学提供表现的主题、生成的动力。试想如若没有对鬼灵的敬畏，没有对水神的崇拜这些古老民间信仰作为潜在的文化前提，有关李宓本主的一系列灵验传说不可能得以产生，更不可能为百姓津津乐道。在田野调查的过程中，在课题组成员数次碰头交谈中，大家时常感觉到民间文学与民间信仰就像两位配合默契的战友，联手打出一套套漂亮的组合拳，以此继承维系西南边疆少数民族文化的优良基因。西南边疆民间文学中的民间信仰以润物细无声的方式早已浸润到一个民族的骨子里和灵魂深处。它蕴藏着一个民族固有的代代承袭的文化基因，书写着一个民族的心路历程。

（二）批判

西南民族历史文化涉及内容和层面众多，因而各类文化也呈现出多样的文化面相。作为其中的重要组成部分，西南边疆民间文学中的民间信仰整体呈现出朴实、强健、鲜活的生命状貌。在论及作家文学与民间文学的关系时，鲁迅先生毫不避讳作家文学对民间文学的借鉴。鲁迅先生认为，以中国的文学传统观之，作家文学总是先从民间文学中汲取营养，将其发挥到极致失去生命活力之后，又转回头来在民间文学的土壤中寻找新的文学形态和文学灵感。同样，古老的民间信仰也为西南民族文化精神的成长提供养分，对历史文化进程中违背自然和人文规律的观念和行为加以批判。

在数次田野调查中给笔者震撼力最深的是对云南丽江古老东巴信仰和相关神话的调查。东巴信仰不仅关注人与内部世界的关系，而且关注人与信仰对象世界的关系。东巴信仰中蕴含着纳西族人对人与自然关系的探求。与之相配合的是一则有关人与自然的神话。神话开头讲述到人与自然是一对亲兄弟，二人分管不同的地域。自然掌管山林、水源等，人类掌管盘田种地。后来，人的欲望越来越强力，开始超越界限肆意地破坏山林、水源，随意猎杀林中生命。在此情形下，自然也开始了反击。发动洪水等自然灾害惩罚人类的行为。就这样，由于人类的贪欲，人与自然原本和谐的关系进入了一种恶性循环。人类终于开始意识到自己的错误，找东巴出面调停，在东巴的干预下，人与自然签订了契约，承诺各自履行自己的职责和本分。

源于古希腊的神话学派隐喻学派认为，神话中处处充满隐喻。以此来考量这则纳西族的神话，其情节与角色也是寓意重重。神话最初将人与自然的关系定义为亲兄弟，体现了古老信仰的智慧。神话中破坏兄弟关系的推手是人的贪欲的不断增长。结合当今的事实，我们不得不叹服东巴信仰对症结把握之精准。当今社会的诸多自然灾害又何尝不是人类无限膨大的贪欲所致。而矛盾的最终调节仰仗东巴的调节。这其实也隐喻着解决人与自然的矛盾，解决物质世界的危机，根本还得从精神文化入手。除去神话虚构的情节本身，神话所体现的东巴信仰中有关人与自然关系的理念、思考对于社会的发展是具有积极的批判价值的。也正是因为有民间文学中民间信仰的规范，丽江古城的纳西百姓才能以更为智慧的方式，更沉稳的姿态抵御物质世界的侵扰，安稳、宁静地生息繁衍。

从这一意义上说，西南边疆民间文学中的民间信仰，不时发挥着对历史文化的监管和批判作用。它较好地保留了生于斯长于斯的文化土著的天性。从一定程度上，冲淡了民族历史文化中羁绊、束缚、陈腐的因子。借助民间文学这一表达手段，借助民间信仰这块精神自留地，西南边疆民间文学中的民间信仰有效抗击、抵制了民族历史文化中不利因素带来的负面影响。

二 民间信仰对民族文化建设与和谐社会构建的意义

（一）对民族文化建设的意义

在当今时代背景之下，大至一个国家，小至一个民族要捍卫本土文化的主体地位，提升自有文化的竞争力，以民族文化为中心，打造多维文化体系乃必要举措。如何在新的时代背景下，让民族文化既具有适度的张力又不失主导地位是一个值得关注的话题。文化的张力可以增添民族文化的弹力，更好地适应新的时代背景，主导可以确保民族文化不迷失方向，守住主体地位。从这个角度看西南边疆民间文学中的民间信仰对于新时代背景下民族文化建设具有重要的现实意义。

首先，西南边疆民间文学中的民间信仰是民族文化传统不可或缺的部分。以内外作为区分准则，任何一种文化都有文化的内部世界与外围环境之分。以时间作为参考标杆，任何一种文化都有古老、传统与现代、创新之别。在内外、时间的双重维度下，西南边疆民间文学中的民间信仰很显然属于民族文化内部的、古老的组成。在田野调查中，课题组成员深深感到在西南边疆各民族的文化中，民间文学以及民间信仰在其中所占据的厚重比例。即便在全球化、数字化的今天，对于身处西南边陲的诸多民族来说，特别是对于基层民众来说，自有的土著文化和信仰仍旧是他们解决诸多人生难题，改善生活际遇首要寻求的精神助缘。印象最深刻的是在巍山接金姑的队伍中，年迈的老奶奶与大家一起背着铺盖卷儿，在金姑殿二层狭小的阁楼里挤地铺。朝圣的人们喝着带有泥浆的水却满面欢欣地唱着白族小调现在也历历在目。在他们心中，来到巍山祈求大小神灵护佑全家老小的意义远远超过物质条件的艰辛带来的皮肉之苦。每一个汲取了神圣力量的个体，都能精神饱满地投入一年的生活之中。包裹于民间文学中的民间信仰给予每一个与之发生交集的个体以温暖、以勇气。这种古老民族文化对一个民族心灵的滋养是认可高科技手段都难以取代的。一如老祖母的温暖是任何年轻人都无力给予的一样。

其次，在新的时代背景之下，西南边疆民间文学中的民间信仰仍具有积极价值。西南边疆民间文学中的民间信仰古老但不古板，面对新的时代背景带来的困惑仍旧不失为一剂良方。正如前文中提到的东巴信仰与神话，古老的文学与信仰总是在告诫、提醒人类对于贪欲的克制，总是在反复诉说着道德伦理的规约。在人心浮躁，欲望膨胀的当今世界，这些看似古老的文化却能参与到整个文化建设的大格局中有效发挥其积极作用。

最后，西南边疆民间文学中的民间信仰是少数民族优秀文化建设的基础。文化部和国家民委在 2000 年联合发出了《关于进一步加强少数民族文化工作的意见》的通知，要求加强少数民族传统文化的保护和利用，扶持优秀的少数民族文化，最重要的就是要把握好少数民族民间信仰，创作优秀的文学艺术作品。少数民族地区的文艺创作要植根于少数民族的新生活、新风貌，同时也要发扬各民族文化传统，发掘具有浓郁民族特色和地区特点的传统民间文学，在此基础上进行创新。优秀的作品能适应少数民族群众的审美需求，创作的目的是为了满足群众对先进文化的需求。文化部、国家民委、广电总局等有关部门到目前共举办了四届全国少数民族文艺汇演，推出很多优秀的少数民族文学艺术作品，成为中国优秀传统文化的一部分，为全国观众所喜爱，是我们整个中华民族的共同精神财富。另外还有一些在少数民族民间文学的基础上推出的影视作品也受到全国观众的喜爱。例如在贵州彝族民间传说的基础上拍摄的电视剧作品《奢香夫人》在中央电视台黄金时段播出，其中体现的彝族的家支团结精神上升到国家民族的团结，符合中国优秀传统文化建设的要求。2017 年中共中央办公厅和国务院办公厅印发《关于实施中华优秀传统文化传承发展工程的意见》，要求开展少数民族特色文化保护工作，加强少数民族语言文字和经典文献的保护和传播，做好少数民族经典文献和汉族经典文献互译出版工作，实施中华民族音乐传承出版工程、中国民间文学大系出版工程。新时代少数民族优秀文化建设需要建立在传统民间信仰的基础上，创作出更多的符合时代要求和群众喜爱的优秀民间文学作品。

（二）对和谐社会建构的意义

本研究的对象涉及西南各省市自治区，历来是我国少数民族聚居之地。仅云南就有 25 个之多。而这 25 个少数民族中，云南特有的少数民族就有 15 个。此外，本课题研究的地域是西南边疆。如此广大的边疆地区，如此众多的民族，社会的稳定、民族的团结是西南边疆建设的重要话题。如此看来，西南边疆和谐社会的建构至少包含三个层面：民族内部的和谐、民族关系的和谐、边境线的和谐。那么，民间文学中的民间信仰在促进西南边疆和谐社会的建构中又将发挥怎样的功效呢？概而言之，作为西南边疆传统的精神资源，西南边疆民间文学中的民间信仰积极参与到守护边疆文化领土、精神领土的事业中，有力捍卫了民族、村落及边境线的和谐安宁。

首先，西南边疆各民族民间文学中的民间信仰为族群内部提供了共同行持的伦理道德标准，共同的信仰观念，强化了族群内部的认同感和向心力。一个民族往往有共同信仰的神圣对象，围绕这一对象有共同传送的有关神灵的灵验事迹、佑民功德等。比如，彝族同胞共有的虎图腾信仰，再比如白族很多村落供奉的大黑天神。这些信仰对象往往具备孝顺、善良、自我牺牲、护佑百姓的高尚的精神格调。无形之中成为信众效法的对象。调查组在田野调查的过程中，也能感到，至今仍保有民间信仰的村落，其氛围更为友善和谐。

其次，西南边疆各民族民间文学中的民间信仰传递出民族大家庭的关系理念，为民族间的相处构建了和谐的氛围。有意思的是，西南边疆少数民族的创始神话中时常出现一个共同的主题——各民族同源共祖。特别是在地域上相邻或相近的民族之间，时常会传递出我们是一个祖先的后代，我们是同根生的一家人的观念。更有甚者，拥有不同民间信仰的两个民族之间还会保持基调友好地信仰交流活动。比如，大理白族与巍山彝族之间历史悠久的"接金姑""接驸马"信仰活动即是如此。彝族人并不信仰金姑，可是却允许远道而来的白族人在自己的信仰空间祭祀白族人信仰的金姑女神。不仅如此，还友好地接待这些白族人，为他们提供住宿、饮水等便利条件。这种理念的传递，这种行为的发生为边疆多民族的和谐相处扫清了障碍。

最后，西南边疆各民族民间文学中的民间信仰为跨境民族提供了可以对话、和平相处的精神根基。西南边疆地区有部分民族是跨境居住的民族。比如傣族、佤族等。这些民族在行政区划上属于不同的国家，但在族群上属于同一族群。这些民族固有的民间文学、民间信仰超越了地域的限制在不同国家的同一民族中共同被传承、认可。拥有共同的文学传统，拥有共

同的民间信仰，彼此之间发生冲突的可能性就大大降低。国家提出澜沧江
—湄公河次区域合作、云南的桥头堡战略和广西的北部湾合作，都离不开
跨境民族的交流，跨境民族民间文学中的民间信仰是跨境民间交往的情感
维系，有学者也在此方面进行了一些探讨。例如普丽春在《桥头堡建设中
云南跨境民族的文化交往与安全》中指出跨境民族节日互动不断加强提升
了对周边国家的影响力，跨境民族民间文艺团体的交流成为云南省对外文
化交流的新亮点，同时也观察到边境地区境外宗教渗透有增无减，境外势
力集团利用民族文化宣传日益加强，跨境民族通婚给边境稳定带来一定影
响，在关于促进云南跨境民族文化交往安全的建议中提到，要提高边境民
族特别是青年人对传统文化保护的认识，积极引导群众参与保护、管理、
宣传、发扬、传承民族优秀传统文化的行动，应增强少数民族语言文字类
文化产品的供给能力，用优秀的民族文化占领边境地区思想文化阵地。①

　　总之，在当今和谐社会建构的大格局下，西南边疆各民族民间文学中
的民间信仰一方面有效地维护了自有精神资源的主体地位，另一方面有力
地维护了多民族边疆地区的社会稳定，为中国边疆文化疆域的稳定贡献了
力量。

三　民间信仰对全球化语境下民族精神坚守的意义

（一）对多元文化维系的意义

　　在全球化语境的今天，保持文化的多样性，构建良性的文化生态是各国
有识之士的共识。西南边疆民族多、民间信仰形态和观念多、民间文学体裁
和内容丰富，因而天然构建了一个多样性的文化生态。

　　例如，地处边疆云南原生文化保留较好，有 15 个独有人口特少民族。日
本著名民俗学家柳田国男在研究语言民俗时提出过一个著名的文化论断"方
言周圈论"。柳田国男在研究中发现离文化中心越远，原初的语言发生变异的
可能性越小。这一如我们往水中投一石子，中心的波纹往往更激荡更明晰，

---

① 普丽春：《桥头堡建设中云南跨境民族的文化交往与安全》，《云南民族大学学报》（哲学社会
科学版）2013 年第 2 期，第 12—16 页。

越往外涟漪越不明显。① 这一理论常常被民俗学者用来研究民俗文化的诸多现象。以此理论审视西南边疆民间文学中的民间信仰，也颇具启示意义。从地理方位来说，西南边疆地处中国行政版图的边缘地带，与处于行政版图中心的其他地域不同，西南边疆是受外力相对较小的，一如水中外层的涟漪。如此，西南边疆受到全球化的冲击相对较少，自有的、原生的文化生态保留相对较好。正如前文中所提及的，仅云南就有 15 个云南省独有的民族，这些民族受外来文化的冲击相对较小，自生文化保留比较完整。西南边疆各民族在长期的历史进程中形成的历史文化体系就像一块保存良好的文化湿地源源不断地滋养着民族文化的原始密林。在这一文化湿地和文化密林中，西南边疆各民族民间文学中的民间信仰也在参与保护、维系这一原生态文化的自有系统。

（二）对民族品格坚守意义

在全球化语境之下，如何摆正外来文化与自有文化的位置和关系？这一问题关系到一个国家的文化安全。如果处置不好，在外来文化的冲击下，自有文化的独立性和自身特色会被淡化乃至消失。在全球化、现代化的语境下，不坚守自我的优秀传统，就意味着给外来宗教文化以可乘之机，从某种意义上说这是一种文化疆域的失守。在全球化和现代化的冲击下，少数民族信仰空间不由少数民族优秀传统信仰来填充，就意味着给外来的宗教与文化的进入打开了方便之门，任其发展，中国人就会失去自己的精神品格。全球化语境下，文化传播的频率异常之快速。在这样背景下，我们要处理好外来文化与自有文化之间的关系。要有清醒的意识，保留民族文化、民族品性的独立性。

民间文学中历来有这样的故事类型——老人是个宝。在故事中，老人因为年老被家人或氏族所鄙视，甚至遗弃。但面对外来的入侵者或挑衅者，全家或全族的人都难以应对之时，是老人以自己的智慧化解了危机，挽救了家族或氏族的命运。在全球化的今天，民间文学中的民间信仰何尝不是故事中的老者。因为历史悠久，我们可能会忽视它的价值。但在面对全球化外来文

---

① 福田亚细男：《日本民俗学方法序说：柳田国男与民俗学》，於芳、王京等译，学苑出版社2010 年版。

化、信仰的冲击时没有这些古老的智慧，该拿什么来抗击被涵化、被侵蚀的危机呢？在边疆的地域环境下，在多元的文化环境下，要坚守民族品格的独立性，民间文学及民间信仰是最有效的工具。毕竟对于任何一个民族来说，本民族民间文学是文学之根，民间信仰是精神之根。在漫长的民族发展史上，一个民族的方方面面都依赖于这一根系提供养分。以此审视西南边疆各民族民间文学中的民间信仰，能有效地维护民族自身的品性，捍卫文化边疆和精神边疆的稳定。

小　结

《西南边疆民间文学中的民间信仰研究》构建了探讨我国西南边疆民间文学中民间信仰的基本框架，对民间信仰与民间文学两者之间的互动关系以及民间信仰自身具有的多元性、实用性、弥散性等特点有了一个清晰的把握。其中的一些重要观点是在吸收、借鉴国内外相关研究成果的基础之上形成的。

一　《西南边疆民间文学中的民间信仰研究》的学术价值及应用价值

《西南边疆民间文学中的民间信仰研究》对民间信仰与民间文学关系问题的深入探究，对民间信仰在具体的仪式实践当中影响民间文学的"再表述"问题的有益思索，对民间文学与民间信仰交互关系生成机制问题的延伸表述，均能够更好地帮助我们认知自我与陌生地域他者的关系问题，以及由此而来通过我—他关系的思考引发的对自身反思与再认知的确证。这对于中国边疆少数民族地区如何制定正确、切实的民族关系及维护边疆多民族地区的安全稳定均有启发意义。探究边疆地区多族群的涵化与交融过程具有重要的实用性价值，同时对我族内部伦理的建构以及对他族重构自身文化均具有重要的实践意义。

在西南边疆少数民族地区，民间文学中蕴含了丰富的民间信仰文化因素，它们是维系少数民族族群生命存在的重要精神纽带，并深刻制约着民族地区社会的和谐与发展。首先，《西南边疆民间文学中的民间信仰研究》充分利用并发掘民间信仰文化的现代价值，可为多民族地区良好的乡风民俗建设提供重要参考，同时对形塑民间良善行为、建构乡土社会和谐的生态哲学，具有重要的现实意义。西南地区是少数民族最为集中的边疆民族地区，也是民族融合、各民族宗教和文化高度认同的典范，是众多特色文化交融之地。形成了"多元融合、兼容并包"的独特魅力，具有地域性、民族性、传统性等特点。对民间文学中民间信仰的探究既可以对边疆地区多民族民间信仰在民间文学中的传承发展进行剖析，同时也可对不同民族之间的民间信仰与民间文学的相互影响与交融进行再认识，其研究成果不仅具有重要的学术价值，而且对民间文学学科的发展具有一定的理论建设意义。其次，《西南边疆民间文学中的民间信仰研究》结合文学、民族学、宗教学、新闻传播学等的跨学科研究方式，注重研究过程与当下社会发展的联结程度，能够凸显研究对象的复杂性和研究成果的多元性。《西南边疆民间文学中的民间信仰研究》研究涵盖多地区、多民族的民间文学文本及民间信仰仪式展演，对探究边疆地区多族群的涵化与交融过程具有重要的实用性价值。

二　西南边疆民间文学中的民间信仰研究中值得进一步探讨的问题

当然，西南边疆地域跨度较大，这一地区的民间文学涉及汉族和众多少数民族和各种民间文学类型，各民族的民间文学及其蕴含的民间信仰又长期相互影响。自汉代以来，尤其明清以来，这一地区有大量的汉族迁入，他们带来了丰富的汉族民间文学和民间信仰，对少数民族民间文学和民间信仰产生过重要而广泛的影响，形成一个错综复杂的局面。再加上可以参考的相近研究成果较少，因此，还存在一些需要进一步完善的地方。例如，云南省和大理白族的民间文学中民间信仰调查分析较多，其他地区和一部分少数民族的调查分析较少，部分章节内容以描述介绍为主，总体的研究过于求全，深度不够。还有一些问题值得进一步探讨，主要有：

（一）西南边疆地区汉族民间文学对少数民族民间文学的影响

西南边疆地区的历代汉族移民带来的民间信仰和民间文学对当地少数民族民间信仰和民间文学产生了持续的影响，一些汉族和少数民族共同生活地区的民间信仰和民间文学是汉族和少数民族相互吸收借鉴长期融合发展的结果，其地域性比民族性凸显，值得进一步探讨。另外，汉族移民也有可能把明清时代中原地区的民间信仰和民间文学较完好地保留下来或是在西南地区有创新性发展，而中原地区由于战乱等社会变迁频率更快，一些传统的民间信仰和民间文学可能消失，因此研究西南地区的汉族民间信仰和民间文学对传统的中原民间文化研究有参考价值。

（二）西南边疆民间文学中民间信仰的类型和共性

西南边疆民间文学中的民间信仰虽然错综复杂，但是我们可以用新的视野、新的理论对其进一步研究，可以发现一些基本的类型和共同特征。西南边疆的一些少数民族有同源关系，历史上长期共同和平生活在某些区域，有跨民族认同感，他们的民间信仰和民间文学可以按一定的参照指标进行类型学分析，具有重要的学术参考价值。

（三）西南边疆民间文学中的民间信仰与整个中国民间信仰的系统整合

西南边疆民间文学中的民间信仰也是中国民间信仰的一部分，把它放在整个中国民间信仰体系中进行审视，更能发现其本质特点和一些重要的规律，如何把西南疆民间文学中的民间信仰整合到中国民间信仰的体系中，值得进一步探讨。

（四）中国西南地区与东南亚跨境民族民间文学中的民间信仰对比分析

中国西南地区的很多少数民族在历史上不同时期移民到东南亚各国，东南亚部分少数民族在历史上也移民到我国西南地区，这些跨境而居的少数民族生活环境和各国的社会文化环境各异，他们的民间文学和民间信仰也会有新的不同的发展，很值得进行对比研究。

（五）全球化背景下新时代西南边疆民间文学和民间信仰的发展

当今全球化、信息化时代，互联网数据信息让世界各民族在地球村里联系越来越紧密，西南边疆民间文学和民间信仰和数字化保护和数字化传播已经普遍流行。中国在 21 世纪的发展会有新的特点。西南边疆民间文学和民间信仰在新的国际国内环境中会迎来新的机遇，同时也会面临新的挑战，对此进行研究，具有重要的实践指导意义。

参考文献

艾荻、诗思：《佤族民间故事》，云南人民出版社1990年版。

［美］爱德华·泰勒：《原始文化：神话、哲学、宗教、语言、艺术和习俗发展之研究》，连树声译，广西师范大学出版社2005年版。

巴莫阿依：《彝族祖灵信仰研究：彝文古籍探讨与彝族宗教仪式考察》，四川民族出版社1994年版。

巴莫曲布嫫：《鹰灵与诗魂：彝族古代经籍诗学研究》，社会科学文献出版社2002年版。

巴仁编：《艺奇光》，少年儿童出版社1992年版。

白庚胜总编：《中国民间故事全书·云南巍山卷》，知识产权出版社2005年版。

［日］滨岛敦俊：《明清江南农村社会与民间信仰》，厦门大学出版社2008年版。

［美］查尔斯：《鬼魂：中国民间神秘信仰》，沈其新译，湖南文艺出版社1991年版。

陈文修、李春龙、刘景毛校注：《景泰云南图经志书校注》，云南民族出版社2002年版。

陈幸良、邓敏文：《中国侗族生态文化研究》，中国林业出版社2014年版。

陈艳萍：《永恒的歌唱：云南民族民间歌谣与民族死亡观研究》，云南大学出版社2010年版。

大理市文化局编：《白族本主神话》，中国民间文艺出版社1988年版。

［日］大林太良：《神话学入门》，林相泰、贾福水译，中国民间文艺出

版社 1989 年版。

段宝林：《中国民间文学概要》，北京大学出版社 2011 年版。

段宝林：《中国史诗博览·神话与史诗》，民族出版社 2010 年版。

段炳昌等编：《中国西部民族文化通志（文学卷）》，云南人民出版社 2014 年版。

方国瑜主编：《云南史料丛刊》，云南大学出版社 1998 年版。

费孝通：《乡土中国》，上海人民出版社 2006 年版。

冯骥才：《中国民间传说全书·大理卷》，知识产权出版社 2013 年版。

福田亚细男：《日本民俗学方法序说：柳田国男与民俗学》，於芳、王京等译，学苑出版社 2010 年版。

高明强编：《创世的神话和传说》，生活·读书·新知三联书店 1988 年版。

顾颉刚：《顾颉刚民俗学论集》，上海文艺出版社 1999 年版。

顾颉刚：《孟姜女故事研究及其他》，商务印书馆 2014 年版。

顾颉刚：《孟姜女故事研究集》，上海古籍出版社 1984 年版。

顾希佳：《祭坛古歌与中国文化：吴越神歌研究》，人民出版社 2000 年版。

郭思九、尚仲豪：《佤族文学简史》，云南民族出版社 1999 年版。

韩森：《变迁之神——南宋时期的民间信仰》，包伟民译，浙江人民出版社 1999 年版。

何星亮：《中国自然神与自然崇拜》，上海三联书店 1995 年版。

和志武译：《东巴经典选译》，云南人民出版社 1994 年版。

胡国华编：《傣族风俗志》，中央民族大学出版社 1999 年版。

黄海涛主编：《佤族》，新疆美术摄影出版社 2010 年版。

黄元甲：《康熙大理府志》，民族出版社 2008 年版。

季羡林：《比较文学与民间文学》，北京大学出版社 1991 年版。

江应樑：《百夷传校注》，云南人民出版社 1980 年版。

姜彬：《吴越民间信仰民俗：吴越地区民间信仰与民间文艺关系的考察和研究》，上海文艺出版社 1992 年版。

［美］孔飞力著：《叫魂——1768 年中国妖术大恐慌》，陈兼、刘昶译，上海三联书店 1999 年版。

兰鸿恩：《广西民间文学散论》，广西人民出版社 1981 年版。

李德君、陶学良：《彝族民间故事选》，上海文艺出版社 1981 年版。

李德洙：《中国少数民族文化史》，辽宁人民出版社 1994 年版。

李勇主编：《中国民间故事全书·云南云龙卷》，知识产权出版社 2005 年版。

李泽厚：《李泽厚哲学美学文选》，湖南人民出版社 1985 年版。

李子贤：《多元文化与民族文学》，云南教育出版社 2001 年版。

梁旭：《彝山寻踪》，云南人民出版社 2014 年版。

梁永佳：《地域的等级：一个大理村镇的仪式与文化》，社会科学文献出版社 2005 年版。

林新乃：《中华风俗大观》，上海文艺出版社 1991 年版。

刘城淮：《中国上古神话通论》，云南人民出版社 1992 年版。

刘道超：《信仰与秩序：广西客家民间信仰研究》，广西师范大学出版社 2009 年版。

刘辉豪、阿罗编：《哈尼族民间故事选》，上海文艺出版社 1989 年版。

刘魁立：《刘魁立民俗学论集》，上海文艺出版社 1998 年版。

仁钦道尔吉：《中国少数民族英雄史诗〈江格尔〉》，浙江教育出版社 1995 年版。

刘黎明：《灰暗的想象：中国古代民间社会巫术信仰研究》，巴蜀书社 2014 年版。

刘琳：《华阳国志校注》，巴蜀书社 1984 年版。

刘敏：《天道与人心：道教文化与中国小说传统》，中国社会科学出版社 2007 年版。

刘守华、陈建宪：《民间文学教程》，华中师范大学出版社 2002 年版。

刘守华：《中国民间故事史》，湖北教育出版社 1999 年版。

刘亚虎：《荒野上的祭坛：中国少数民族传神文化》，北京出版社 2000 年版。

吕大吉、何耀华编：《中国各民族原始宗教资料集成》，中国社会科学出版社 2000 年版。

吕大吉：《宗教学纲要》，高等教育出版社 2003 年版。

马林诺夫斯基著：《巫术科学宗教与神话》，李安宅译，中国民间文艺出版社 1986 年版。

马书田：《华夏诸神》，北京燕山出版社 1990 年版。

马学良：《中国少数民族文学史》，中央民族学院出版社 1992 年版。

欧大年：《中国民间宗教教派研究》，周育民校译，上海古籍出版社 1993 年版。

潘显一、冉昌光编：《宗教与文明》，四川人民出版社 1999 年版。

齐涛、郑土有：《中国民俗通志信仰志》，山东教育出版社 2005 年版。

潜明滋：《中国神源》，重庆出版社 1999 年版。

冉光荣：《中国藏传佛教史》，文津出版社 1996 年版。

任兆胜、胡立耘：《口承文学与民间信仰》，云南大学出版社 2007 年版。

施珍华、何显耀主编：《中国民间故事全书·云南大理卷》，知识产权出版社 2005 年版。

史军超：《哈尼族文学史》，云南民族出版社 1998 年版。

宋恩常：《中国少数民族宗教》，云南人民出版社 1985 年版。

孙雄：《圣俗之间——宗教与社会发展互动关系研究》，黑龙江人民出版社 2006 年版。

太史文：《幽灵的节日——中国中世纪的信仰与生活》，侯旭东译，浙江人民出版社 1999 年版。

陶立璠、李耀宗：《中国少数民族神话传说选》，四川民族出版社 1985 年版。

陶立璠：《民族民间文学理论基础》，中央民院出版社 1988 年版。

陶阳、钟秀编：《中国神话》，商务印书馆 2008 年版。

田海：《讲故事：中国历史上的巫术与替罪》，赵凌云等译，中华书局 2017 年版。

万建中：《民间文学引论》，北京大学出版社 2008 年版。

万建中：《新编民间文学概论》，上海文艺出版社 2011 年版。

王丽珠：《彝族祖先崇拜研究》，云南人民出版社 1995 年版。

王宪昭：《中国民族神话母题研究》，民族出版社 2011 年版。

乌丙安：《中国民俗学》，辽宁大学出版社 1985 年版。

西双版纳傣族自治州民族事务委员会编：《哈尼族古歌》，云南民族出版社 1992 年版。

徐华龙、吴菊芬编：《中国民间风俗传说》，云南人民出版社 1985 年版。

徐嘉瑞：《大理古代文化史稿》，云南人民出版社 2005 年版。

严汝娴：《中国少数民族婚姻家庭》，中国妇女出版社 1986 年版。

岩叠、陈贵培等整理：《召树屯：傣族民间叙事长诗》，云南人民出版社 1979 年版。

岩峰、王松、刀保尧：《傣族文学史》，云南民族出版社 1995 年版。

岩温扁翻译：《巴塔麻嘎捧尚罗》，云南人民出版社 1989 年版。

岩温龙编：《西双版纳傣族文学》，云南大学出版社 2014 年版。

杨保愿：《嘎茫莽道时嘉》，中国民间文艺出版社 1986 年版。

杨福泉、郑晓云：《火塘文化录》，云南人民出版社 1991 年版。

杨国仁、吴定国编：《侗族礼俗歌》，贵州人民出版社 1985 年版。

杨利慧：《现代口承神话的民族志研究：以四个汉族社区为个案》，陕西师范大学出版社 2011 年版。

杨利先主编：《云南民族民间故事》，云南人民出版社 2009 年版。

杨平侠主编：《南诏故地的传说》，云南民族出版社 2002 年版。

杨学政：《云南宗教史》，云南人民出版社 1999 年版。

杨义龙主编：《中国民间故事全书·云南洱源卷》，知识产权出版社 2005 年版。

姚宝瑄主编：《中国各民族神话》，书海出版社 2014 年版。

叶舒宪：《结构主义神话学》，陕西师范大学出版社 2012 年版。

［罗］伊利亚德：《神圣与世俗》，华夏出版社 2002 年版。

攸延春：《怒族文学简史》，云南民族出版社 2003 年版。

俞孔坚：《理想景观探源——风水的文化意义》，商务印书馆 2000 年版。

苑利主编：《20世纪中国民俗学经典》，社会科学文献出版社2002年版。

岳永逸：《灵验·磕头·传说：民众信仰的阴面与阳面》，生活·读书·新知三联书店2010年版。

云南少数民族古籍整理出版规划办公室：《查诗拉书（汉文、彝文对照）》，云南民族出版社1987年版。

云南省民间文学集成办公室编：《白族神话传说集成·天地开辟》，中国民间文艺出版社1986年版。

云南省民族事务委员会：《傣族文化大观》，云南民族出版社2013年版。

云南省民族学会景颇族研究委员会编：《景颇族研究》，云南民族出版社2008年版。

云南省少数民族古籍整理出版规划办公室编：《云南少数民族古典史诗全集》，云南教育出版社2009年版。

［英］詹姆斯·弗雷泽：《金枝》，徐育新、汪培基、张泽石译，中国民间文艺出版社1987年版。

张纯德：《彝学研究文集》，云南民族出版社1994年版。

张文勋：《白族文学史》，云南人民出版社1983年版。

赵安贤唱：《遮帕麻与遮米麻》，杨叶生译，兰克、杨智辉整理，云南人民出版社1983年版。

征鹏、杨胜能：《西双版纳风情奇趣录》，云南民族出版社1997年版。

《中国民间文学集成》全国编辑委员会：《中国歌谣集成·云南卷》，中国社会科学出版社2003年版。

中国社会科学院文学研究所：《中国少数民族文学》，湖南人民出版社1983年版。

《中华民族故事大系》编委会：《中华民族故事大系》，上海文艺出版社1995年版。

钟敬文：《钟敬文民俗学论集》，上海文艺出版社1998年版。

钟敬文：《钟敬文文集（民间文艺学卷、民俗学卷）》，安徽教育出版社2003年版。

钟敬文主编：《民间文学概论（修订版）》，高等教育出版社2010年版。

钟敬文主编：《民俗学概论》，中央民族大学出版社 1999 年版。

周宗麟：《民国大理县志稿》，民族出版社 2008 年版。

周作人：《周作人民俗学论集》，上海文艺出版社 1998 年版。

宗力：《中国民间诸神》，河北人民出版社 1986 年版。

金荣华：《民间文学、民俗学和民学——论 Folklore 一词之汉译》，《神州民俗（通俗版）》2012 年第 5 期。

蔡华：《道教在巍山彝区的传播与发展》，《西南民族大学学报》（人文社科版）2004 年第 10 期。

邓立木：《撒梅人的西波教》，《云南民族学院学报》1985 年第 3 期。

丁晓辉：《"语境"和"非遗"主导下的民间文学研究》，《广西师范学院学报》2014 年第 1 期。

段寿桃：《白族本主文化》，《西南民族学院学报》1995 年第 2 期。

高丙中：《民间文学的当代传承与非物质文化遗产保护》，《民间文化论坛》2014 年第 1 期。

顾颉刚：《孟姜女故事的转变》，《歌谣周刊》1924 年第 69 号。

何耀华：《彝族的自然崇拜及其特点》，《思想战线》1982 年第 6 期。

黄鸿：《迷信中的科学因素探讨》，《社会》1988 年第 10 期。

黄晓红：《民族精神的历史传承与时代张力》，《北京工业大学学报》2009 年第 3 期。

雷宏安：《云南洞经会初探》，《宗教学研究》1986 年第 6 期。

李子贤：《从创世神话到创世史诗——中国西南地区产生创世史诗群落的阐释》，《百色学院学报》2010 年第 4 期。

李缵绪：《白族"本主"文化简论》，《白族学研究》1996 年第 10 期。

廖玲：《西南少数民族药王信仰的内涵和文化意义》，《宗教学研究》2016 年第 4 期。

刘红：《白族民间文学与民众的道教信仰》，《民族艺术研究》2006 年第 2 期。

刘目宾：《傣族叙事诗〈召树屯〉产生、发展的原因及背景》，《民族文学研究》2004 年第 4 期。

鹿忆鹿：《彝族天女婚洪水神话》，《民间文学论坛》1998 年第 3 期。

民毅：《喜看〈望夫云〉》，《中国民族》1981 年第 1 期。

木薇：《社会性别视角之下的莲池会村落认同研究》，《民族论坛》2013 年第 11 期。

普丽春：《桥头堡建设中云南跨境民族的文化交往与安全》，《云南民族大学学报》（哲学社会科学版）2013 年第 2 期。

普同金：《彝族信仰的毕教》，《云南民族学院学报》（哲学社会科学版）1996 年第 3 期。

陶思炎、何燕生：《迷信与俗信》，《开放时代》1998 年第 3 期。

陶思炎：《迷信、俗信与移风易俗——一个应用民俗学的持久课题》，《民俗研究》1999 年第 3 期。

万建中：《神话的现代理解与叙述》，《北京师范大学学报》2009 年第 1 期。

王宪昭：《我国少数民族神话中的同源共祖现象探微》，《长江大学学报》（社会科学版）2007 年第 6 期。

王小盾：《汉藏语猴祖神话的谱系》，《中国社会科学》1997 年第 6 期。

肖雪：《洪水遗民神话解析——以彝族洪水神话文本为例》，《攀枝花学院学报》2006 年第 2 期。

杨甫旺：《彝族洪水神话的文化时空性——以创世史诗〈查姆〉为例》，《楚雄师范学院学报》2011 年第 1 期。

杨序：《试论民间信仰对我国民间文学之影响》，《洛阳理工学院学报》（社会科学版）2009 年第 5 期。

杨正权：《龙崇拜与西南少数民族宗教文化》，《思想战线》1999 年第 1 期。

杨政业：《论大理洞经文化的特点及社会功能》，《民族文化研究》2003 年第 4 期。

杨政业：《试述白族本主神的三种发展类型》，《云南民族学院学报》1989 年第 3 期。

尹虎彬：《传承论的民间信仰研究》，《西北民族研究》2014 年第 2 期。

袁珂：《白族"望夫云"神话阐释》，《思想战线》1992 年第 2 期。

张光直：《中国创世神话之分析与古史研究》，《民族学研究所集刊》1959 年第 8 期。

张娇、陈敏、胡椿：《大理白族民间组织"莲池会"及其社会功用》，《大理大学学报》2016 年第 1 期。

张云霞：《民间信仰多样性对村落社会的整合功能及价值意义》，《大理大学学报》2017 年第 3 期。

张泽洪：《中国西南少数民族的土主信仰》，《中南民族大学学报》2006 年第 5 期。

张泽洪：《中国西南少数民族与道教神仙信仰》，《宗教学研究》2005 年第 4 期。

赵橹：《〈望夫云〉神话辨析》，《山茶》1982 年第 2 期。

赵橹：《悲壮而崇高的诗篇——论〈望夫云〉神话之魅力》，《民族文学研究》1985 年第 2 期。

郑土有：《民俗场：民间文学类非遗活态保护的核心问题》，《长江大学学报》2017 年第 5 期。

邹礼洪：《古蜀先民大石崇拜现象的再认识》，《西华大学学报》（哲学社会科学版）2004 年第 2 期。

高丙中：《民间的仪式与国家的在场》，《北京大学学报》（哲学社会科学版）2001 年第 1 期。

萧放：《传统节日：一宗重大的民族文化遗产》，《北京师范大学学报》（社会科学版）2005 年第 5 期。

万建中：《民间故事与禁忌民俗的传播》，《北京师范大学学报》（社会科学版）1997 年第 6 期。

王存奎、孙先伟：《民俗信仰与社会控制》，《民俗研究》2005 年第 4 期。

陈明文：《试论民间信仰在现代社会中的价值与作用》，《常德师范学院学报》（社会科学版）2003 年第 3 期。

辛灵美：《民间信仰与村落生活研究》，博士学位论文，山东大学，2005 年。

张姣美：《明清以来的民间信仰与地方社会》，博士学位论文，湘潭大学，2010 年。

王健：《民间信仰视野下的国家与社会》，博士学位论文，苏州大学，2002 年。

李娟：《仪式、规范与秩序》，博士学位论文，西南政法大学，2010 年。

石菊红：《信仰、仪式与象征》，博士学位论文，西北农林科技大学，2010 年。

台文泽：《信仰、仪式与象征》，博士学位论文，兰州大学，2011 年。

曹珊珊：《民间信仰与地方社会》，博士学位论文，山东大学，2010 年。

申梦博：《民间信仰与村落生活》，博士学位论文，吉林大学，2011 年。

安静：《布朗族民间信仰的功能研究——以西双版纳老曼峨村为例》，博士学位论文，中央民族大学，2012 年。

高健：《表述神话——佤族司岗里研究》，博士学位论文，云南大学，2015 年。

谭璐：《大理白族本主传说研究》，博士学位论文，华中师范大学，2016 年。

王新民：《民间信仰与民众生活研究》，博士学位论文，中央民族大学，2011 年。

金泽：《民间信仰的性质及特点》，《中国社会科学院院报》，2004 年。

张祝平：《我国民间信仰的生态内质及现代意蕴》，《中国民族报》，2010 年。

大理州白族文化研究所编：《大理丛书·本主篇》（内部资料），2004 年。

谷德明编：《中国少数民族神话选》（内部资料），1983 年。

茂汶县文化馆编：《羌族民间故事》（第三集）（内部资料），1982 年印。

黔东南苗族侗族自治州艺术研究室编：《苗族民间故事集》（内部资料），1982 年。

吴通发：《倒栽杉》，《贵州文物志稿》（第一集）（内部资料）。

杨权记译，张勇整理：《天地开辟》，载黔东南苗族侗族自治州文学艺术研究室编印《民间文学资料集》（第一集）（内部资料），1981 年。

中国哲学史学会云南省分会编:《云南少数民族哲学社会思想资料选辑》
（第四辑）（内部资料），1981 年。

中国哲学史学会云南省分会编:《云南少数民族哲学社会思想资料选辑》
（内部资料），1981 年。

Ben - Amos，Dan. "Toward a Definition of Folklore in Context"，In *Toward New Perspectives in Folklore*，ed. Américo Paredes and Richard Bauman，1972.

Degh，Linda，*Legend and Belief*，Bloomington：Indiana University Press，2001. Gabbert，Lisa，"The Text/Context：Controversy and the Emergence of Behavioral Approaches in Folklore"，*Folklore Forum*，1999（112）.

Steward，Julian H.，*Theory of Culture Change：The Methodology of Multilinear Evolution*，Champaign：University of Illinois Press，1972.